Houghton
Mifflin
Harcourt

SENDEROS

ESTÁNDARES COMUNES

Autoras
Alma Flor Ada
F. Isabel Campoy

Cover illustration by Tim Jessell.

Printed in the U.S.A.

ISBN   978-0-544-15601-2

1 2 3 4 5 6 7 8 9 10 - 0914 – 22 21 20 19 18 17 16 15 14 13
4500428384   A B C D E F G

Unidad 1

Lección 1

TEMA PRINCIPAL: **Educación**

Vocabulario en contexto **10**

Leer y comprender: Estructura del cuento • Resumir **12**

Una escuela magnífica FICCIÓN HUMORÍSTICA **14**
por Sharon Creech • ilustrado por Harry Bliss

Ahora analiza **34**

Es tu turno **36**

Escuelas de un solo salón TEXTO INFORMATIVO **38**

Comparar el texto **41**

Gramática/Escritura narrativa **42**

Lección 2

TEMA PRINCIPAL: **El sistema de tribunales**

Vocabulario en contexto **46**

Leer y comprender: Conclusiones • Inferir/Predecir **48**

El juicio de Cardigan Jones FANTASÍA **50**
escrito e ilustrado por Tim Egan

Ahora analiza **70**

Es tu turno **72**

Tú eres el jurado TEXTO INFORMATIVO **74**

Comparar el texto **77**

Gramática/Escritura narrativa **78**

Lección 3

TEMA PRINCIPAL: **Voluntaríos**

Vocabulario en contexto **82**

Leer y comprender: Comprender a los personajes • Analizar/Evaluar **84**

El regalo de Destiny FICCIÓN REALISTA **86**
por Natasha Anastasia Tarpley • ilustrado por Adjoa J. Burrowes

Ahora analiza **110**

Es tu turno **112**

Jóvenes que contribuyen TEXTO INFORMATIVO **114**

Comparar el texto **117**

Gramática/Escritura narrativa **118**

Lección

4

TEMA PRINCIPAL: **La ingeniería**

Vocabulario en contexto **122**
Leer y comprender: Comparar y contrastar • Inferir/Predecir **124**

El puente de papá FICCIÓN HISTÓRICA **126**
por Eve Bunting • ilustrado por C. F. Payne

Ahora analiza **150**
Es tu turno **152**

Puentes TEXTO INFORMATIVO **154**
Comparar el texto **157**
Gramática/Escritura narrativa **158**

Lección

5

TEMA PRINCIPAL: **Deportes**

Vocabulario en contexto **162**
Leer y comprender: Causa y efecto • Visualizar **164**

**Roberto Clemente, orgullo de los Piratas de
Pittsburgh** BIOGRAFÍA **166**
por Jonah Winter • ilustrado por Raúl Colón

Ahora analiza **190**
Es tu turno **192**

Poemas sobre el béisbol POESÍA **194**
Comparar el texto **197**
Gramática/Escritura narrativa **198**

Prueba dinámica **202**

Lección 6

TEMA PRINCIPAL: **Los mamíferos**

Vocabulario en contexto **206**

Leer y comprender: Secuencia de sucesos • Preguntar **208**

A Murciélago le encanta la noche
NO FICCIÓN NARRATIVA **210**

por Nicola Davies • ilustrado por Sarah Fox-Davies

Ahora analiza **226**

Es tu turno **228**

Nace un murciélago POESÍA **230**

Comparar el texto **233**

Gramática/Escritura de opinión **234**

Lección 7

TEMA PRINCIPAL: **Artes visuales**

Vocabulario en contexto **238**

Leer y comprender: Características del texto y
de los elementos gráficos • Analizar/Evaluar **240**

¿Qué hacen los ilustradores? TEXTO INFORMATIVO **242**

escrito e ilustrado por Eileen Christelow

Ahora analiza **262**

Es tu turno **264**

Jack dibuja una planta de habichuelas
CUENTO TRADICIONAL **266**

Comparar el texto **269**

Gramática/Escritura de opinión **270**

Lección 8

TEMA PRINCIPAL: **Las tradiciones**

Vocabulario en contexto **274**

Leer y comprender: Conclusiones • Inferir/Predecir **276**

Los pájaros de la cosecha CUENTO POPULAR **278**

por Blanca López de Mariscal • ilustrado por Linda Cane

Ahora analiza **298**

Es tu turno **300**

El tesoro CUENTO POPULAR **302**

Comparar el texto **309**

Gramática/Escritura de opinión **310**

Lección

9

TEMA PRINCIPAL: **Artes escénicas**

Vocabulario en contexto 314
Leer y comprender: Causa y efecto • Verificar/Aclarar 316

El hombre del kamishibai FICCIÓN REALISTA 318
escrito e ilustrado por Allen Say

Ahora analiza 342
Es tu turno 344

La verdadera historia del kamishibai TEXTO INFORMATIVO . . 346
Comparar el texto 349
Gramática/Escritura de opinión 350

Lección

10

TEMA PRINCIPAL: **Inventos**

Vocabulario en contexto 354
Leer y comprender: Ideas principales y detalles • Resumir 356

El joven Thomas Edison BIOGRAFÍA 358
escrito e ilustrado por Michael Dooling

Ahora analiza 382
Es tu turno 384

Películas TEXTO INFORMATIVO 386
Comparar el texto 389
Gramática/Escritura de opinión 390

Prueba dinámica 394

Libro para leer

¿Eres una araña?
por Judy Allen y Tudor Humphries

Unidad 3

Lección

11

TEMA PRINCIPAL: **Inventos**

Vocabulario en contexto 398

Leer y comprender: Secuencia de sucesos • Preguntar 400

La tecnología gana el juego TEXTO INFORMATIVO 402
por Mark Andrews

Ahora analiza 414

Es tu turno 416

Ciencias para los aficionados a los deportes
TEXTO INFORMATIVO 418

Comparar el texto 421

Gramática/Escritura informativa 422

Lección

12

TEMA PRINCIPAL: **La agricultura**

Vocabulario en contexto 426

Leer y comprender: Tema • Visualizar 428

Arriba y abajo CUENTO DE ENREDOS Y TRAVESURAS 430
adaptado e ilustrado por Janet Stevens

Ahora analiza 454

Es tu turno 456

La bondad crece en los huertos TEXTO INFORMATIVO 458

Comparar el texto 461

Gramática/Escritura informativa 462

Lección

13

TEMA PRINCIPAL: **Historia de los indios americanos**

Vocabulario en contexto 466

Leer y comprender: Comparar y contrastar • Analizar/Evaluar 468

Montaña lejana: Una leyenda cheroqui LEYENDA 470
por Robert H. Bushyhead • ilustrado por Kristina Rodanas

Ahora analiza 488

Es tu turno 490

El camino de lágrimas TEXTO INFORMATIVO 492

Comparar el texto 495

Gramática/Escritura informativa 496

Lección

14

TEMA PRINCIPAL: **Las personas y los animales**

Vocabulario en contexto **500**

Leer y comprender: Propósito de la autora • Resumir **502**

Aero y el policía Miguel TEXTO INFORMATIVO **504**

por Joan Plummer Russell • fotografías de Kris Turner Sinnenberg

Ahora analiza **522**

Es tu turno **524**

Los niños y los animales TEXTO INFORMATIVO **526**

Comparar el texto **529**

Gramática/Escritura informativa **530**

Lección

15

TEMA PRINCIPAL: **Cocinar**

Vocabulario en contexto **534**

Leer y comprender: Comprender a los personajes • Inferir/Predecir **536**

Un domingo súper especial FICCIÓN HUMORÍSTICA **538**

por Beverly Cleary • ilustrado por Sam Valentino

Ahora analiza **558**

Es tu turno **560**

Imagina una receta TEXTO INFORMATIVO **562**

Comparar el texto **565**

Gramática/Escritura informativa **566**

Prueba dinámica **570**

Glosario **G1**

¡Hola, lector!

Estás por empezar un viaje de lectura que te llevará desde las calles de Japón hasta un yacimiento de fósiles en Canadá, ¡repleto de huesos de dinosaurios! En el camino, aprenderás cosas asombrosas a medida que te transformas en mejor lector.

Tu viaje de lectura comienza con un director orgulloso que decide que cinco días de aprendizaje no son, ni con mucho, suficientes para una escuela tan magnífica.

Tienes por delante muchas otras aventuras de lectura. ¡Solo da vuelta la página!

Las autoras

unidad 1

UNA ESCUELA
MAGNÍFICA
por Sharon Creech • ilustrado por Harry Bliss

Escuelas de
un solo salón

Vocabulario
en contexto

director
alzarse
recorrer
preocupado
orgulloso
anunciar
magnífico
ciertamente

Librito de
vocabulario

Tarjetas de
contexto

LAS ESCUELAS
DE AYER Y HOY

L.3.6 acquire and use conversational, general academic, and domain-specific words and phrases

1 director

Un director está a cargo de la escuela y conoce a los maestros y estudiantes.

2 alzarse

En la feria cultural, mi cometa se alzó por los aires durante un buen rato.

3 recorrer

Esta abuela recorría mucho camino con su nieto durante los fines de semana.

4 preocupado

Este niño estaba preocupado por la lluvia: temía no ir a la excursión.

Aprende
en línea

▶ Estudia cada Tarjeta de contexto.

▶ Usa dos palabras del Vocabulario para relatar una experiencia que tuviste.

5 orgulloso

Cada uno de estos actores está orgulloso de su actuación en la obra teatral.

6 anunciar

Este estudiante anunció las noticias por el altavoz de la escuela.

7 magnífico

El sol brilla y el aire está claro. ¡Una tarde magnífica para el festival de la escuela!

8 ciertamente

Ciertamente ahorrará dinero apagar las luces que no hacen falta. Es verdad.

UNA ESCUELA MAGNÍFICA

por Sharon Creech • ilustrado por Harry Bliss

Leer y comprender

Aprende en línea

☑ **DESTREZA CLAVE**

Estructura del cuento Mientras lees *Una escuela magnífica*, identifica el **entorno**, es decir, dónde tiene lugar el cuento. Identifica quiénes son los **personajes** principales, que son las personas que menciona el cuento. Determina qué problema enfrentan los personajes y cómo lo resuelven; esto es la **trama** del cuento. Usa un mapa del cuento como el siguiente para llevar el registro de los personajes, el entorno y la trama del cuento.

Entorno	Personajes
Trama	
Comienzo Desarrollo Final	

☑ **ESTRATEGIA CLAVE**

Resumir Mientras lees *Una escuela magnífica*, **resume**, o cuenta de nuevo con tus propias palabras, las partes importantes del cuento. Esto te ayudará a registrar los sucesos principales.

12

UN VISTAZO AL TEMA PRINCIPAL

Educación

En Estados Unidos, los niños asisten a la escuela cinco días a la semana durante la mayor parte del año. Los sábados y domingos, se quedan en casa para jugar, ayudar con las tareas del hogar y pasar el tiempo con sus familias. Los fines de semana también pueden ser un momento para aprender afuera de la escuela.

En *Una escuela magnífica*, leerás sobre una escuela en donde se cambia el modo de hacer las cosas. Descubrirás cómo se sienten los estudiantes con este cambio. Incluso es posible que te preguntes cómo te sentirías tú si fueras a esta escuela magnífica.

TEXTO PRINCIPAL

UNA ESCUELA MAGNÍFICA
por Sharon Creech · ilustrado por Harry Bliss

✅ DESTREZA CLAVE

Estructura del cuento Lleva el registro del entorno, los personajes y la trama. Determina cómo los personajes resuelven un problema.

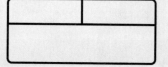

✅ GÉNERO

Una **ficción humorística** tiene personajes y sucesos que son graciosos. Mientras lees, busca:

▶ personajes y sucesos en su mayoría realistas,

▶ un entorno que la mayoría de los lectores conozcan y

▶ situaciones o sucesos graciosos.

RL.3.3 describe characters and explain how their actions contribute to the sequence of events; **RL.3.7** explain how illustrations contribute to the words; **RL.3.10** read and comprehend literature

Aprende en línea

14

CONOCE A LA AUTORA
Sharon Creech

Cuando Sharon Creech está trabajando en un libro, a veces se atasca. No sabe qué escribir a continuación. Cuando eso sucede, la escritora sale a dar un largo paseo, lava algo de ropa o limpia el baño. Luego regresa a su computadora y comienza a escribir nuevamente.

CONOCE AL ILUSTRADOR
Harry Bliss

Sharon Creech cree que las ilustraciones que dibujó Harry Bliss para *Una escuela magnífica* son muy graciosas, especialmente las que muestran al perro de Tillie en el fondo. Bliss es un caricaturista cuyas tiras cómicas aparecen en los periódicos matutinos. Él vive con su familia en Vermont.

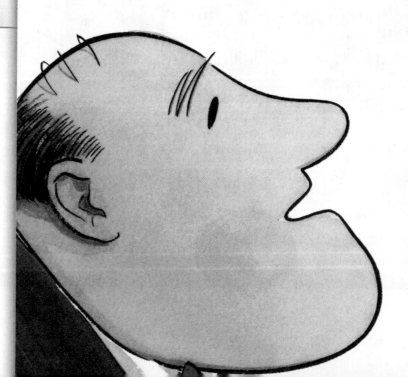

UNA ESCUELA MAGNÍFICA

por Sharon Creech  ilustrado por Harry Bliss

PREGUNTA ESENCIAL

¿Qué diferencias hay entre aprender en la escuela y aprender en casa?

El Sr. Keene era el director de una escuela a la que amaba. Todas las mañanas recorría los pasillos y veía a los niños en sus clases. Los veía aprender formas y colores, números y letras. Los veía leer, escribir, dibujar y pintar. Los veía armar dinosaurios y fuertes y pirámides.

—¡Oh! —solía decir—. Esta es una escuela tan, pero tan magnífica, ¿verdad? ¿No son magníficos estos niños? ¿No son magníficos estos maestros?

Cerca de la escuela del Sr. Keene, en una casita situada al lado de un árbol enorme, vivía Tillie con sus padres, su hermano y su perro, Beans.

Tillie iba a la escuela los lunes, los martes, los miércoles, los jueves y los viernes.

En la escuela, Tillie aprendía formas y colores, así como números y letras. A veces, cuando el Sr. Keene estaba parado en el pasillo, la saludaba con la mano.

—¿No son magníficos estos niños? —decía para sí el Sr. Keene—. ¿No son magníficos estos maestros? Esta es una escuela tan, pero tan magnífica, ¿verdad?

Los fines de semana (los sábados y
domingos), Tillie trepaba a su árbol favorito,
llevaba a Beans a pasear y le lanzaba ramitas,

AHORA
SUELTA,
BEANS.

columpiaba a su hermano y le enseñaba
a saltar.

HAY QUE SER
UNO CON
EL SALTO.

Pero los lunes, los martes, los miércoles, los jueves
y los viernes, Tillie iba a la escuela.
A Beans y a su hermano no les gustaba que
se fuera.
—¡Vuelve a casa rápido, rápido, rápido! —le
gritaba su hermano.

Un día, el Sr. Keene reunió a todos los alumnos y maestros, y les dijo:

—¡Esta es una escuela tan, pero tan magnífica! ¡Me encanta esta escuela! ¡Tengamos más días de clase! A partir de ahora, ¡tengamos clases también los sábados!

Los maestros y los alumnos no querían ir a la escuela los sábados, pero nadie sabía cómo decírselo al Sr. Keene, que estaba tan orgulloso de los niños y de los maestros y de todo lo que aprendían cada día.

Así que ese sábado Tillie fue a la escuela.

—¡Pero si hoy es sábado! ¿Y los columpios? —le reclamó su hermano.

Al mes siguiente, el Sr. Keene anunció:

—¡Esta es una escuela tan, pero tan magnífica! ¡Me encanta esta escuela! ¡Tengamos más días de clase! A partir de ahora, ¡tengamos clases también los domingos!

Los maestros y los alumnos no querían ir a la escuela los domingos, pero nadie sabía cómo decírselo al Sr. Keene, que estaba tan orgulloso de los niños y de los maestros y de todo lo que aprendían cada día.

Así que ese domingo Tillie fue a la escuela.

—¡Pero si hoy es domingo! ¿Y los saltos? —le reclamó su hermano.

Al mes siguiente, el Sr. Keene reunió de nuevo a todo el mundo y les dijo:

—¡Esta es una escuela tan, pero tan magnífica! ¡Me encanta esta escuela! ¡Tengamos más días de clase! ¡A partir de ahora, tengamos clases también en el verano, todo el verano, todos los días! ¡Cuántas cosas aprenderemos! —dijo el Sr. Keene—. ¡Podremos aprenderlo todo! Lo aprenderemos todo sobre los números y las letras, los colores y las formas, los romanos, los egipcios y los griegos. Aprenderemos sobre los dinosaurios y los castillos y… y… ¡todo! ¡Aprenderemos *todo!*

Los maestros y los alumnos no querían ir a la escuela
los sábados y los domingos, ni en los días de fiestas ni todo
el verano. Pero nadie sabía cómo decírselo al Sr. Keene,
que estaba tan orgulloso de los niños y de los maestros y de
todo lo que aprendían cada día.

Así que el primer día de verano, Tillie fue a la escuela.

—¡Pero si es verano! ¿Qué hay del verano? —le
reclamó su hermano.

ANALIZAR EL TEXTO

Estructura del cuento ¿Cuál
es el problema fundamental
de este cuento? ¿Qué personaje
es el responsable de este
problema?

Y ese día Tillie fue a ver al Sr. Keene a su oficina, y se paró frente a su escritorio.

—¡Qué escuela tan, pero tan magnífica! —dijo el Sr. Keene—. ¡Cuántas cosas increíbles están aprendiendo todos!

—Sí —le contestó Tillie—, ciertamente estamos aprendiendo cosas increíbles.

—¡Una escuela tan, pero tan magnífica! —dijo el Sr. Keene.

—Pero —dijo Tillie—, no todos están aprendiendo.

—¿Cómo? —dijo el Sr. Keene, que se veía muy preocupado—. ¿Quién? ¿Quién no está aprendiendo? ¡Dime quiénes son y me encargaré de que aprendan!

—Mi perro, Beans, no ha aprendido a
sentarse —dijo Tillie—. Y tampoco ha aprendido a
saltar sobre el arroyo.

—¡Oh! —dijo el Sr. Keene.

—Y mi hermanito no ha aprendido
a columpiarse, ni a saltar.

—¡Oh! —dijo el Sr. Keene.

—Y yo… —dijo ella.

—¡Pero tú vas a la escuela! —dijo el Sr. Keene—.
¡Tú asistes a nuestra escuela tan, pero tan magnífica!

—Es verdad —respondió Tillie—. Pero no he aprendido
a treparme muy alto en el árbol y tampoco
he aprendido a quedarme sentada en el
árbol durante toda una hora.

—¡Oh! —dijo el Sr. Keene.

Ese día, el Sr. Keene recorrió los pasillos de arriba abajo, observando a los niños y a los maestros. De arriba abajo caminó. De arriba abajo, de arriba abajo.

A la mañana siguiente, el Sr. Keene los reunió a todos. Los niños y los maestros estaban muy preocupados. El Sr. Keene dijo:

—Esta es una escuela tan, pero tan magnífica, con niños tan, pero tan magníficos, y con maestros tan, pero tan magníficos. Sin embargo, no todos están aprendiendo.

Los niños y los maestros estaban muy, pero muy preocupados. El Sr. Keene dijo:

—Hay perros que necesitan aprender a sentarse y a saltar sobre los arroyos.

¿Qué quiso decir? ¿Iba a obligar a sus perros a venir a la escuela?

—Hay hermanitos y hermanitas que necesitan aprender a columpiarse y a saltar.

¿Qué quiso decir? ¿Iba a obligar a sus hermanitos y hermanitas a venir a la escuela también?

Los niños y los maestros estaban muy, muy pero muy preocupados.

—¡Y ustedes, todos ustedes, niños y maestros: necesitan aprender a treparse a los árboles y a quedarse sentados ahí durante una hora! —dijo el Sr. Keene.

Los niños y los maestros estaban muy preocupados.

—Por lo tanto, a partir de ahora nosotros… **¡no** vamos a tener clase ni los sábados, ni los domingos, ni en verano!

Una ovación enorme, tremenda y ruidosa se alzó hasta el techo y salió por las ventanas, de modo que todos los del pueblo oyeron que los niños tan, pero tan magníficos y los maestros tan, pero tan magníficos gritaron:

—¡Magnífico! ¡Magnífico! ¡Magnífico!

MAGNÍFICO

MAGNÍFICO

MAGNÍFICO

Y los niños tan, pero tan
magníficos, y los maestros tan, pero
tan magníficos, alzaron en brazos al
Sr. Keene y lo llevaron por el pasillo
y afuera de las puertas de la escuela,
recorriendo el pueblo de arriba abajo
y de abajo arriba. Y dondequiera que
iban, la gente decía:

—¡Qué escuela tan, pero tan
magnífica, con maestros tan, pero tan
magníficos, con niños tan, pero tan
magníficos y con un director tan, pero
tan magnífico!

Ahora analiza

Cómo analizar el texto

Usa estas páginas para aprender acerca de Estructura del cuento y Analizar las ilustraciones. Luego, vuelve a leer *Una escuela magnífica* para aplicar lo que has aprendido.

Estructura del cuento

En *Una escuela magnífica,* leíste sobre la historia de Tillie y su escuela. También leíste sobre el director de la escuela, el Sr. Keene, y sus planes. El lugar donde transcurre el cuento se llama **entorno.** Las personas que aparecen en el cuento son los **personajes.** Por último, todo lo que ocurre en el cuento se llama **trama.** Los sucesos que componen la trama a menudo ocurren por lo que hacen o dicen los personajes.

Vuelve a leer la página 20 de *Una escuela magnífica.* En esta sección del texto, descubrirás cuál será el problema. Mientras sigues leyendo, observa cómo crece el problema y cómo lo solucionan los personajes.

Entorno	Personajes
Trama Comienzo, Desarrollo, Final	

 RL.3.3 describe characters and explain how their actions contribute to the sequence of events; **RL.3.7** explain how illustrations contribute to the words

Analizar las ilustraciones

Las **ilustraciones** son dibujos o arte que muestran los sucesos de un cuento. También pueden dar más datos sobre la historia. Por ejemplo, pueden ayudarte a entender la **atmósfera,** o los sentimientos que se desarrollan en el cuento.

Vuelve a mirar las ilustraciones de las páginas 16 y 17. Observa los rostros felices de los niños. Nota que todos los estudiantes están haciendo algo interesante. La ilustración muestra una atmósfera feliz. Nadie está deprimido ni triste.

Es tu turno

REPASAR LA PREGUNTA ESENCIAL

Turnarse y comentar Repasa el cuento con un compañero y prepárate para comentar esta pregunta: *¿Qué diferencias hay entre aprender en la escuela y aprender en casa?* Mientras comentas la pregunta, túrnate con un compañero para repasar y explicar las ideas importantes. Usa pistas de *Una escuela magnífica* o evidencia del texto para apoyar tus ideas.

 Comentar en la clase

Para continuar comentando *Una escuela magnífica*, explica tus respuestas a estas preguntas:

1. ¿Por qué el Sr. Keene empieza a cambiar los días en que hay clases?

2. ¿Por qué razón Tillie finalmente habla con el Sr. Keene sobre los problemas de ir a la escuela todo el tiempo?

3. ¿Crees que el autor coincide más con Tillie o con el Sr. Keene sobre cómo se aprende? Usa evidencia del texto para explicar tu respuesta.

ESCRIBE SOBRE LO QUE LEÍSTE

Respuesta Gracias a Tillie, el Sr. Keene comprende que algunas cosas importantes se aprenden afuera de la escuela. ¿Qué cosas importantes aprendes afuera de la escuela? ¿Por qué son importantes? Haz una lista de tres o más cosas y escribe tu opinión sobre por qué cada una es importante.

Sugerencia para la escritura

Menciona las cosas que aprendes afuera de la escuela al comienzo de tu respuesta. Luego, da una razón por la cual cada una de esas cosas es importante. Concluye tu respuesta con una oración que resuma tus ideas.

ESTÁNDARES COMUNES **RL.3.3** describe characters and explain how their actions contribute to the sequence of events; **W.3.1a** introduce the topic, state an opinion, and create an organizational structure; **W.3.1b** provide reasons that support the opinion; **W.3.1d** provide a concluding statement or section; **W.3.10** write routinely over extended time frames or short time frames; **SL.3.1a** come to discussions prepared/ explicitly draw on preparation and other information about the topic; **SL.3.1d** explain own ideas and understanding in light of the discussion

Lección 1

TEXTO INFORMATIVO

Escuelas de
un solo salón

☑ GÉNERO

Un **texto informativo** proporciona información basada en hechos sobre un tema. Este es un artículo extraído de una enciclopedia en línea.

☑ ENFOQUE EN EL TEXTO

Las **fotografías** muestran imágenes reales de detalles importantes del texto.

Los **pies de foto** explican una fotografía o imagen. Mira las fotos y los pies de foto antes de leer. Comenta sobre qué crees que tratará el artículo. Después de leerlo, comprueba si tus predicciones fueron correctas.

Archivo Edición Ver Favoritos

Enciclopedia

Escuelas de un solo salón

En el pasado, las escuelas de un solo salón de clases eran comunes en Estados Unidos: a comienzos del siglo XX, había más de 250,000 escuelas de ese tipo. En la actualidad, algunos niños continúan asistiendo a escuelas de un solo salón.

Los estudiantes de todas las edades se sentían orgullosos de aprender en esas escuelas pequeñas. Por lo general, había un solo maestro y no había director.

Buscar

La vida cotidiana

El sonido de una campana a menudo anunciaba el comienzo del día. El maestro y los estudiantes realizaban faenas, como recoger la leña necesaria para cocinar y para la calefacción, o alzar la bandera que ondeaba en el cielo sobre el patio de la escuela.

El maestro trabajaba con uno o dos estudiantes a la vez. Estudiaban asignaturas como Lectura, Matemáticas, Historia, Ortografía y Caligrafía. Los estudiantes escribían en pizarrones pequeños, porque el papel era demasiado costoso.

Estudiantes famosos

Algunos estadounidenses famosos estudiaron en escuelas de un solo salón. Mary McLeod Bethune asistió a una en Carolina del Sur, a finales del siglo XIX. Llegó a ser una de las maestras más destacadas de Estados Unidos. Luchó por los derechos civiles.

Lyndon Johnson, que fue presidente de Estados Unidos, nació cerca de Stonewall, Texas, en 1908. Johnson asistió a una escuela de un solo salón en Texas y de ese origen humilde se alzó hasta la presidencia, que ocupó desde 1963 hasta 1969.

Mary McLeod Bethune

Lyndon Johnson

Las escuelas de hoy

Algunos estudiantes aún estudian en escuelas de un solo salón. Durante el invierno, menos de cien personas viven en la isla Monhegan, en Maine, y es demasiado lejos ir hasta tierra firme para asistir a clases, así que los estudiantes van a la pequeña escuela de la isla.

En muchos sitios, cuando las escuelas de un solo salón resultaron pequeñas, se abrieron escuelas más grandes. Las personas estaban preocupadas porque creyeron que se perdería algún magnífico edificio antiguo. Algunos de esos edificios se convirtieron en museos: puedes realizar una visita a una escuela de Dakota del Sur, igual a la que asistió la escritora Laura Ingalls Wilder.

Otros edificios escolares fueron convertidos en tiendas, restaurantes u hogares. Ciertamente, estos pequeños edificios son una parte importante de la historia estadounidense.

Laura Ingalls Wilder, autora de *La pequeña casa de la pradera,* recorría varias millas para asistir a una escuela como la que se muestra en la parte inferior de la página.

Comparar el texto

DE TEXTO A TEXTO

Comparar y contrastar las escuelas Piensa en las escuelas de *Una escuela magnífica* y *Escuelas de un solo salón*. Habla con un compañero sobre las similitudes entre la escuela de Tillie y una escuela de un solo salón. Comenten las diferencias. Halla evidencia del texto. Haz una lista de por lo menos dos semejanzas y por lo menos dos diferencias entre las escuelas.

Hoy los estudiantes escriben en papel.

estudiantes ace mucho izarrones

EL TEXTO Y TÚ

Coméntalo ¿Cómo te sentirías si fueras a la escuela los sábados? Comenta con un compañero qué habría de bueno y qué habría de malo en ir a la escuela los sábados.

EL TEXTO Y EL MUNDO

Conectar con los Estudios Sociales En algunos países, los estudiantes van a la escuela en verano y los fines de semana. Investiga en grupo de qué otra forma se diferencian las escuelas de otro país de la tuya. Toma notas. Comenta los resultados con la clase.

Aprende en línea

ESTÁNDARES COMUNES

RI.3.9 compare and contrast important points and details in texts on the same topic; **W.3.8** recall information from experiences or gather information from print and digital sources/take brief notes and sort evidence; **SL.3.1d** explain own ideas and understanding in light of the discussion

Gramática

Oraciones simples Una **oración simple** es un grupo de palabras que indican una idea completa. Tiene un sujeto y un predicado. El **sujeto** es la parte que nombra de la oración; señala *quién* o *qué*. El **predicado** es la parte de la acción de la oración; señala qué *hace* o *hizo* el sujeto.

Sujeto	Predicado
Nuestra escuela cierra los sábados.	Nuestra escuela cierra los sábados.
Marc jugó al fútbol ese día.	Marc jugó al fútbol ese día.

 **Copia las oraciones. Luego, encierra en un círculo el sujeto. Subraya el predicado.**

1. Mi familia planeó un picnic para el sábado.

2. La lluvia cambió nuestros planes.

3. Jan le enseña trucos a su perro los domingos.

4. El perro rodó sobre su lomo tres veces.

Los grupos de palabras que no indican una idea completa se llaman fragmentos. Un **fragmento** es una oración incompleta: le falta el sujeto o el predicado.

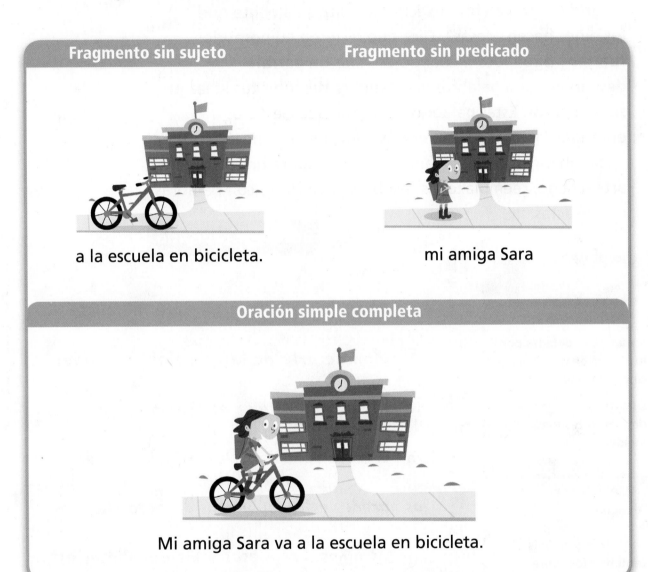

Fragmento sin sujeto	Fragmento sin predicado
a la escuela en bicicleta.	mi amiga Sara

Oración simple completa

Mi amiga Sara va a la escuela en bicicleta.

 ## Relacionar la gramática con la escritura

Mientras corriges tu párrafo descriptivo, asegúrate de que cada oración tenga un sujeto y un predicado. Todas las oraciones deben indicar una idea completa. Corrige los fragmentos de oraciones que encuentres.

Escritura narrativa

☑ **Elección de palabras** La autora de *Una escuela magnífica* usa palabras exactas. No dice solamente que los niños hacen "cosas". Dice que hicieron "dinosaurios, fuertes y pirámides". Cuando escribas un **párrafo descriptivo,** usa palabras exactas para describir tus ideas y sentimientos. Estas palabras ayudarán a los lectores a entender mejor las experiencias o los sucesos que describes.

Sarah escribió un párrafo descriptivo sobre un salón de arte. Luego, reemplazó las palabras poco claras con palabras más exactas.

Lista de control de la escritura

☑ **Ideas** ¿Usé detalles por lo menos de dos de los cinco sentidos?

☑ **Organización** ¿Cada detalle corresponde a mi idea principal?

☑ **Elección de palabras**
¿Usé palabras exactas?

☑ **Voz** ¿Demostré mis sentimientos sobre los sucesos?

☑ **Fluidez de las oraciones** ¿Mis oraciones son fluidas?

☑ **Convenciones** ¿Corregí la ortografía, la gramática y la puntuación?

Borrador revisado

Hay un lugar al que siempre me gusta ir.

¡El salón de arte de la escuela! Aun antes

de entrar, puedes oler el aroma a ∧ ~~arte~~. ¡Es
                                   pintura y arcilla

un perfume delicioso! Dentro del salón de arte,

las paredes están cubiertas de ∧ ~~cosas hechas~~
                         dibujos, máscaras y títeres hechos

por los niños. Las mesas y los caballetes están

repartidos por todos lados. Los tarros de

pintura ∧ están apilados.
      roja, azul y amarilla

El mejor lugar de la escuela
por Sarah Walker

Hay un lugar al que siempre me gusta ir. ¡El salón de arte de la escuela! Aun antes de entrar, puedes oler el aroma a pintura y arcilla. ¡Es un perfume delicioso! Dentro del salón de arte, las paredes están cubiertas de dibujos, máscaras y títeres hechos por los niños. Las mesas y los caballetes están repartidos por todos lados. Los tarros de pintura roja, azul y amarilla están apilados. Mientras trabajamos, la Sra. Varga pone música que combina con nuestro proyecto. Por ejemplo, una vez que hicimos copos de nieve, ella puso música suave y tintineante. Cuando estoy en el salón de arte, jamás quiero irme.

Leer como escritor

¿Por qué Sarah cambió "arte" por "pintura y arcilla"?
¿En qué lugar de tu párrafo descriptivo puedes agregar palabras exactas?

Agregué algunas palabras exactas para describir con claridad el salón de arte.

45

Vocabulario en contexto

juicio

jurado

convencido

culpable

señalar

palabra

murmullo

estrado

Librito de vocabulario	Tarjetas de contexto

L.3.6 acquire and use conversational, general academic, and domain-specific words and phrases

46

① juicio

Un juicio tiene lugar en la sala de un tribunal.

② jurado

Los miembros del jurado escuchan los hechos del caso para tomar una decisión.

③ convencido

La abogada logró que los miembros del jurado le creyeran. Los convenció.

④ culpable

Los jurados le dicen al juez si hallan al acusado inocente o culpable.

Aprende en línea

▶ Estudia cada Tarjeta de contexto.

▶ Redacta una nueva oración de contexto usando dos palabras del Vocabulario.

5 señalar

El testigo señaló en un mapa dónde ocurrió el delito.

6 palabra

En la corte, a las personas se les toma la palabra bajo juramento.

7 murmullo

El juez pide silencio cuando escucha murmullos en la sala.

8 estrado

Las personas que suben al estrado en una corte responden a las preguntas.

Leer y comprender

✓ DESTREZA CLAVE

Conclusiones Mientras lees *El juicio de Cardigan Jones,* busca maneras de vincular los detalles del cuento para descubrir lo que realmente pasó. Esto se llama sacar **conclusiones.** Usa un cuadro como el siguiente para anotar tu conclusión a partir de la evidencia del texto y de tu propia experiencia.

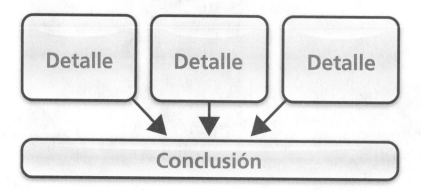

Detalle → Detalle → Detalle

Conclusión

✓ ESTRATEGIA CLAVE

Inferir/Predecir Mientras lees, usa las conclusiones que sacas para **inferir,** o descubrir, cómo son los personajes. **Predice** lo que crees que puede pasar y luego comprueba si tenías razón o no.

RL.3.1 ask and answer questions to demonstrate understanding, referring to the text

El sistema de tribunales

Los tribunales cumplen un papel importante en nuestras ciudades. Los juicios que se realizan en los tribunales pueden ser muy emocionantes. Imagina que a alguien se lo acusa de no haber cumplido la ley. El juez se sienta en el frente de la sala. Los testigos dicen lo que saben sobre el delito. El jurado, que está compuesto por doce personas, escucha toda la evidencia. Luego el jurado saca una conclusión. ¿El acusado es culpable o inocente?

En *El juicio de Cardigan Jones,* leerás sobre un juicio relacionado con un pastel perdido, un alce torpe y un juez sabio. Sigue leyendo y descubre si Cardigan Jones es culpable o inocente.

TEXTO PRINCIPAL

DESTREZA CLAVE

Conclusiones Relaciona los detalles del cuento para descubrir lo que el autor no expresa directamente.

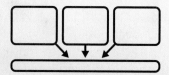

☑ **GÉNERO**

Una **fantasía** es un cuento imaginario que tiene personajes o sucesos que no son reales. Mientras lees, busca:

▶ sucesos o entornos del cuento que no podrían existir en la vida real y

▶ personajes que actúan de una manera no realista.

RL.3.10 read and comprehend literature

CONOCE AL AUTOR E ILUSTRADOR

Tim Egan

Cuando Tim Egan estudiaba en la escuela primaria, su asignatura favorita era Arte. Dice que era mucho mejor en Arte que en Matemáticas.

Actualmente Egan se gana la vida como escritor y como artista escribiendo libros de humor con personajes que son animales con apariencias muy serias, como *Burnt Toast on Davenport Street (Tostadas quemadas en la calle Davenport)* y *Serious Farm (Una granja seria)*.

Egan vive en California con su esposa, sus dos hijos y muchas mascotas.

El juicio de
CARDIGAN JONES

escrito e
ilustrado por
Tim Egan

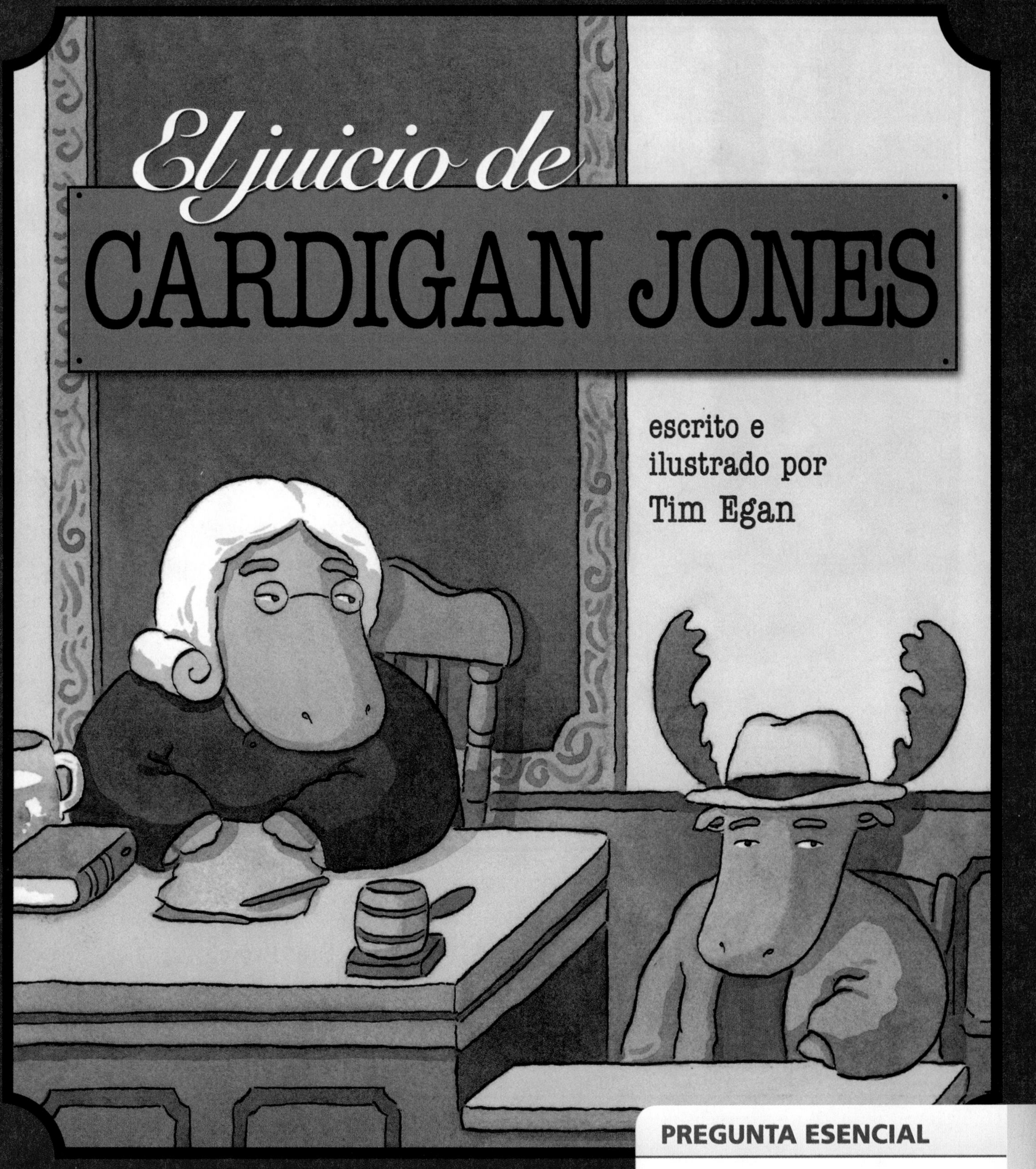

PREGUNTA ESENCIAL

¿Por qué los tribunales son una parte importante de nuestro gobierno?

Cardigan pasaba por la casa de la Sra. Brown
justo cuando ella ponía en su ventana un pastel de
manzana recién horneado. A Cardigan le encantaban
los pasteles.

Se acercó y olió el pastel. Lo vio un conejo, vecino de la casa de al lado, y también un lechero que pasaba en su camión. Cardigan era nuevo en el pueblo, y no estaban seguros de lo que estaba haciendo.

Al poco rato la Sra. Brown volvió a la ventana, y había desaparecido el pastel. Estaba tan disgustada que llamó a la policía.

Les dijo que había visto un alce unos pocos minutos antes, así que ellos dieron una vuelta por la manzana y detuvieron a Cardigan.

ANALIZAR EL TEXTO

Conclusiones ¿Por qué llamó la Sra. Brown a la policía y mencionó haber visto un alce?

Viendo que tenía migas de masa de pastel en la camisa, lo arrestaron a pesar de que él insistía en que no había robado el pastel.

Se escogió a un juez y a un jurado para decidir si Cardigan había robado o no el pastel. Llamaron al vecino y al lechero como testigos.

El juicio de Cardigan empezó al día siguiente. La Sra.
Brown fue la primera en subir al estrado.

—¿Hay alguien en la sala al que vio usted el día en que
desapareció el pastel? —le preguntó el juez.

—Sí —contestó ella—, aquel alce de ahí. —Señaló a
Cardigan.

Se oyeron murmullos en la sala.

—Fue él: es culpable—dijo alguien.

—Eso no lo sabemos todavía —dijo el juez.

Entonces subió el conejo al estrado.

—¿Vio a alguien cerca del pastel? —le preguntó el juez.

—Claro que sí —dijo el conejo—. Aquel alce de ahí.
Él lo robó.

—¡No lo hice! —gritó Cardigan—. ¡No lo robé! ¡Lo prometo!

—¡Orden! —gritó el juez. Cardigan se volteó y sus cuernos tropezaron con una estatua, que se cayó y se estrelló contra el piso.

Hizo un gran estruendo, y los del jurado le echaron miradas feas a Cardigan.

—¡Próximo testigo! —gritó el juez.

Entonces subió el lechero al estrado.

—¿A quién vio usted a la hora en que se llevaron el pastel? —preguntó el juez.

—Al alce —dijo—, no hay duda. Él caminó
directamente hasta la ventana. Su cara prácticamente
tocaba el pastel.

Para entonces, algunas personas ya estaban
convencidas de que Cardigan se había llevado el pastel,
aunque el juez seguía diciendo:

—Aún no tenemos ninguna prueba.

Finalmente llamaron a Cardigan al estrado. Al cruzar la sala del juzgado, sus cuernos se enredaron en la bandera. Le tomó más de un minuto desenredarse.

—¡Es un alborotador! —dijo una ardilla.

Otros asintieron con la cabeza mientras el juez preguntaba:

—Bueno, alce, ¿caminó usted hasta el pastel?

—Bueno, eh, sí, pero solo para olerlo... —dijo Cardigan en voz baja.

—¡Lo sabía! —gritó la cabra—. ¡Que lo encierren!

—¡Orden! —exigió el juez—. ¡Orden en la sala!

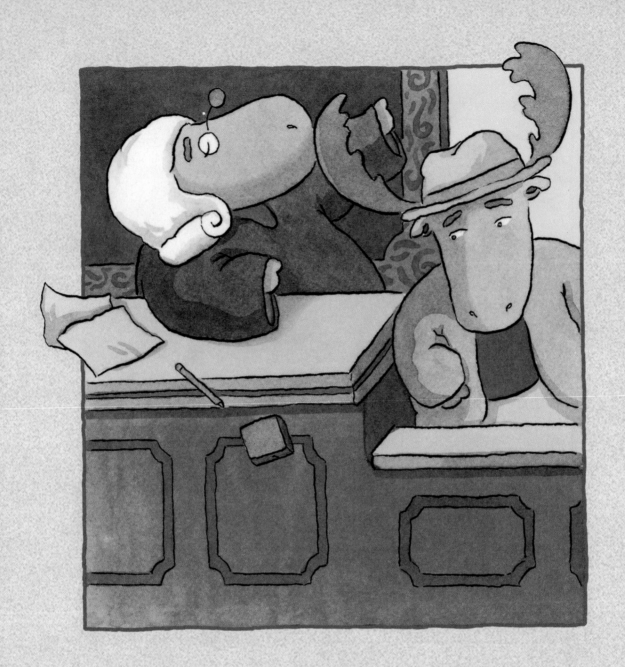

—¡Pero yo no lo tomé! —insistió Cardigan—. ¡Palabra de honor!

Se paró y sus cuernos tumbaron al piso el martillo del juez.

—¡Siéntese! —gritó el juez. Pero cuando Cardigan se fue a sentar, sus cuernos golpearon al juez.

El juez cayó al piso.

    —¡Golpeó al juez! —gritó uno de los guardias de seguridad. Tomaron a Cardigan y empezaron a llevárselo. Los miembros del jurado ya habían tomado su decisión.

    Pero el juez se puso de pie y dijo:

    —Ahora, ¡esperen un minuto! Tengo curiosidad sobre algo —dijo—. Síganme.

Salió del juzgado, y todos lo siguieron por el pueblo.

Llegaron a la casa de la Sra. Brown, y el juez caminó por fuera hasta la ventana donde había estado el pastel.

Tal como se imaginaba, ahí, todo espachurrado entre los arbustos, estaba el pastel de manzana. Ya no olía tan bien.

—Lo tumbaste de la ventana con esos cuernos gigantes que tienes, alce tonto —dijo el juez, riéndose—. Fue un accidente.

Inmediatamente, todos se sintieron horrible por haber sido tan crueles con Cardigan, y el jurado lo declaró "inocente" en ese mismo momento.

Para compensarlo, hicieron una fiesta en su honor. La Sra. Brown horneó un pastel especialmente para él, incluso después de que Cardigan le rompió su florero favorito.

Ahora analiza

Cómo analizar el texto

Usa estas páginas para aprender acerca de Conclusiones y Elección de palabras del autor. Luego, vuelve a leer *El juicio de Cardigan Jones* para aplicar lo que has aprendido.

Conclusiones

Los lectores pueden sacar conclusiones mientras leen. Una **conclusión** es una suposición inteligente sobre algo que el autor no expresa directamente. Para sacar una conclusión, busca evidencia en el texto para descubrir lo que realmente pasó. También aplica lo que ya sabes.

Vuelve a leer las páginas 60 y 61 de *El juicio de Cardigan Jones.* Lees que el lechero vio a Cardigan oliendo el pastel en la ventana de la Sra. Brown. Puedes usar esa información para concluir que Cardigan se robó el pastel. ¿Tendrías razón? ¿Por qué?

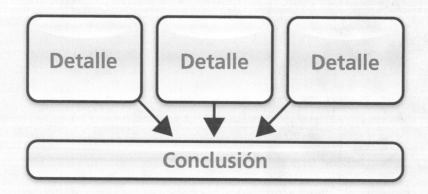

RL.3.1 ask and answer questions to demonstrate understanding, referring to the text; L.3.3a choose words and phrases for effect

 Aprende en línea

Elección de palabras del autor

El autor usa palabras para crear imágenes en la mente del lector. Cuando el autor elige cuidadosamente **palabras precisas,** ayuda a los lectores a ver y oír los sucesos y los personajes del cuento.

Vuelve a leer la página 63 de *El juicio de Cardigan Jones.* El autor podría haber escrito esto:

—¡*Orden!* —*dijo el juez*—.

En cambio, el autor eligió la palabra *exigió.* Cuando los lectores leen esta palabra, saben que la voz del juez es alta y firme.

Es tu turno

REPASAR LA PREGUNTA ESENCIAL

Turnarse y comentar

Repasa el cuento con un compañero y prepárate para comentar esta pregunta: *¿Por qué los tribunales son una parte importante de nuestro gobierno?* Mientras comentas la pregunta, escucha con atención la evidencia del texto que usa tu compañero. Explica tus propias ideas basándote en el cuento.

Comentar en la clase

Para continuar comentando *El juicio de Cardigan Jones,* explica tus respuestas a estas preguntas:

1 ¿Por qué los otros personajes creen tan fácilmente que Cardigan es culpable?

2 ¿Qué cualidades tiene el juez que lo hacen un buen juez? ¿Qué evidencia hay en el texto?

3 ¿Qué hizo el autor para que el final sea creíble?

Respuesta Hasta el final del cuento, la mayoría de los personajes están seguros de que Cardigan es culpable de haber tomado el pastel. ¿Estabas de acuerdo con ellos? ¿Qué lección puedes aprender de este cuento? Escribe un párrafo con el mensaje del cuento.

Sugerencia para la escritura

Escribe el mensaje del cuento al principio de tu respuesta. Luego, explícalo usando evidencia del cuento. Si puedes, incluye un ejemplo de tu propia experiencia.

Aprende en línea

ESTÁNDARES COMUNES **RL.3.3** describe characters and explain how their actions contribute to the sequence of events; **W.3.1a** introduce the topic, state an opinion, and create an organizational structure; **W.3.1b** provide reasons that support the opinion; **W.3.10** write routinely over extended time frames or short time frames; **SL.3.1a** come to discussions prepared/explicitly draw on preparation and other information about the topic; **SL.3.1d** explain own ideas and understanding in light of the discussion

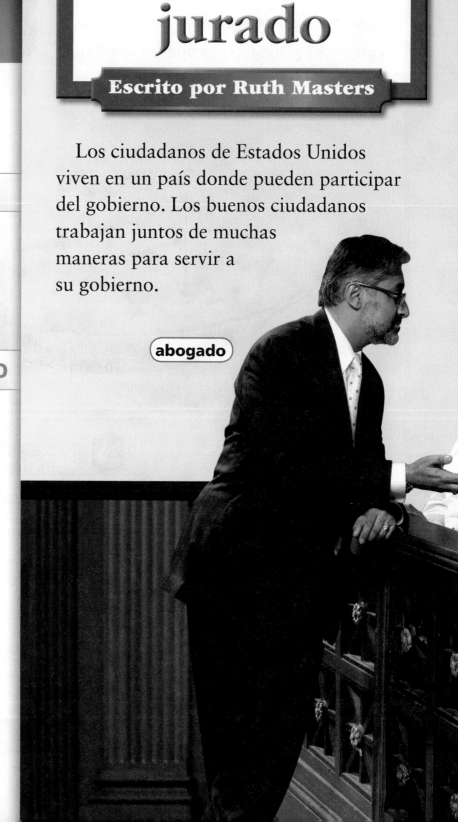

Tú eres el jurado

Escrito por Ruth Masters

Los ciudadanos de Estados Unidos viven en un país donde pueden participar del gobierno. Los buenos ciudadanos trabajan juntos de muchas maneras para servir a su gobierno.

abogado

GÉNERO

Un **texto informativo** contiene datos sobre un tema determinado.

ENFOQUE EN EL TEXTO

Los **encabezamientos** le indican al lector de qué tratan las secciones del texto.

ESTÁNDARES COMUNES **RI.3.10** read and comprehend informational texts

Aprende en línea

El llamado del deber

Una forma en la que los ciudadanos pueden colaborar con el gobierno estatal es formar parte de un jurado. Un jurado es un grupo de personas que deciden si alguien es culpable de no cumplir con la ley o es inocente. Cuando una persona es acusada de no cumplir la ley, tiene derecho a que un jurado atienda su caso. A su vez, los ciudadanos también tienen la obligación de ser miembros del jurado si se les pide.

Los ciudadanos se turnan para formar parte de los jurados. Reciben una carta que les dice que es su turno. La carta dice cuándo deben presentarse en los tribunales.

jurado

En el juicio

En la corte, los miembros del jurado se sientan juntos en una sala. En la sala del tribunal hay otras personas: el juez, el acusado y los abogados. El acusado es la persona a la que se culpa de no haber cumplido con la ley. El abogado conoce la ley. Él o ella habla en nombre del acusado. Los abogados cuentan los hechos relacionados con lo que pasó. Pueden llamar a testigos al estrado. Los abogados de cada parte intentan convencer al jurado para que vote a su favor.

Tomar una decisión

Al final, llega el momento en el que el jurado debe decidir si no se cumplió con la ley. Los miembros del jurado deben pensar en los hechos. Deben escucharse entre sí. Luego deben tomar una decisión.

La decisión del jurado se llama veredicto. El veredicto de culpable o inocente se lee en voz alta. El jurado puede decir: "Hallamos al acusado culpable". Después, se termina el juicio. Los miembros del jurado han cumplido con su deber.

Los jueces escuchan atentamente durante todo el juicio.

abogado

jueza

testigo

Comparar el texto

Comparar y contrastar a los miembros del jurado Piensa en los miembros del jurado de *El juicio de Cardigan Jones* y de *Tú eres el jurado.* ¿En qué se parecen y en qué se diferencian? Comenta tus ideas con un compañero. Apoya tus ideas con evidencia del texto.

EL TEXTO Y TÚ

En el juicio ¿Cómo te sentirías si fueras Cardigan Jones? Con un grupo pequeño, representen el cuento, turnándose para interpretar el papel de Cardigan. Luego, comenten sobre cómo se puede sentir una persona inocente al ser juzgada.

EL TEXTO Y EL MUNDO

Ser parte del jurado Imagina que eres miembro del jurado del juicio de Cardigan Jones. Escribe varias anotaciones de diario sobre el juicio. Explica cómo va cambiando tu opinión sobre la culpabilidad o inocencia de Cardigan a medida que avanza el juicio. Luego lee tus anotaciones en voz alta a un compañero.

Aprende en línea

ESTÁNDARES COMUNES

RI.3.9 compare and contrast important points and details in texts on the same topic

Gramática

 **Aprende en línea**

Clases de oraciones Hay cuatro clases de oraciones. Todas empiezan con mayúscula, pero tienen distintos signos de puntuación al principio o al final. Una **oración enunciativa** afirma o niega algo. Una **oración interrogativa** pregunta sobre algo. Una **oración imperativa** le dice a alguien que haga algo. Una **oración exclamativa** muestra emociones fuertes, como entusiasmo, sorpresa o miedo.

Clase de oración	Ejemplo
oración enunciativa	El juicio empieza hoy.
oración interrogativa	¿Quién es el juez?
oración imperativa	Siéntate, por favor.
oración exclamativa	¡Ahí viene el juez!

Inténtalo **Trabaja con un compañero. Di cada oración en voz alta. Identifica cada oración como enunciativa, interrogativa, imperativa o exclamativa.**

1 El jurado escuchó el juicio.

2 Hablaron sobre el caso.

3 ¡No pueden decidir qué hacer!

4 ¿Qué pasará ahora?

5 Di a los miembros del jurado que lo intenten de nuevo.

Sabes que las oraciones pueden ser enunciativas, interrogativas, imperativas o exclamativas. Para que tus textos sean más interesantes, usa las cuatro clases de oraciones.

Párrafo con una sola clase de oración

Todos tenemos momentos difíciles. Podemos contarnos nuestras experiencias. Todos aprenderemos algo nuevo. Al final, seremos más sabios.

Párrafo con cuatro clases de oraciones

¿No tenemos todos momentos difíciles? Cuéntame tus experiencias. Así podremos aprender algo nuevo. ¡Cuánto más sabios seremos al final!

 ## Relacionar la gramática con la escritura

Mientras corriges tu cuento y el diálogo que se incluye allí, asegúrate de usar diferentes clases de oraciones para que tu escrito sea más interesante.

Escritura narrativa

☑**Ideas** En *El juicio de Cardigan Jones*, el autor incluyó diálogos para que el cuento fuera más interesante. Un **diálogo** son las palabras exactas que un personaje le dice a otro. Ayuda a los lectores a imaginar los sucesos y los personajes.

Travis escribió el primer borrador de un texto narrativo, o un cuento. En su borrador revisado, agregó más diálogos y detalles. Puedes ver lo que revisó en una parte de su borrador a continuación.

 ## Lista de control de la escritura

☑**Ideas**

¿Mi cuento entretiene a la audiencia?

☑ **Organización**
¿Presenté la situación y a los personajes?

☑ **Elección de palabras**
¿Incluí diálogos para que los lectores escuchen a los personajes?

☑ **Voz**
¿Usé palabras que usarían los niños?

☑ **Fluidez de las oraciones**
¿Usé diferentes clases de oraciones?

☑ **Convenciones**
¿Usé correctamente la puntuación?

Borrador revisado

—¡Dije que dónde está mi gorra de béisbol! —exclamó Nate—. La dejé aquí.

¡Alguien se la robó!

—No —dijo Jarod—. La tienes ahí puesta.

¿No recuerdas habértela puesto antes de
—Los niños se rieron.
hacer fila? ∧

—Nadie se ha robado tu gorra —dijo Jarod.

Los otros niños de la mesa sonrieron.

—¡Entonces la he perdido! —gritó Nate.

La misteriosa gorra perdida

escrito por Travis Payton

Nate y Jarod hacían fila en la ruidosa cafetería de la escuela. Nate eligió un sándwich de queso para el almuerzo. Jarod pidió la sopa caliente y una ensalada verde fría. Luego, los dos volvieron a su mesa con las bandejas en la mano.

–¿Dónde está mi gorra de béisbol nueva? –preguntó Nate.

–¿Qué? –contestó Jarod.

–¡Dije que dónde está mi gorra de béisbol! –exclamó Nate–. La dejé aquí. ¡Alguien se la ha robado!

–Nadie se ha robado tu gorra –dijo Jarod. Los otros niños de la mesa sonrieron.

–¡Entonces la he perdido! –gritó Nate.

–No –dijo Jarod–. La tienes ahí puesta. ¿No recuerdas habértela puesto antes de hacer fila? –Los niños se rieron.

Nate se comió su sándwich rápido. No veía la hora de terminar el almuerzo.

Leer como escritor

Travis agregó diálogos a su cuento para que los personajes hablaran con sus propias palabras. ¿Qué diálogos puedes agregar en tu narración?

En mi cuento final, agregué diálogos. También incluí más detalles.

Vocabulario
en contexto

✓ VOCABULARIO CLAVE

costear
cliente
contactar
recaudar
ganar
ocurrir
barrio
abarcar

Librito de vocabulario

Tarjetas de contexto

ESTÁNDARES COMUNES
L.3.6 acquire and use conversational, general academic, and domain-specific words and phrases

---

1 costear

Unos niños recogen juguetes para otros que no pueden costear su compra.

2 cliente

Algunas tiendas piden a sus clientes una donación para obras de caridad.

3 contactar

Esta niña contacta a sus vecinos para pedir ayuda con sus proyectos.

4 recaudar

Muchos grupos organizan ventas de pasteles para recaudar dinero.

Aprende en línea

▶ Estudia cada Tarjeta de contexto.

▶ Haz una pregunta usando una palabra del Vocabulario.

5 **ganar**

Los estudiantes desean ganar dinero y comprar libros para la biblioteca.

6 **ocurrir**

Tal vez se te ocurran otras ideas para volver a utilizar el papel en la escuela.

7 **barrio**

Los vecinos de este barrio le dedican un día al mes a su limpieza.

8 **abarcar**

Estas personas hacen muros. La inundación ya abarca varias calles.

Leer y comprender

Aprende en línea

✓ DESTREZA CLAVE

Comprender a los personajes En *El regalo de Destiny* los **personajes** principales son Destiny y la Sra. Wade. Lo que dicen y hacen son pistas sobre sus sentimientos, características y motivaciones. Las **características** son cualidades que tienen las personas, por ejemplo, la amabilidad. Las **motivaciones** son las razones de sus actos. Usa un diagrama como el siguiente para enumerar la evidencia del texto sobre los sentimientos, características y motivaciones para cada personaje. Luego usa esas ideas para describir a cada personaje.

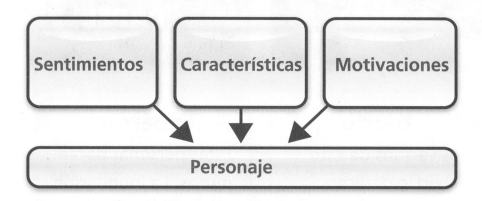

✓ ESTRATEGIA CLAVE

Analizar/Evaluar Mientras lees, **analiza,** o piensa en lo que dicen y hacen Destiny y la Sra. Wade. Esta evidencia del texto te ayudará a **evaluar** a los personajes o decidir cómo son y cuáles son sus motivaciones.

ESTÁNDARES COMUNES   RL.3.3 describe characters and explain how their actions contribute to the sequence of events

UN VISTAZO AL TEMA PRINCIPAL

Voluntarios

Un vecindario de ciudad es un lugar concurrido. Muchas personas viven y trabajan allí. También ofrecen su tiempo y dinero como voluntarios para ayudarse entre sí. Algunos voluntarios organizan eventos tales como fiestas del vecindario o ferias callejeras. Estos eventos son para recaudar dinero y donaciones para las personas que no pueden pagar por lo que necesitan.

En *El regalo de Destiny*, leerás sobre una niña pequeña que intenta ayudar a la dueña de la librería de su vecindario a mantener su tienda abierta. Su familia organiza a otros voluntarios para ayudar también. ¿Qué crees que hacen?

TEXTO PRINCIPAL

El regalo de Destiny

por Natasha Anastasia Tarpley
ilustrado por Adjoa J. Burrowes

✓ DESTREZA CLAVE

Comprender a los personajes

Busca características, motivaciones y sentimientos. Usa estos elementos para comprender cómo son los personajes.

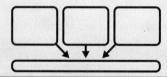

✓ GÉNERO

Una **ficción realista** tiene personajes y sucesos como los de la vida real. Mientras lees, busca:

- ▶ un entorno que puede ser real,
- ▶ personajes que tengan sentimientos como los de las personas reales y
- ▶ problemas que podrían ser reales.

ESTÁNDARES COMUNES · **RL.3.2** recount stories and determine the message, lesson or moral; **RL.3.3** describe characters and explain how their actions contribute to the sequence of events; **RL.3.10** read and comprehend literature

CONOCE A LA AUTORA

Natasha Anastasia Tarpley

Natasha Tarpley recuerda que era una niña muy tímida: "Para mí, leer era una manera de escaparme hacia mundos completamente distintos", dice. Algunas de sus escritoras preferidas eran Judy Blume, Beverly Cleary y Laura Ingalls Wilder.

CONOCE A LA ILUSTRADORA

Adjoa J. Burrowes

Para que sus ilustraciones se vean tridimensionales, Adjoa J. Burrowes recorta cada parte de una escena por separado. Luego pega cada uno de los trozos de papel grueso, uno sobre el otro. "Así casi parece que estuviera saltando fuera de la página", dice.

El regalo de Destiny

por
Natasha Anastasia Tarpley
ilustrado por
Adjoa J. Burrowes

PREGUNTA ESENCIAL

¿Por qué es bueno para la comunidad y su gente que haya voluntarios?

Mi lugar favorito en el mundo era la librería de la Sra. Wade, enfrente de mi casa. La Sra. Wade sabía todo lo que podía saberse sobre las palabras, ¡y a mí me encantaban las palabras!

Yo visitaba a la Sra. Wade todos los martes y sábados. Tan pronto como entraba en la tienda, las campanitas que colgaban encima de la puerta tintineaban con su saludo especial.

—¡Hola, Destiny! —exclamaba la Sra. Wade, y dejaba de hacer lo que estaba haciendo para darme un fuerte abrazo. Olía a flores y a menta, y tenía largas trenzas de cabello plateado que le llegaban a la cintura. —¿Cuál es la palabra? —preguntaba la Sra. Wade.

—Vamos a ver —decía yo.

Corríamos al gran diccionario grueso que tenía la Sra.
Wade en un pedestal en la tienda. Yo cerraba los ojos, abría el
diccionario y apuntaba con el dedo.

Cualquier palabra sobre la que caía mi dedo era nuestra
palabra del día. La Sra. Wade siempre me ayudaba con las
palabras que yo no entendía. Pronunciábamos cada palabra y la
dividíamos como un rompecabezas, hasta que yo sabía todo lo
que había que saber sobre esa palabra.

Yo lo anotaba todo en un cuaderno, que llevaba a
todas partes.

Cuando no escribía palabras, yo las leía, devorándomelas de las páginas de los libros como si fueran caramelos. La Sra. Wade siempre me daba libros nuevos que leer. Incluso me presentaba a los autores de verdad que llegaban a su tienda para leer sus libros. Me gustaba hablar con ellos porque les encantaban las palabras, igual que a mí.

Así fue que decidí que quería ser escritora cuando fuera mayor.

Los sábados, mamá y papá me dejaban quedarme en la tienda de la Sra. Wade hasta el cierre. Yo la ayudaba regando las plantas y sacudiendo los almohadones grandes y cómodos donde la gente se acurrucaba para leer en el suelo.

Después, la Sra. Wade y yo colocábamos los libros nuevos en los estantes. A veces yo abría un libro, metía la nariz entre las páginas y respiraba profundamente. Olía a tinta, a césped y a las ropas viejas del armario de mi abuelita. El papel liso se sentía entre mis dedos como las hojas del otoño.

Lo que más me gustaba de estos sábados era el final del día, después de que todos los clientes se habían marchado. La Sra. Wade preparaba una bandeja con té de menta y galletas de mantequilla, esas que tienen un agujero en el medio. Tomábamos el té y hacíamos como si las galletas de mantequilla fueran anillos de diamantes alrededor de los dedos.

Entonces yo le leía a la Sra. Wade lo que había escrito en mi cuaderno. Ella escuchaba mis cuentos y poemas con los ojos cerrados. Yo me imaginaba que yo era una autora famosa que estaba leyendo ante una sala llena de gente. A veces, después de terminar la lectura, la Sra. Wade abría los ojos y decía:

—Las palabras son un regalo muy poderoso.

Yo no estaba segura de lo que quería decir, ¡pero me sentía realmente muy importante!

ANALIZAR EL TEXTO

Comprender a los personajes
¿Por qué la librería es tan especial para Destiny? Usa detalles del cuento para explicar tu respuesta.

Pero un sábado, cuando llegué a la tienda de la Sra. Wade
todo estaba diferente. En lugar de estar hablando con sus
clientes o desembalando los libros nuevos como hacía siempre,
la Sra. Wade leía una carta y se veía muy triste. Guardó la carta
y sonrió al verme, pero me di cuenta de que no era la misma
persona alegre de siempre.

Más tarde, mientras tomábamos el té, la Sra. Wade me
contó cuál era el problema. Tomó mis manos entre las suyas, y
nos sentamos una frente a la otra, con las rodillas tocándose.

—¿Alguna vez has tenido que hacer una tarea verdaderamente difícil en la escuela, pero ni esforzándote al máximo se te ocurría cómo resolverla? —me preguntó.

Asentí con la cabeza. Los problemas de matemáticas siempre eran así para mí.

—Bueno, durante mucho tiempo he intentado hallar una manera de mantener abierta la librería, pero no he tenido mucha suerte —dijo, suspirando, la Sra. Wade—. Mi casero me ha aumentado el alquiler, y no puedo costear el pago de la nueva renta. Quizás tenga que cerrar la librería. —La Sra. Wade volvió a suspirar, y creí ver una pequeña lágrima en el borde del ojo.

Se me paró el corazón. ¿Cerrar? ¡No! No podía creerlo.

—¿Por qué? ¿Por qué tiene que cerrar la tienda? —le pregunté, con voz temblorosa.

—Necesito ganar más dinero para pagar el alquiler mayor, y simplemente no hay suficientes clientes para eso —dijo la Sra. Wade.

—¡Podemos conseguir más! —grité.

—Ya veremos —la Sra. Wade sonrió con tristeza—. Ya veremos.

Cuando llegué a casa, les conté a mamá y papá lo de
la tienda de la Sra. Wade. Lloré tanto que creí que no
pararía nunca.

Mamá y papá me abrazaron.

—Sé cuánto significa la librería para ti —dijo mamá,
acariciándome el cabello.

—Vamos a ver si hay algo que podemos hacer para ayudar
—dijo papá.

Mamá y papá tomaron el teléfono y llamaron a todos los
vecinos. Al día siguiente, todos los de la cuadra vinieron a casa
para discutir lo que podíamos hacer para salvar la tienda de la
Sra. Wade.

El sábado siguiente, todos los niños del vecindario repartieron volantes para hacer que las personas fueran a la librería de la Sra. Wade. Los adultos contactaron a las emisoras de televisión y a los periódicos locales, y llamaron al casero de la Sra. Wade para pedirle que bajara el alquiler para que la tienda pudiera seguir abierta.

El domingo hicimos carteles que decían "SALVA NUESTRA LIBRERÍA", y luego marchamos por todo el vecindario. Me parecía estar en un desfile.

1117
SALVA NUESTRA LIBRERÍA
SALVA NUESTRA LIBRERÍA
SALVA NUESTRA LIBRERÍA
SALVA NUESTRA
SALVA NUESTRA

El sábado siguiente tuvimos una fiesta gigantesca en el barrio para
recaudar dinero. Hubo canciones, bailes y mesas llenas de buena comida.
Yo ayudé a la Sra. Wade en su puesto, y vendimos cajas y más cajas
de libros.

ANALIZAR EL TEXTO

Mensaje del cuento ¿Qué
mensaje les está dejando la
autora a los lectores?

Me divertí tanto que casi me olvidé de sentirme triste. Casi.

Además de todos los carteles, los volantes y la fiesta del barrio, yo todavía quería hacer algo especial para la Sra. Wade. Quería darle un regalo que fuera solo mío.

Pensé y pensé, pero no se me ocurrió ninguna idea.

—¿En qué estás pensando tanto? —me preguntó mamá.

—Quiero hacerle un regalo especial a la Sra. Wade, pero no se me ocurre nada —le respondí.

—Bueno, ¿por qué no cierras los ojos y respiras profundamente? —dijo mamá—. Después, recuerda todos los buenos momentos que pasaste con la Sra. Wade en la librería. Estoy segura de que se te ocurrirá algo.

Cerré los ojos y seguí el consejo de mamá. ¡De pronto se me ocurrió una idea! Me levanté de un salto, saqué un cuaderno nuevo y comencé a escribir.

Escribí todo lo que me encantaba de la tienda de la Sra. Wade: desde el sonido que hacían las campanitas colgadas encima de la puerta hasta el olor de los libros nuevecitos y el té de menta.

Escribí durante toda la tarde y parte de la noche. Mamá y papá hasta me permitieron escribir durante la cena.

A la mañana siguiente terminé de escribir y corrí hasta la tienda de la Sra. Wade a la hora en que abría normalmente. Pero cuando llegué ahí, ¡la tienda estaba cerrada!

El corazón me palpitaba de miedo al asomarme por la ventana del frente. ¿Había cerrado la tienda la Sra. Wade sin decírmelo?

Estaba por irme a casa a decírselo a mamá y a papá cuando oí la voz de la Sra. Wade:

—Destiny, ¡estoy aquí! —me llamó, desde la escalera de su casa, al lado.

—¿Por qué no está abierta la tienda? —pregunté.

—Necesitaba algo de tiempo para pensar —dijo la Sra. Wade.

—¿Tendrá que cerrar la tienda para siempre? —susurré.

—Espero que no, pero no estoy segura, Destiny —dijo la Sra. Wade con tristeza—. Es difícil saber si los clientes continuarán viniendo a la tienda.

No supe qué decir. Entonces recordé mi cuaderno.

—Tengo un regalo para usted —dije, y le di el cuaderno a la Sra. Wade. Sus ojos se iluminaron ante la sorpresa de abrirlo y leer: "La librería de la Sra. Wade, por Destiny Crawford".

—¿Por qué no me lo lees? —preguntó la Sra. Wade, con una gran sonrisa que le abarcaba todo el rostro.

Leí cada palabra mientras la Sra. Wade escuchaba con los ojos cerrados.

Cuando terminé, la Sra. Wade me dio un abrazo largo y fuerte.

—Destiny, este es el mejor regalo que me han dado en toda mi vida —dijo, radiante—. Las palabras son verdaderamente un regalo poderoso.

Esa vez supe exactamente lo que quería decir.

La Sra. Wade y yo no sabemos si va a tener que cerrar la tienda, pero mientras tanto continuamos leyendo, escribiendo ¡y devorando todas las palabras que podemos!

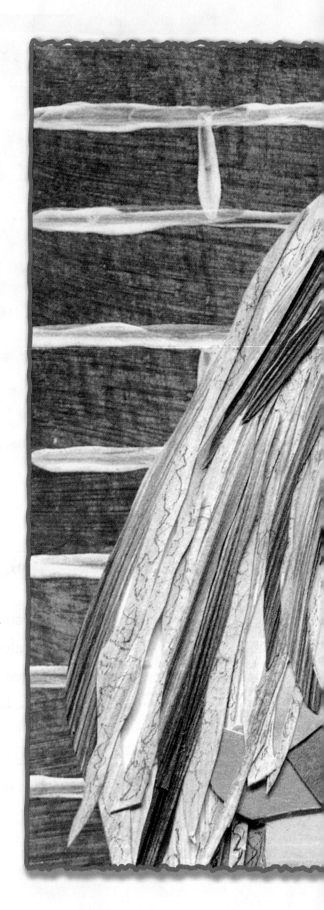

Ahora analiza

Cómo analizar el texto

Usa estas páginas para aprender acerca de Comprender a los personajes y Mensaje del cuento. Luego, vuelve a leer *El regalo de Destiny* para aplicar lo que has aprendido.

Comprender a los personajes

Una ficción realista como *El regalo de Destiny* tiene personajes que son como las personas reales. Al igual que las personas reales, los personajes tienen **sentimientos**. Los personajes también tienen **características**, o cualidades que los describen. Los personajes también tienen razones para la manera en la que actúan, al igual que las personas reales. Estas razones se llaman **motivaciones**.

Para poder encontrar los sentimientos, las características y las motivaciones de los personajes, puedes usar evidencia del texto. Vuelve a leer las páginas 88 y 89 de *El regalo de Destiny*. En estas páginas, puedes aprender acerca de los sentimientos, las características y las motivaciones de la Sra. Wade a través de lo que dice y hace.

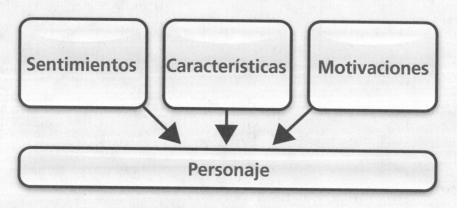

Sentimientos Características Motivaciones

Personaje

ESTÁNDARES COMUNES
RL.3.2 recount stories and determine the message, lesson or moral; **RL.3.3** describe characters and explain how their actions contribute to the sequence of events

Aprende en línea

Mensaje del cuento

Los autores escriben porque desean contarles algo a los lectores. Tal vez tengan un **mensaje** o una lección que dar, pero lo hacen a través de un cuento. Los lectores deben pensar: "¿Qué dice el autor sobre la vida real en este cuento? ¿Cuál es el mensaje del cuento?".

Por ejemplo, un cuento puede ser sobre un niño que encuentra un perro perdido y aterrado. Lo limpia, le da de comer y lo cuida. El perro se convierte en su mejor amigo. El mensaje del cuento es "Sé amable y solidario".

Es tu turno

Turnarse y comentar Repasa el cuento con un compañero y prepárate para comentar esta pregunta: *¿Por qué es bueno para la comunidad y su gente que haya voluntarios?* Túrnate con tu compañero para hablar sobre las ideas. Usa evidencia del texto en las explicaciones.

Comentar en la clase

Para continuar comentando *El regalo de Destiny*, explica tus respuestas a estas preguntas:

1. ¿Por qué la Sra. Wade y Destiny se hicieron tan buenas amigas?

2. ¿Crees que las personas del vecindario son solidarias? ¿Por qué?

3. ¿Por qué la autora no cuenta lo que pasó con la librería? ¿Estás satisfecho con el final? Explica tu respuesta.

Respuesta En el cuento, la Sra. Wade dice dos veces: "Las palabras son un regalo muy poderoso". ¿Qué crees que quiere decir con eso? ¿Por qué piensas que la Sra. Wade lo dice dos veces? Escribe un párrafo que responda a estas preguntas. Busca evidencia del texto para apoyar tu opinión.

Las palabras son un regalo muy poderoso.

Sugerencia para la escritura

Enuncia tu opinión. Luego, da razones para apoyarla. Incluye ejemplos que te ayuden a explicar tu opinión. Luego concluye con una oración que resuma tus ideas.

Aprende en línea

ESTÁNDARES COMUNES **RL.3.1** ask and answer questions to demonstrate understanding, referring to the text; **RL.3.3** describe characters and explain how their actions contribute to the sequence of events; **W.3.1a** introduce the topic, state an opinion, and create an organizational structure; **W.3.1b** provide reasons that support the opinion; **W.3.1d** provide a concluding statement or section; **W.3.10** write routinely over extended time frames or short time frames; **SL.3.1a** come to discussions prepared/explicitly draw on preparation and other information about the topic; **SL.3.1d** explain own ideas and understanding in light of the discussion

RI.3.7 use information gained from illustrations and words to demonstrate understanding; **RI.3.10** read and comprehend informational texts

Jóvenes que contribuyen

por Jeremy Stone

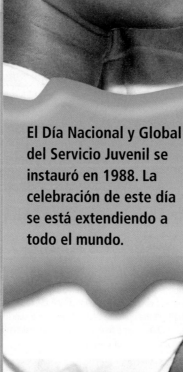

El Día Nacional y Global del Servicio Juvenil se instauró en 1988. La celebración de este día se está extendiendo a todo el mundo.

Un día para ayudar

¿Te gustaría poder aplicar las ideas divertidas que se te ocurran para mejorar tu escuela, tu barrio o tu ciudad? ¡Pon en práctica tus ideas en abril, en el Día Nacional y Global del Servicio Juvenil! Ese día, los jóvenes de todo el país trabajan para que sus comunidades sean más seguras y limpias, o para ayudar a los demás. Algunos recolectan alimentos para las personas que no pueden costearlos. Otros recaudan fondos para las organizaciones benéficas locales. Ganan ese dinero convocando a eventos en los que se recolectan fondos, o solicitando a los clientes de las tiendas locales que hagan donaciones.

Los jóvenes de Texas ayudan

En Arlington, Texas, durante el Día del Servicio Juvenil más de 800 jóvenes ayudan a su comunidad: unos van a los hogares para ancianos; otros plantan flores; los equipos de béisbol juvenil recogen la basura en el histórico cementerio de Arlington, próximo a sus campos de juego.

Después de un día atareado, ¡es hora de festejar en el parque Vandergriff! Los jóvenes trabajadores se reúnen ahí para celebrar.

Ayudar con el arte

Un grupo de artistas de San Francisco ayuda durante todo el año a que los niños hagan más bella su ciudad. Los artistas adultos de un grupo llamado "Jóvenes al servicio" van a las escuelas de toda la ciudad. Los artistas ayudan a los estudiantes a diseñar murales especiales. Por lo general, los murales tratan sobre temas que los niños estudian en clase.

Una vez diseñado el mural, los niños trabajan juntos para crear el mural en un área pública. Cuando ya se ha finalizado la obra, se contacta a los vecinos y se les invita a celebrar y a disfrutar el mural.

Este mural celebra a los líderes de los derechos civiles de California.

Comparar el texto

Comparar formas de ayudar Piensa en qué maneras las personas se ayudan en *El regalo de Destiny* y *Jóvenes que contribuyen.* ¿Los niños y los adultos ayudan de maneras diferentes? ¿Por qué las personas se ayudan? Comenta tus ideas con un compañero. Usa detalles importantes y otras evidencias del texto para explicar tus respuestas.

EL TEXTO Y TÚ

Hablar sobre cómo contribuir Los niños colaboran en *El regalo de Destiny* y en *Jóvenes que contribuyen.* Cuéntale a la clase una ocasión en que ayudaste a tu comunidad. Escucha atentamente y haz preguntas mientras otros estudiantes cuentan lo que han hecho.

EL TEXTO Y EL MUNDO

Aplicar características de los personajes ¿Crees que a Destiny le hubiera gustado la decisión del Sr. Keene de tener clases los sábados en el cuento *Una escuela magnífica* de la Lección 1? ¿Por qué? Escribe tus ideas en tu cuaderno.

MI DIARIO

Aprende en línea

ESTÁNDARES COMUNES
RL.3.3 describe characters and explain how their actions contribute to the sequence of events; **RI.3.9** compare and contrast important points and details in texts on the same topic; **SL.3.1c** ask questions to check understanding, stay on topic, and link comments to others' remarks

Gramática

Oraciones compuestas Una **oración compuesta** está formada por dos oraciones simples unidas por una de las palabras *y, pero, o, entonces.* Estas palabras de enlace se llaman **conjunciones**. Delante de las conjunciones *pero* y *entonces* es necesario escribir una coma.

Oraciones simples	Oración compuesta
Amo los libros. Quiero ser escritor.	Amo los libros y quiero ser escritor.
Papá compró un libro. Lo perdió.	Papá compró un libro, pero lo perdió.
Podemos leer esto. Podemos leer aquello.	Podemos leer esto o podemos leer aquello.
Ty lee un montón. Compra muchos libros.	Ty lee un montón, entonces compra muchos libros.

 **Copia cada oración. Luego escribe *simple* o *compuesta* para indicar qué tipo de oración es.**

1. Este libro es bueno, pero ese libro es mejor.

2. Podemos ir a la biblioteca hoy a la mañana.

Escribe una oración compuesta para cada par de oraciones simples. Usa la conjunción entre paréntesis y una coma si es necesario.

3. Quería un libro. La librería estaba cerrada. (pero)

4. La biblioteca tiene ese libro. Iré allí hoy. (entonces)

A veces un escritor coloca dos oraciones simples juntas sin coma ni conjunciones. Este tipo de error se llama **oraciones seguidas.** Usar oraciones seguidas crea confusión porque los lectores no saben donde termina una idea y comienza la otra. Una forma de corregir oraciones seguidas es escribir una oración compuesta.

Oración seguida

Hicimos cola en la librería la escritora firmó nuestros libros.

Oración compuesta

Hicimos cola en la librería y la escritora firmó nuestros libros.

Relacionar la gramática con la escritura

Mientras revisas tu relato personal, asegúrate de que no haya oraciones seguidas. Para unir oraciones simples, usa una conjunción entre ellas.

ESTÁNDARES COMUNES **W.3.3a** establish a situation and introduce a narrator or characters/organize an event sequence; **W.3.3b** use dialogue/descriptions to develop experiences and events or show characters' responses; **W.3.3c** use temporal words and phrases to signal event order; **W.3.3d** provide a sense of closure; **W.3.8** recall information from experiences or gather information from print and digital sources/take brief notes and sort evidence

Escritura narrativa

☑ **Voz** En *El regalo de Destiny,* cuando la Sra. Wade dice que las palabras son poderosas, Destiny nos cuenta sus pensamientos y sentimientos: "Yo no estaba segura de lo que quería decir, ¡pero me sentía realmente muy importante!". Puedes hacer lo mismo en tu **relato personal.**

Callie escribió acerca de la ocasión en que ayudó a un vecino. Después agregó algunos de sus pensamientos y sentimientos. También usó palabras de secuencia y terminó con una conclusión convincente.

Lista de control de la escritura

☑ **Ideas**
¿Usé detalles que ayudan al lector a imaginar los sucesos?

☑ **Organización**
¿Conté los sucesos en orden?

☑ **Elección de palabras**
¿Usé palabras claras y apropiadas?

☑ **Voz**
¿Comenté lo que pensaba y sentía?

☑ **Fluidez de las oraciones**
¿Escribí oraciones completas?

☑ **Convenciones**
¿Dejé espacios entre cada una de las palabras de mis oraciones?

Borrador revisado

Un día le pregunté al Sr. Mazur dónde estaba su gato. Me dijo: —Me operaron y Chester tiene que quedarse en un albergue hasta que pueda volver a cuidarlo—.

Entonces se me ocurrió una idea. Le pregunté a mamá si podía cuidar a Chester, así el Sr. Mazur podía dejarlo en su casa.

Me sentí muy triste, tanto por el Sr. Mazur como por mí, porque ¡adoro a Chester!

El Sr. Mazur, Chester y yo

por Callie Perakis

Un día le pregunté al Sr. Mazur, mi vecino, dónde estaba su gato. Me dijo: —Me operaron y Chester tiene que quedarse en un albergue hasta que pueda volver a cuidarlo—. Me sentí muy triste, tanto por el Sr. Mazur como por mí, porque ¡adoro a Chester! Entonces se me ocurrió una idea. Le pregunté a mamá si podía cuidar a Chester, así el Sr. Mazur podía dejarlo en su casa. Cuando me dijo que sí, grité: —¡Viva!—. De modo que, durante todo el verano, fui todos los días a la casa del Sr. Mazur. Le daba a Chester comida y agua. Después hablaba con el Sr. Mazur y jugaba con Chester. Cuando volvía a casa, me sentía bien por dentro porque sabía que el Sr. Mazur no estaba solo.

Leer como escritor

¿Qué oraciones te indican cómo se sentía Callie? ¿En qué lugar de tu trabajo puedes agregar tus pensamientos y sentimientos?

Agregué pensamientos y sentimientos. También me aseguré de escribir oraciones completas.

Vocabulario en contexto

equipo
marea
aferrarse
hacer equilibrio
neblina
desaparecer
extenderse
agitación

Librito de vocabulario

Tarjetas de contexto

L.3.6 acquire and use conversational, general academic, and domain-specific words and phrases

122

1 equipo

Un equipo, o grupo de trabajadores, inicia la construcción de un nuevo puente.

2 marea

Cuando la marea está baja, es un buen momento para las reparaciones.

3 aferrarse

Los pintores se aferran con firmeza al puente cuando el viento sopla fuerte.

4 hacer equilibrio

Los trabajadores hacen equilibrio para no caerse de las vigas.

Aprende en línea

▶ Estudia cada Tarjeta de contexto.

▶ Comenta una foto usando una palabra del Vocabulario diferente a la que aparece en la tarjeta.

5 neblina

En días de neblina, la densa bruma impide ver bien. Hay que manejar despacio.

6 desaparecer

En esta foto, la mitad del puente desaparece entre la niebla.

7 extenderse

Este largo puente se extiende sobre una gran masa de agua.

8 agitación

Los corredores de maratón sintieron gran agitación al cruzar el puente.

Leer y comprender

☑ DESTREZA CLAVE

Comparar y contrastar En *El puente de papá,* los personajes principales se parecen en algunas cosas, pero son muy diferentes en otras. Mientras lees, **compara** y **contrasta** los personajes, o piensa en qué se parecen y en qué se diferencian. Ten en cuenta sus palabras y sus acciones, así como también sus características, motivaciones y sentimientos. ¿De qué manera contribuyen estas diferencias a la secuencia de sucesos del relato?

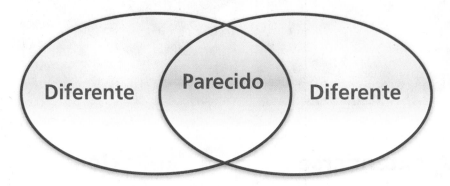

Diferente **Parecido** **Diferente**

☑ ESTRATEGIA CLAVE

Inferir/Predecir Mientras lees *El puente de papá,* usa evidencia del texto para **inferir,** o imaginarte, más sobre lo que se necesita para construir un puente. Además, usa la evidencia para **predecir** lo que sucederá a continuación en la selección. Comprueba si tus predicciones fueron correctas.

ESTÁNDARES COMUNES   **RL.3.3** describe characters and explain how their actions contribute to the sequence of events

124

UN VISTAZO AL TEMA PRINCIPAL
La ingeniería

La ingeniería es la rama de las ciencias que se encarga del diseño y la construcción de estructuras. Los equipos de trabajo siguen los planes de los ingenieros para construir puentes, máquinas y edificios. Por ejemplo, en un puente colgante, los ingenieros diseñan los enormes cables de acero y las altas torres que sostendrán la calzada.

En *El puente de papá,* leerás acerca de los valientes trabajadores que construyeron el puente Golden Gate, en San Francisco. También aprenderás sobre el orgullo y los temores que sentían sus familias mientras ellos cumplían con su trabajo, uno de los más peligrosos del mundo.

TEXTO PRINCIPAL

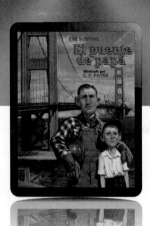

☑ DESTREZA CLAVE

Comparar y contrastar Indica en qué se parecen y en qué se diferencian los personajes.

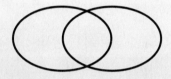

☑ GÉNERO

Una **ficción histórica** es un cuento ambientado en el pasado. Mientras lees, busca:

▶ un entorno que sea un lugar y un tiempo real del pasado,

▶ personajes y sucesos realistas y

▶ algunos sucesos y detalles inventados.

RL.3.3 describe characters and explain how their actions contribute to the sequence of events; **RL.3.10** read and comprehend literature

CONOCE A LA AUTORA

Eve Bunting

Eve Bunting vio el puente Golden Gate por primera vez en 1958. Ese día se había mudado de su Irlanda natal a California. "Me pareció el puente más bello que había visto jamás", recuerda.

CONOCE AL ILUSTRADOR

C. F. Payne

C. F. Payne, cuyas iniciales corresponden a su nombre completo, Chris Fox, es famoso por dibujar a personas con cabezas, narices y orejas muy grandes. A veces Payne utiliza  a sus amigos como modelos para sus dibujos, como hizo en *El puente de papá*.

EL PUENTE DE PAPÁ

por Eve Bunting • ilustrado por C. F. Payne

PREGUNTA ESENCIAL

¿Por qué son importantes todas las funciones en un proyecto?

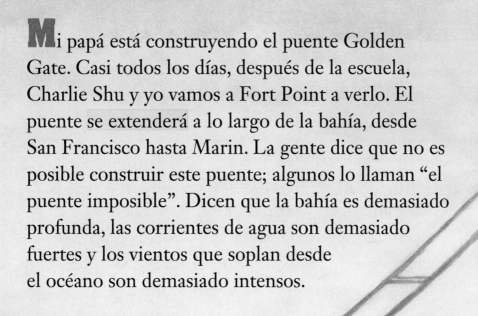

Mi papá está construyendo el puente Golden Gate. Casi todos los días, después de la escuela, Charlie Shu y yo vamos a Fort Point a verlo. El puente se extenderá a lo largo de la bahía, desde San Francisco hasta Marin. La gente dice que no es posible construir este puente; algunos lo llaman "el puente imposible". Dicen que la bahía es demasiado profunda, las corrientes de agua son demasiado fuertes y los vientos que soplan desde el océano son demasiado intensos.

Pero yo sé que mi papá puede lograrlo. Cada vez que digo que mi papá está construyendo el puente, mi mamá se ríe:

—Hay un equipo de más de mil hombres trabajando en ese puente, Robert, incluyendo al papá de Charlie —me recuerda ella. Eso yo lo sé, pero simplemente me encojo de hombros.

Para mí, es el puente de papá.

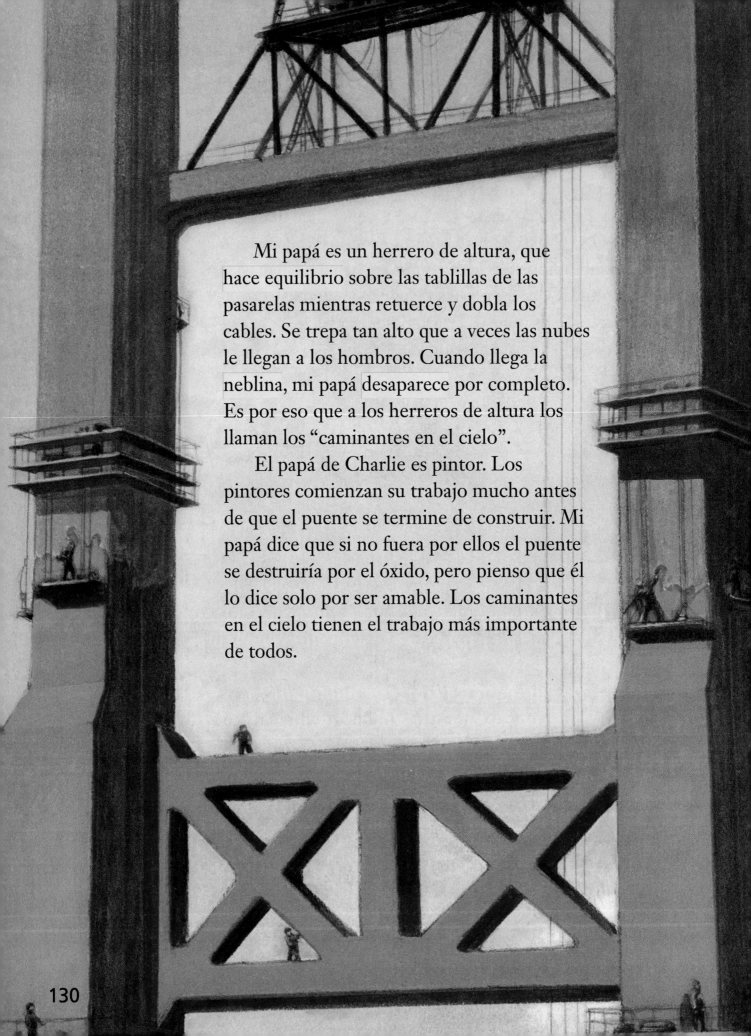

Mi papá es un herrero de altura, que hace equilibrio sobre las tablillas de las pasarelas mientras retuerce y dobla los cables. Se trepa tan alto que a veces las nubes le llegan a los hombros. Cuando llega la neblina, mi papá desaparece por completo. Es por eso que a los herreros de altura los llaman los "caminantes en el cielo".

El papá de Charlie es pintor. Los pintores comienzan su trabajo mucho antes de que el puente se termine de construir. Mi papá dice que si no fuera por ellos el puente se destruiría por el óxido, pero pienso que él lo dice solo por ser amable. Los caminantes en el cielo tienen el trabajo más importante de todos.

En Fort Point, busco a mi papá con los binoculares que me presta mi mamá. Los trabajadores, con sus uniformes y sus gorras de marinero, se ven todos iguales, pero yo siempre encuentro a mi papá por el pañuelo rojo que lleva atado al cuello. Es nuestra propia señal roja.

No me preocupo demasiado por él en los días en que el sol se refleja en el agua, cuando los veleros pasan por debajo del puente. Es tan hermoso que también puedo olvidar que es peligroso. Pero cuando el viento sopla a través del Golden Gate, los trabajadores se aferran a las vigas como las orugas a las ramas. En los días de niebla mis manos sudan sobre los binoculares: *"¿Dónde estará papá?"*. Cuando lo encuentro, trato de no mirar hacia otro lado, como si con la fuerza de mi mirada pudiera evitar que se cayera.

En mi casa, Charlie y yo armamos un rompecabezas que nos compró mi mamá. Cuando lo completemos, se verá el puente tal como lo imagina un artista. Charlie y yo trabajamos en el rompecabezas casi todos los días. Al inclinarme sobre él, siento que estoy construyendo con papá el puente verdadero: que yo, también, soy un caminante en el cielo.

—Está casi listo —dice Charlie—. Me pregunto cuál de los dos colocará la última pieza.

Yo me encojo de hombros, pero lo que dice Charlie me hace pensar: mi papá construyó ese puente y es él quien debería colocar la última pieza. Eso sería lo justo, aunque Charlie podría pensar que su papá es el que debería hacerlo. Cuando Charlie no está mirando, meto una de las piezas en mi bolsillo y luego la escondo en mi habitación: la estoy guardando para mi papá.

ANALIZAR EL TEXTO

Comparar y contrastar ¿Qué piensa Robert sobre la última pieza del rompecabezas? ¿En qué se diferenciarían sus ideas de las de Charlie? ¿En qué se parecerían?

El "puente imposible" está casi listo. Una noche, mamá, papá y yo caminamos hasta Fort Point. El puente cuelga entre las estrellas y el mar.

—Parece un arpa gigante —dice mi papá—. Un arpa para que toquen los ángeles.

Miro a mi papá y veo que para él esto no es solo un trabajo: él ama el puente.

En San Francisco reina una gran agitación: todos están esperando el día de la inauguración.

Charlie y yo hemos visto cómo se levantaban casi todas las partes del puente: vimos cómo los dos extremos se fueron acercando desde lados opuestos y los vimos unirse; también vimos cuando colocaron la calzada. Y eso lo hizo mi papá. Nadie puede estar tan orgulloso como yo, ni siquiera Charlie. Después de todo, mi papá es un caminante en el cielo.

Y entonces, un día, sucede algo terrible. Charlie y yo estamos observando cuando separan los andamios del puente. Hay un ruido como el de un choque de trenes cuando los andamios caen a la red de seguridad. La red se desgarra y con ella caen unos hombres a la marea, que está hecha un remolino.

No puedo respirar. No puedo pensar.

Pero luego miro intensamente a través de los binoculares y veo a mi papá todavía sobre el puente, con el pañuelo rojo azotado por el viento.

—¡Papá! —susurré con alivio.

A mi lado Charlie está gritando:

—¿Dónde está mi papá? ¿Dónde está mi papá?

Lo habíamos visto trabajar cerca de ese andamio, pero ahora no lo veía.

—Lo encontraremos —le prometo—. *Tenemos* que encontrarlo. —Con los binoculares recorro arriba y abajo los cables del puente, mirando a cada pintor que está en lo alto, colgado de su escalera de soga o balanceándose en una silla colgante, parecido a un nudo en una soga—. Por favor, esté allí, Sr. Shu —suplico, y luego lo veo—. ¡Al lado de esa viga transversal! —grito.

Charlie busca a tientas los binoculares. Lo ayudo, y él mira hacia donde señalo.

—¡Ahí está! ¡Está a salvo! —exclama Charlie, con la voz entrecortada.

Al día siguiente nos enteramos de que solo pudieron rescatar a dos de los doce hombres que habían caído al agua.

Pienso y vuelvo a pensar en ese día. Por la noche, semidormido, veo el puente temblar y escucho el derrumbe. Uno de aquellos hombres en el agua podría haber sido papá, o el papá de Charlie.

Finalmente entiendo, y me siento avergonzado: para igual trabajo hay igual peligro, para los caminantes en el cielo y para los pintores.

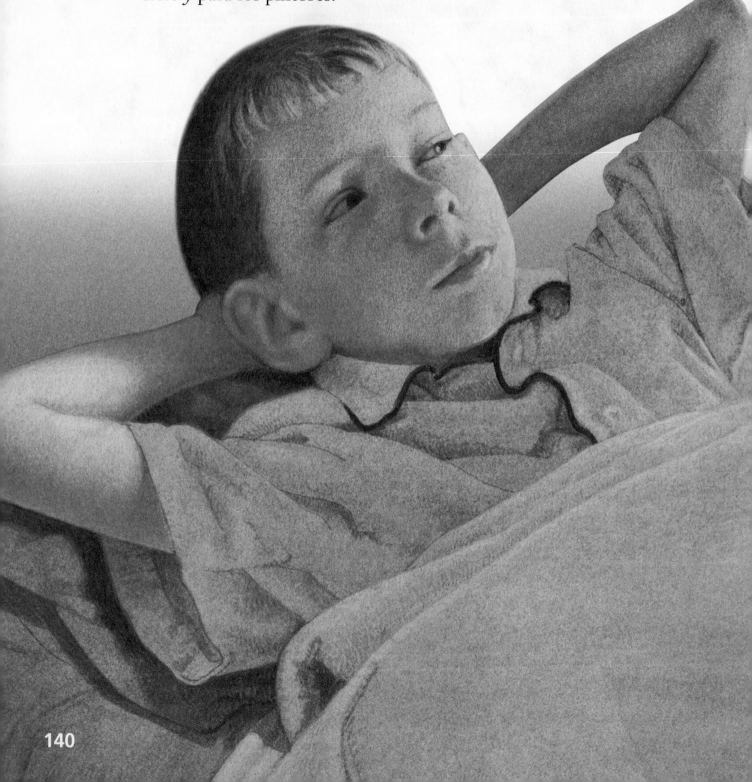

El trabajo continúa, y colocan una nueva red de seguridad. Papá dice que ahora los trabajadores hablan y bromean menos: ellos recuerdan.

Pero hay que terminar el puente. Y, finalmente, está listo. Miramos a través de los binoculares de mamá cuando colocan el roblón dorado en el centro del tramo principal. Ahora puede comenzar la celebración.

El día de la inauguración no se permiten los autos. Miles de personas caminan, bailan y patinan sobre el puente, y nosotros también. Tengo puesto el pañuelo de papá en el cuello. Hay un hombre montado en un monociclo y otro sobre zancos. Unos biplanos de la armada vuelan sobre las grandes torres de acero, y acorazados y cruceros navegan debajo del puente hacia la bahía de San Francisco. El viento rasguea su música por los cables y yo pienso en el arpa de mi papá.

143

Esa noche nuestra familia tiene su propio festejo, con Charlie y con su papá. Hay pollo guisado y un plato chino con fideos, cocinado por el papá de Charlie, y también un pastel muy rico.

El rompecabezas está sobre la mesa de centro, con un hueco en el medio.

—He buscado una y otra vez esa pieza faltante —dice mi mamá.

—Menos mal que no dejamos el puente con un hueco como ese —dice el Sr. Shu.

Mi papá se ríe:

—¡Aún estaríamos trabajando!

Llegó la hora.

Sin que me vean, subo a buscar la pieza escondida del rompecabezas. Luego tomo las tijeras y corto la pieza cuidadosamente en dos mitades. Vuelvo abajo y coloco media pieza en la mano del Sr. Shu y la otra mitad en la mano de mi papá.

—Complétenlo —digo—. El puente es de ustedes: les pertenece a los dos.

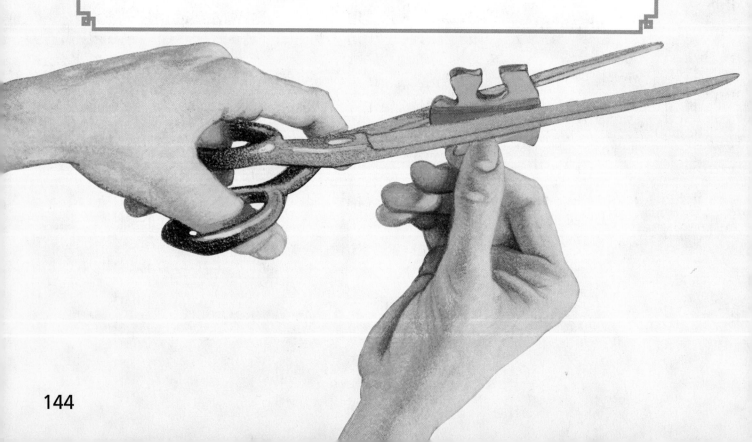

ANALIZAR EL TEXTO

Estructura del cuento Robert esconde una de las piezas del rompecabezas. ¿De qué manera afecta esta acción a la secuencia de sucesos?

145

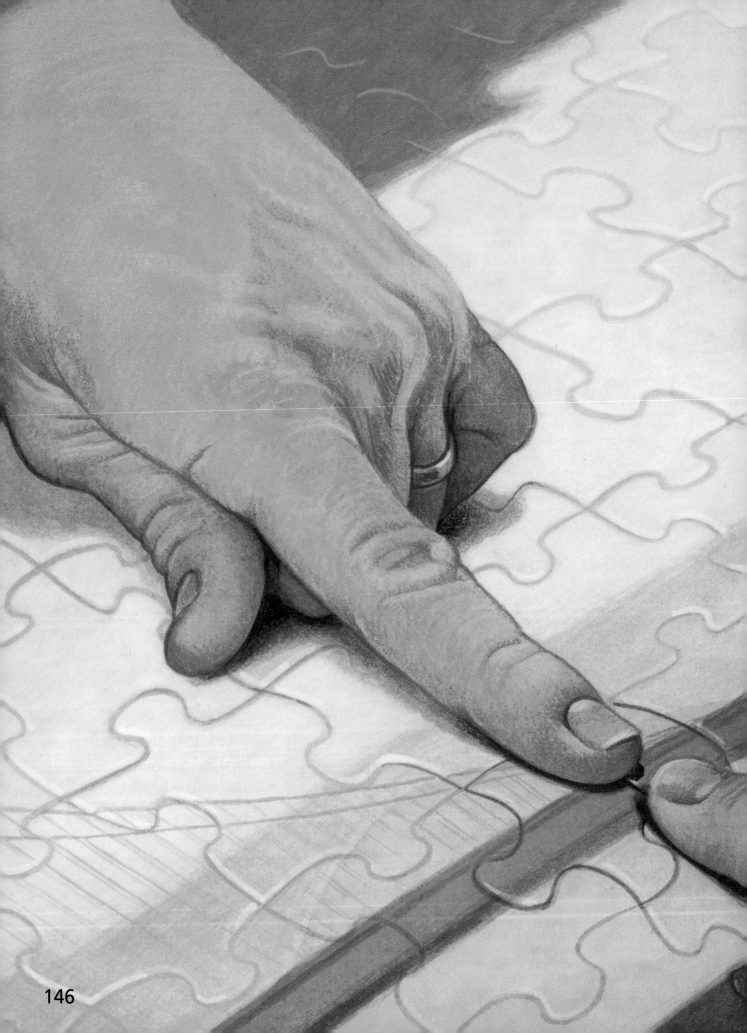

146

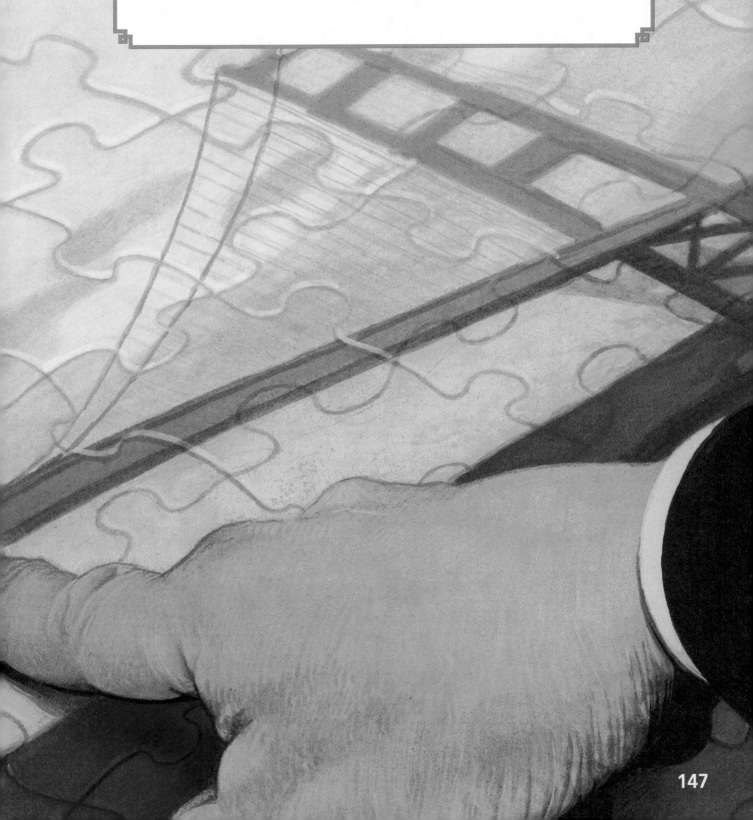

Mi mamá se asombra y Charlie dice:

—¡Oye! ¿Dónde…?

Pero yo simplemente miro cómo encajan las dos piezas tan perfecta y naturalmente.

—Eso se llama trabajo en equipo —dice mi papá.

Levantamos los vasos con zarzaparrilla para brindar por los trabajadores y los remachadores, por los carpinteros, los pintores y los caminantes en el cielo. Por todos los hombres que trabajaron juntos para construir el puente más hermoso del mundo.

Ahora analiza

Cómo analizar el texto

Usa estas páginas para aprender acerca de Comparar y contrastar y Estructura del cuento. Luego, vuelve a leer *El puente de papá* para aplicar lo que has aprendido.

Comparar y contrastar

Los personajes del cuento *El puente de papá* se parecen en algunas cosas y se diferencian en otras. Puedes **comparar** y **contrastar** los personajes de un cuento para describirlos.

Los padres de Robert y Charlie tienen algunas características, motivaciones y sentimientos parecidos, y otros que no lo son. Puedes usar evidencia del texto para describir en qué se parecen y en qué se diferencian los dos padres. Explica sus acciones y encuentra los comentarios de Robert y Charlie sobre ellos.

Vuelve a leer la página 130 de *El puente de papá*. En esta sección, primero lees sobre los dos padres. Mientras lees, intenta encontrar maneras de comparar y contrastar a los dos hombres.

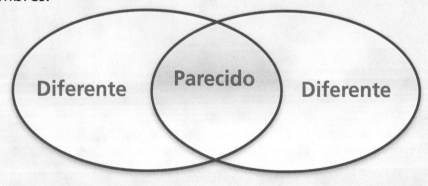

Diferente   Parecido   Diferente

RL.3.3 describe characters and explain how their actions contribute to the sequence of events

Estructura del cuento

El **entorno** de un cuento es dónde y cuándo ocurre el cuento. Los **personajes** son las personas y, a veces, los animales que aparecen en el cuento.

La **trama** está compuesta por los sucesos importantes, o lo que sucede en el cuento. Las acciones de los personajes influyen sobre lo que sucede a continuación. Piensa en lo que hace Robert. Pregúntate de qué manera sus acciones influyen en la **secuencia de sucesos.** ¿De qué manera sus acciones afectan el final del cuento?

Es tu turno

Turnarse y comentar Repasa la selección con un compañero y prepárate para comentar la siguiente pregunta: *¿Por qué son importantes todas las funciones en un proyecto?* Mientras comentas, haz preguntas para asegurarte de comprender las ideas de tu compañero. Usa evidencia del texto del cuento.

Comentar en la clase

Para continuar comentando *El puente de papá*, explica tus respuestas a estas preguntas:

1. ¿Por qué Robert piensa que los caminantes en el cielo tienen el trabajo más importante?

2. Si el padre de Robert fuera pintor, ¿crees que Robert opinaría diferente? ¿Por qué?

3. ¿Crees que Charlie se daba cuenta de lo que pensaba Robert sobre los pintores durante la mayor parte del cuento? Explica tu respuesta.

ESCRIBE SOBRE LO QUE LEÍSTE

Respuesta Piensa en las ilustraciones de *El puente de papá*. ¿Qué te dicen acerca del cuento? Observa los detalles del relato que se muestran en las ilustraciones. Luego, observa lo que se muestra en las ilustraciones que no aparece en el texto. Escribe un párrafo que explique de qué manera algunas ilustraciones te ayudan a comprender el relato. Explica tus opiniones.

Sugerencia para la escritura

Comienza tu párrafo expresando tu opinión. Luego, da razones y ejemplos que apoyen y expliquen tu opinión. Para finalizar, escribe un enunciado que resuma tus ideas.

Aprende en línea

ESTÁNDARES COMUNES **RL.3.1** ask and answer questions to demonstrate understanding, referring to the text; **RL.3.3** describe characters and explain how their actions contribute to the sequence of events; **RL.3.7** explain how illustrations contribute to the words; **W.3.1a** introduce the topic, state an opinion, and create an organizational structure; **W.3.1b** provide reasons that support the opinion; **W.3.1d** provide a concluding statement or section; **SL.3.1a** come to discussions prepared/explicitly draw on preparation and other information about the topic

Lección 4

TEXTO INFORMATIVO

☑ GÉNERO

Un **texto informativo** da información basada en hechos sobre un tema.

☑ ENFOQUE EN EL TEXTO

Un **diagrama** es un dibujo en el que se muestra cómo funciona algo.

ESTÁNDARES COMUNES RI.3.7 use information gained from illustrations and words to demonstrate understanding; RI.3.10 read and comprehend informational text

PUENTES

por Matthew Danzeris

Los puentes sirven para que las personas puedan cruzar de un lugar a otro. Unen comunidades, se extienden sobre ríos, canales y mareas arremolinadas y nos llevan sobre autopistas e irregularidades del terreno.

Se han construido puentes durante miles de años. Antes de decidir qué tipo de puente se va a construir, se piensa en la longitud que tiene que tener el puente y en el dinero que ha de costar.

El puente de arco que se ve aquí es el puente Bayonne, que une Nueva Jersey con Nueva York. Se terminó de construir en 1931.

Puente de arco

Un puente de arco utiliza unas fuertes estructuras en curva denominadas "arcos". Los arcos descansan sobre unos sólidos soportes llamados "contrafuertes", que se plantan firmemente en el suelo sólido debajo del agua.

Puente de viga

El puente de viga es el tipo de puente más sencillo que se puede construir. ¡También es el que menos dinero cuesta!

Un puente de viga tiene una viga que se acuesta sobre unos soportes llamados "pilares". Los pilares tienen que estar lo suficientemente cerca los unos de los otros como para darle fuerza a la viga. De esa forma, la calzada no se doblará ni se hundirá demasiado cuando los vehículos circulan por el puente. Cada arcada de un puente de viga por lo general mide menos de 250 pies de largo.

El puente Rickenbacker Causeway, en Florida, es un puente de viga. Comunica la ciudad de Miami con Key Biscayne.

155

Puente colgante

Un puente colgante puede tener una extensión de hasta 7,000 pies. ¡Eso es más de una milla! En un puente colgante, la calzada cuelga de unos cables que descansan sobre unas torres. En cada extremo del puente, un anclaje mantiene a los cables en su lugar.

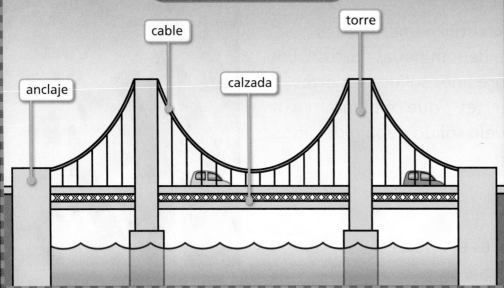

Puente colgante

cable

torre

anclaje

calzada

Construcción de puentes

La mayoría de los puentes son obra de un equipo grande de obreros. Es un trabajo peligroso. Los trabajadores usan arneses para sujetarse con seguridad cuando hacen equilibrio a gran altura. Los vientos fuertes y la neblina hacen el trabajo aún más peligroso, y los trabajadores se aferran al puente. Cuando por fin termina la obra, una feliz agitación los invade a todos y puede haber una ceremonia para celebrarlo.

El puente St. John's, en Portland, Oregon, es un puente colgante. Cuando hay mucha neblina, ¡el puente prácticamente desaparece!

Comparar el texto

DE TEXTO A TEXTO

Comparar puentes Compara y contrasta el puente colgante de *El puente de papá* con el puente de vigas sobre el que leíste en *Puentes.* Enumera tres diferencias entre las dos clases de puentes. Luego, enumera tres semejanzas. Comenta tus ideas con un compañero y usa evidencia del texto para explicarlas.

EL TEXTO Y TÚ

Escribir sobre trabajos En *El puente de papá,* Robert escribe sobre estar orgulloso y, a la vez, preocupado por el trabajo de su padre. Escribe un párrafo acerca de un trabajo que te resulte interesante y sobre cómo te sientes al respecto.

EL TEXTO Y EL MUNDO

Conectar con las Matemáticas Usa Internet u otra fuente para hallar la longitud de los puentes Golden Gate, Verrazano-Narrows y Akashi Kaikyo. Luego, haz una gráfica de barras para comparar la longitud de estos puentes colgantes.

Longitud de puentes

metros: 2000 1500 1000 500

Akashi Kaikyo — Verrazano Narrows — Golden Gate

Aprende en línea

ESTÁNDARES COMUNES **RI.3.9** compare and contrast important points and details in texts on the same topic; **SL.3.1a** come to discussions prepared/explicitly draw on preparation and other information about the topic; **SL.3.1d** explain own ideas and understanding in light of the discussion

Gramática

Sustantivos comunes y propios   Un **sustantivo** nombra a una persona, un lugar o una cosa. Si se refiere a cualquier persona, lugar o cosa se llama **sustantivo común.** Si se refiere a una persona, lugar o cosa en particular se llama **sustantivo propio.**

Sustantivos comunes	Sustantivos propios
El puente es largo.	El puente Golden Gate es largo.
A mi tío le encanta pintar.	A tío Bob le encanta pintar.

La primera palabra en los títulos de cuentos y relatos siempre comienza con mayúscula.

Los nombres propios llevan siempre mayúscula, aunque aparezcan en el medio de una oración.

Títulos de cuentos	Nombres propios
Los tres cerditos	Alicia
La sirenita	Mi amigo Thomas Martínez vendrá hoy a jugar.

Inténtalo   **Trabaja con un compañero. Lee cada sustantivo en voz alta y di si es un sustantivo común, un sustantivo propio o el título de un cuento.**

1 San Antonio   **4** David Robinson

2 país   **5** maestro

3 México   **6** De camino a la escuela

Usa sustantivos más precisos para hacer que tu escritura sea más clara e interesante. De esa forma, los lectores tendrán una mejor idea de lo que estás escribiendo.

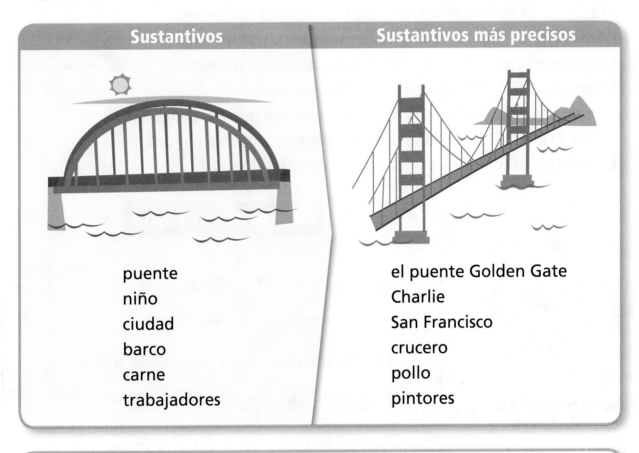

Sustantivos	Sustantivos más precisos
puente	el puente Golden Gate
niño	Charlie
ciudad	San Francisco
barco	crucero
carne	pollo
trabajadores	pintores

Sustantivo menos preciso: El puente es de color rojizo, no dorado.

Sustantivo más preciso: El puente Golden Gate es de color rojizo, no dorado.

 Relacionar la gramática con la escritura

Mientras revisas tu narrativa personal la semana entrante, piensa en los sustantivos que puedas reemplazar por otros más precisos. De esta forma, lo que escribas será más fácil de entender.

W.3.3a establish a situation and introduce a narrator or characters/organize an event sequence; **W.3.5** develop and strengthen writing by planning, revising, and editing; **W.3.8** recall information from experiences or gather information from print and digital sources/take brief notes and sort evidence

Escritura narrativa

Taller de lectoescritura: Preparación para la escritura

☑ **Ideas** Antes de hacer un borrador de una **narrativa personal,** los escritores organizan sus ideas. Usa un cuadro para poner los sucesos en orden. Luego, agrega detalles interesantes e importantes sobre cada suceso.

Kelly decidió escribir sobre el momento en que aprendió a nadar. Primero, hizo una lista de sus ideas. Luego, las incluyó en un cuadro de sucesos y les agregó más detalles.

Lista de control del proceso de escritura

▶ **Preparación para la escritura**

☑ ¿Elegí un tema sobre el que disfrutaré escribir?

☑ ¿Mi tema le gustará a mi público?

☑ ¿Escribí todos los sucesos principales?

☑ ¿Agregué detalles para hacer los sucesos más interesantes?

☑ ¿Conté los sucesos en orden?

Hacer un borrador

Revisar

Corregir

Publicar y compartir

Explorar un tema

miedo de ir a la parte honda

-todos nadaban sin mí

-no podía compartir juegos de agua

hermano Cal me enseñó a nadar

-mantenerse a flote en el agua

-flotar de espaldas

~~-el vendaje se cayó de la rodilla~~

primera vez en la parte honda

-asustada — me quedaba cerca del borde

-no poder alejarme de Cal

-empecé a flotar por mi cuenta

Cuadro de sucesos

Suceso: Tenía miedo de ir a la parte honda de la piscina.

Detalles: debía quedarme sentada cuando mis amigos jugaban, me perdía de toda la diversión

Suceso: Mi hermano Cal me dio lecciones.

Detalles: me ayudó a practicar brazadas,
aprendí a flotar de espaldas,
a mantenerme a flote en el agua

Suceso: Finalmente nadé en la parte honda.

Detalles: primero, asustada,
no podía alejarme de Cal,
floté por mi cuenta,
ahora me gusta la parte honda

Leer como escritor

¿Cuál de los detalles de Kelly encontraste más interesante? ¿En qué parte de tu propio cuadro puedes agregar detalles?

Cuando organicé mi narrativa personal, agregué detalles importantes e interesantes.

Vocabulario en contexto

VOCABULARIO CLAVE

tribuna
aficionado
anotar
liga
estrellarse
lustrar
estilo
pronunciar

Librito de vocabulario

Tarjetas de contexto

L.3.6 acquire and use conversational, general academic, and domain-specific words and phrases

162

1 tribuna

Los vendedores de maní suben y bajan por la tribuna durante el partido.

2 aficionado

Los aficionados aplauden cuando su equipo favorito juega bien.

3 anotar

Los jugadores de fútbol se esfuerzan por anotar goles y ganar el partido.

4 liga

Estas jugadoras de voleibol pertenecen a una liga, o agrupación de equipos.

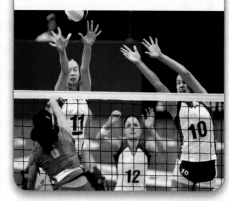

Aprende en línea

▶ Estudia cada Tarjeta de contexto.

▶ Cuenta una historia acerca de dos o más fotos usando sus palabras del Vocabulario.

5 **estrellarse**

Este jugador casi se estrella contra el otro al correr para alcanzar el disco.

6 **lustrar**

Antes de jugar, el jugador de bolos lustra la bola para que corra bien.

7 **estilo**

Esta aficionada tiene un estilo especial. Demuestra así su espíritu de equipo.

8 **pronunciar**

El locutor debe saber pronunciar en forma clara el nombre de cada jugador.

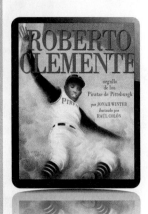

Leer y comprender

Aprende en línea

☑ DESTREZA CLAVE

Causa y efecto Mientras lees *Roberto Clemente, orgullo de los Piratas de Pittsburgh,* busca ejemplos de causa y efecto. Un **efecto** es lo que ocurrió. Una **causa** es por qué ocurrió algo. Busca palabras como *entonces, si, por lo tanto, porque* y *ya que* como ayuda para identificar las causas y los efectos. Un organizador gráfico como el que aparece a continuación te ayudará a anotar lo que encuentres.

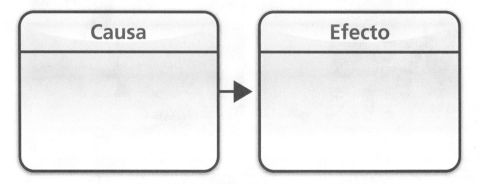

Causa	Efecto

☑ ESTRATEGIA CLAVE

Visualizar Mientras lees *Roberto Clemente, orgullo de los Piratas de Pittsburgh,* piensa en cómo los detalles de la biografía te ayudan a **visualizar,** o ver, los sucesos. Observa las palabras que contribuyen a crear imágenes en tu mente.

ESTÁNDARES COMUNES **RI.3.3** describe the relationship between a series of historical events/scientific ideas/steps in technical procedures; **RI.3.8** describe the connection between sentences and paragraphs in a text

Deportes

Muchas personas disfrutan haciendo diferentes deportes como básquetbol y fútbol americano. A muchas personas más les gusta mirar deportes y alentar a sus equipos y jugadores favoritos. El béisbol es uno de esos deportes. Es un deporte que a muchos estadounidenses les encanta jugar, mirar y comentar.

Algunos de los grandes jugadores de la historia del béisbol son considerados héroes. En *Roberto Clemente, orgullo de los Piratas de Pittsburgh,* leerás sobre uno de esos jugadores. Leerás sobre las cosas que hizo que lo definen como un héroe.

Lección 5

TEXTO PRINCIPAL

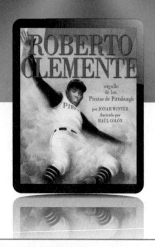

✓ DESTREZA CLAVE

Causa y efecto Piensa en cómo el autor usa palabras para conectar sucesos con la causa o el efecto.

✓ GÉNERO

En una **biografía,** el autor escribe sobre la vida de otra persona. Mientras lees, busca:

▶ información sobre por qué la persona es importante,

▶ opiniones personales basadas en datos y

▶ sucesos en orden cronológico.

ESTÁNDARES COMUNES **RI.3.3** describe the relationship between a series of historical events/scientific ideas/ steps in technical procedures; **RI.3.8** describe the connection between sentences and paragraphs in a text; **L.3.4a** use sentence-level context as a clue to the meaning of a word or phrase; **L.3.5a** distinguish the literal and nonliteral meanings of words and phrases in context

 Aprende en línea

CONOCE AL AUTOR
JONAH WINTER

Aunque Jonah Winter se crió en Texas, de niño era aficionado a los Piratas de Pittsburgh y a Roberto Clemente. "En mi juventud, él era mi héroe", dice Winter. En la actualidad, Winter vive en Pittsburgh, donde toca el clarinete, escribe poesía y disfruta de ver los juegos de béisbol.

CONOCE AL ILUSTRADOR
RAÚL COLÓN

Al igual que Roberto Clemente, Raúl Colón nació en Puerto Rico. Aunque Colón es conocido principalmente como ilustrador, su obra artística también resulta familiar para las personas que viajan en el metro de la ciudad de Nueva York. Un mural enorme creado por Colón, con el título "Primavera", cubre toda una pared de una de las estaciones del metro.

ROBERTO CLEMENTE

ORGULLO DE LOS PIRATAS DE PITTSBURGH

escrito por
JONAH WINTER

ilustrado por
RAÚL COLÓN

PREGUNTA ESENCIAL

¿Qué características tiene un héroe?

En una isla llamada Puerto Rico, donde los jugadores de béisbol abundan como las flores en el bosque tropical, vivía un niño que tenía muy poco: solo grandes ganas de jugar y ganar jugando al béisbol.

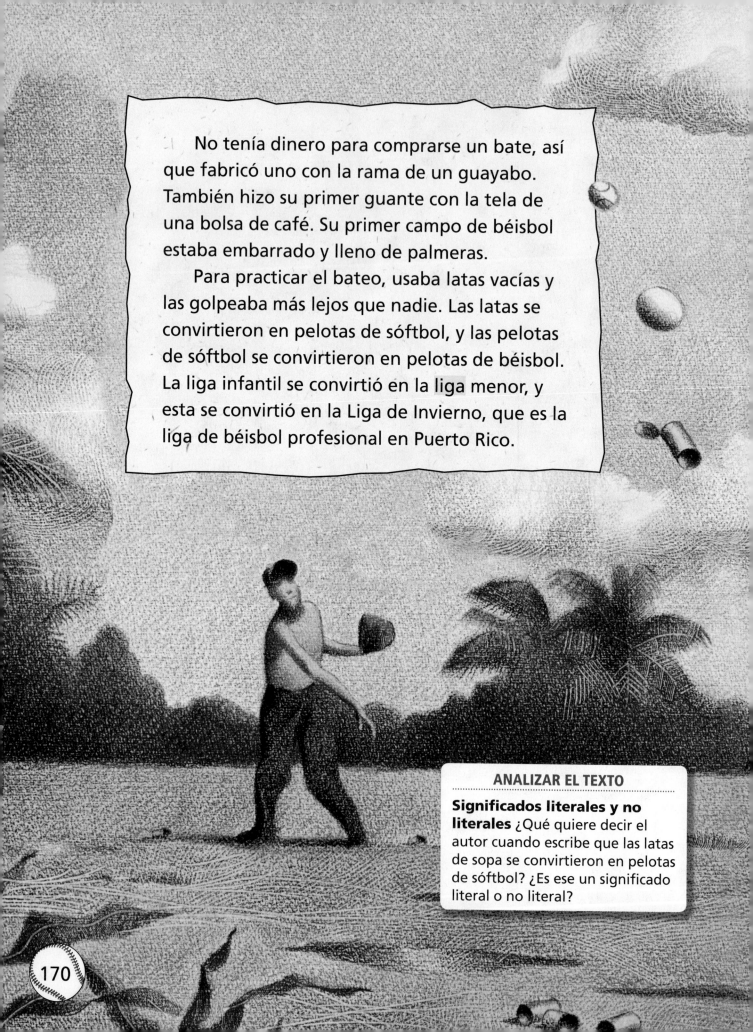

No tenía dinero para comprarse un bate, así que fabricó uno con la rama de un guayabo. También hizo su primer guante con la tela de una bolsa de café. Su primer campo de béisbol estaba embarrado y lleno de palmeras.

Para practicar el bateo, usaba latas vacías y las golpeaba más lejos que nadie. Las latas se convirtieron en pelotas de sóftbol, y las pelotas de sóftbol se convirtieron en pelotas de béisbol. La liga infantil se convirtió en la liga menor, y esta se convirtió en la Liga de Invierno, que es la liga de béisbol profesional en Puerto Rico.

ANALIZAR EL TEXTO

Significados literales y no literales ¿Qué quiere decir el autor cuando escribe que las latas de sopa se convirtieron en pelotas de sóftbol? ¿Es ese un significado literal o no literal?

El joven jugaba tan bien que lo invitaron a participar en… ¡las Ligas Mayores, en Estados Unidos! ¡Qué gran honor!

Pero lo enviaron a un pueblo dedicado a la industria del acero llamado Pittsburgh, en Pensilvania, donde su nuevo equipo, los Piratas de Pittsburgh, estaba en el *último* lugar. Ahora, esto le resultaba muy extraño, eso de estar en un equipo perdedor.

Para el joven puertorriqueño todo ahí era muy extraño: en vez de palmeras, veía chimeneas; en vez de español, oía el inglés; y en vez de ser *alguien,* no era nadie.

La primera vez que bateó, oyó al anunciador enredarse la lengua con su nombre:

—ROB, eh, ROU…BERT, mmm, a ver, TOU. ¿CLA-MEINT? —Las palabras retumbaban en la tribuna casi vacía.

Roberto Clemente era el nombre que tanto le costaba pronunciar al comentarista. Como para presentarse a la afición, Roberto *golpeó* el mismísimo primer lanzamiento.

Pero la pelota se fue por todo el medio del cuadro… y al guante del segunda base. Aun así, Roberto corrió como un rayo y le ganó al tiro en la primera base.

Los aficionados de Pittsburgh miraron sus tarjetas de puntuación: ¿quién era este tipo, "Roberto Clemente"?

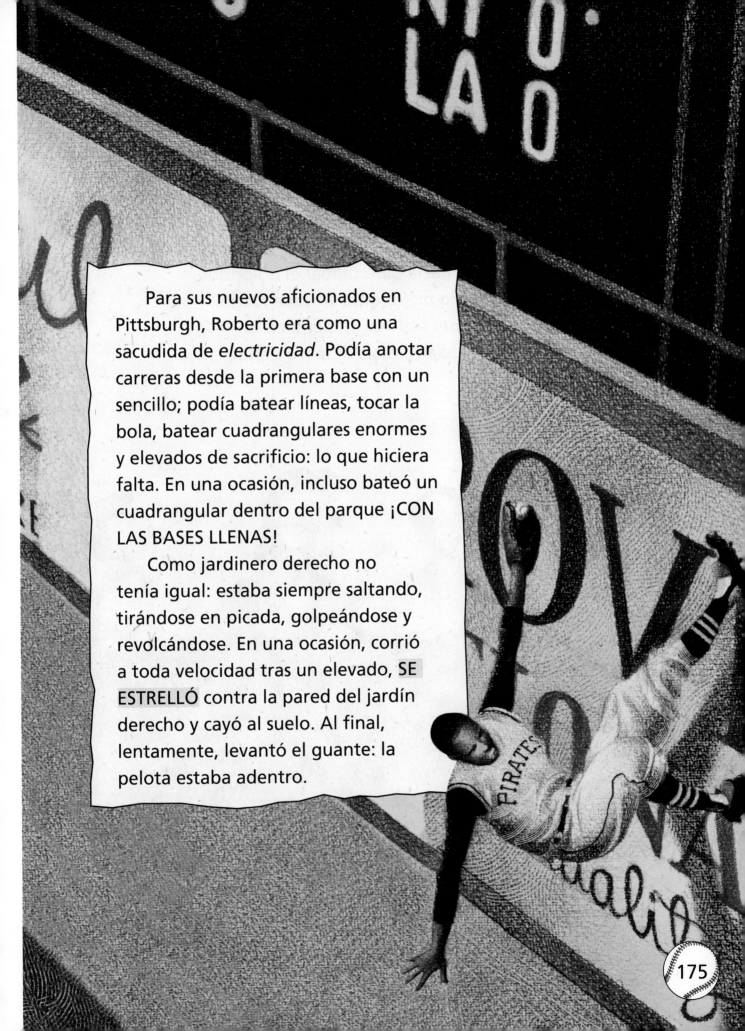

Para sus nuevos aficionados en Pittsburgh, Roberto era como una sacudida de *electricidad*. Podía anotar carreras desde la primera base con un sencillo; podía batear líneas, tocar la bola, batear cuadrangulares enormes y elevados de sacrificio: lo que hiciera falta. En una ocasión, incluso bateó un cuadrangular dentro del parque ¡CON LAS BASES LLENAS!

Como jardinero derecho no tenía igual: estaba siempre saltando, tirándose en picada, golpeándose y revolcándose. En una ocasión, corrió a toda velocidad tras un elevado, SE ESTRELLÓ contra la pared del jardín derecho y cayó al suelo. Al final, lentamente, levantó el guante: la pelota estaba adentro.

Pero lo de Roberto no era solo la manera en que jugaba. Él tenía *estilo*. Era *estupendo*.

Antes de batear, Roberto tenía una manera particular de mover el cuello, haciéndolo crujir de un lado y después del otro. Pronto los niños, que querían ser como él, también torcían el cuello de un lado al otro.

Roberto lo hacía para calmar el dolor que sentía por dar lo mejor de sí en cada juego.

—Si no pones todo tu empeño en lo que haces —decía—, estás desperdiciando tu vida.

Roberto se esforzó tanto que contribuyó a que los Piratas, que habían estado en el último lugar, llegaran hasta la Serie Mundial, ¡donde vencieron a los poderosos YANKEES DE NUEVA YORK!

Después de la serie, Roberto salió solo a caminar por las calles de Pittsburgh. Se mezcló con sus aficionados, que estaban tan ocupados celebrando que ni siquiera se fijaron en él. Pero esto no molestó a Roberto: estaba contento de perderse entre la multitud de una fiesta que él había ayudado a hacer realidad.

ANALIZAR EL TEXTO

Causa y efecto ¿Qué sucede como resultado del trabajo duro de Clemente?

Pero faltaba algo que habría hecho que la alegría de Roberto fuera mayor: por mucho que lo querían los fanáticos, los periodistas no lo querían. Cuando Roberto sentía dolores tan intensos que no podía jugar, lo llamaban "holgazán". Se burlaban de su acento latino y, cuando Roberto se enojaba, los periodistas, en su mayoría blancos, decían que era un latino "cabeza caliente".

Roberto juró que sería tan bueno que por *fuerza* tendría el respeto que se merecía. Se convertiría en el mejor jugador de béisbol, y el más completo, de todos los tiempos.

De vuelta en su pueblo natal esa Navidad, Roberto volvió al mismo campo de juego embarrado donde había jugado de niño. Traía en el bolsillo un saco lleno de tapitas de botellas, que dio a unos niños. Estos se las lanzaron, y Roberto las bateaba todas, una y otra vez.

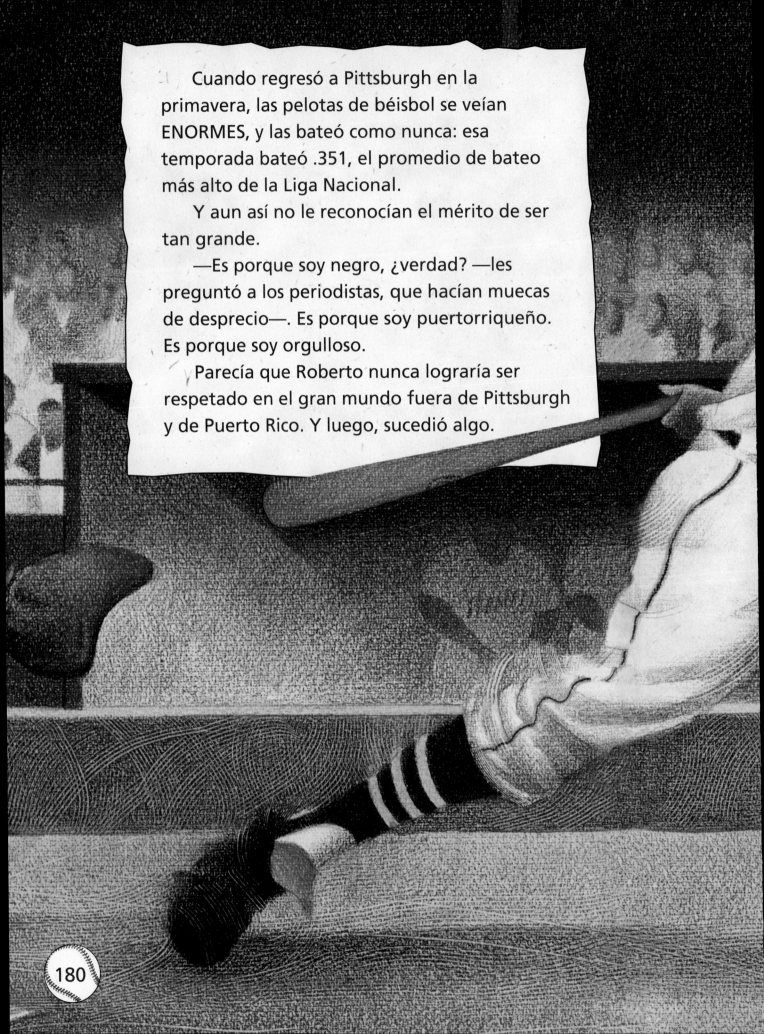

Cuando regresó a Pittsburgh en la primavera, las pelotas de béisbol se veían ENORMES, y las bateó como nunca: esa temporada bateó .351, el promedio de bateo más alto de la Liga Nacional.

Y aun así no le reconocían el mérito de ser tan grande.

—Es porque soy negro, ¿verdad? —les preguntó a los periodistas, que hacían muecas de desprecio—. Es porque soy puertorriqueño. Es porque soy orgulloso.

Parecía que Roberto nunca lograría ser respetado en el gran mundo fuera de Pittsburgh y de Puerto Rico. Y luego, sucedió algo.

181

Fue en el año 1971. Los Piratas estaban otra vez en la Serie Mundial, jugando contra los Orioles de Baltimore, que eran los favoritos.

La gente en todo Estados Unidos y Puerto Rico estaba sentada frente a los televisores... viendo a Roberto ofrecer un espectáculo de un solo hombre: robaba bases, golpeaba cuadrangulares, jugaba en el jardín derecho con un *fuego* que la mayoría de los aficionados no había visto nunca.

Al fin, al *fin*, ya no se podía negar: Roberto era el beisbolista más grande y más completo de su época, y quizás de todos los tiempos.

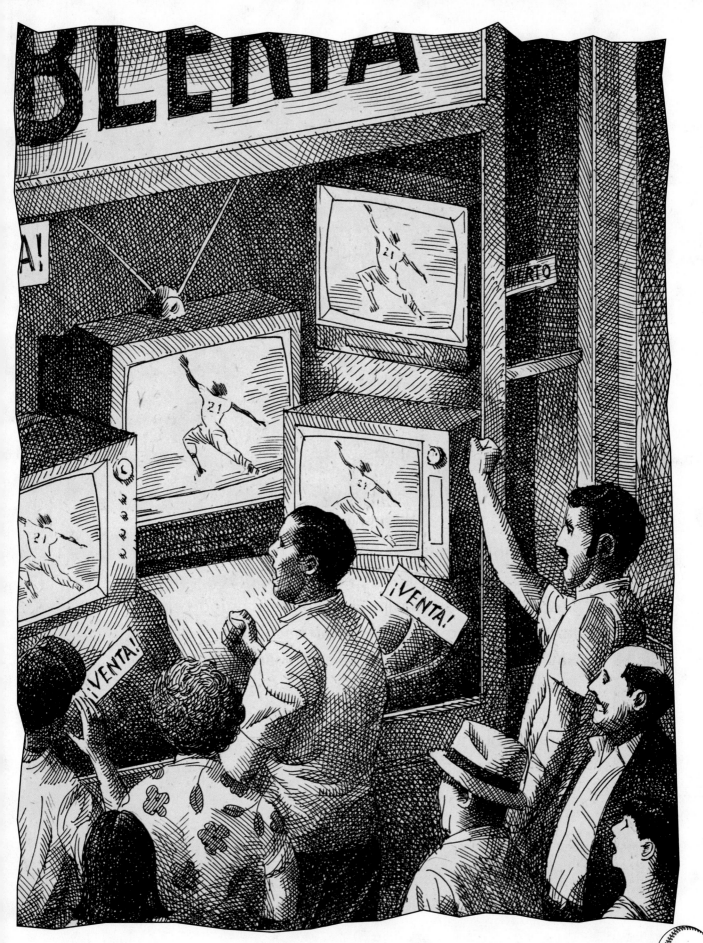

Al año siguiente, Roberto hizo algo que pocos han logrado: en el último juego de la temporada, caminó hasta el plato, hizo crujir el cuello, se acomodó en la caja de bateo, sacó el mentón hacia el lanzador y bateó una línea contra la pared del jardín central: ¡su imparable *tres mil*!

La multitud lo ovacionó, y la ovación no paraba: durante muchos minutos, todos dejaron de jugar, y Roberto permaneció parado sobre la segunda base, sorprendido. ¡Cuán lejos había llegado!

Roberto es ahora uno de los 11 jugadores en la historia de las ligas mayores con 3000 o más imparables.

Y sin embargo, al terminar la temporada, el héroe regresó al lugar donde había comenzado su historia, a la tierra de los campos de juego embarrados, las latas y las tapitas de botellas: a su tierra natal, Puerto Rico, donde era idolatrado.

Pero ¿se limitó a sentarse y lustrar sus trofeos? No. Ese 31 de diciembre lluvioso, Roberto estaba sentado en el aeropuerto de San Juan, esperando a que los mecánicos repararan el avión viejo y cansado que lo llevaría a América Central. Allí hubo un terremoto terrible, y Roberto quería ayudar a las víctimas. El avión transportaría alimentos y suministros que había comprado Roberto.

Abordó el avión justo antes de la medianoche, cuando llovía a cántaros. De una de las hélices salía un ruidoso zumbido. Al despegar el avión, los motores fallaron y el avión cayó en el océano.

En un instante, todo había terminado. Roberto se había ido. ¿Cómo podía su historia acabar así, tan de repente y con tanta tristeza?

Pero la historia no termina aquí: cuando alguien como Roberto muere, su espíritu sigue vivo en el corazón de todos aquellos a los que tocó.

Y el espíritu de Roberto continúa creciendo. Crece en los bates, guantes, brazos y piernas de todos los beisbolistas latinos que han inundado las grandes ligas. Su espíritu crece en las obras benéficas que inició a favor de la gente pobre de Puerto Rico. Y su espíritu sigue creciendo en Pittsburgh, donde la gente que lo vio jugar les cuenta a sus hijos y nietos cómo brillaba Roberto: corriendo, tirándose en picada y lanzando disparos desde lo profundo del jardín derecho hasta el home: PAU, directo al guante del receptor, para salvar el juego.

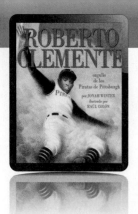

Ahora analiza

Cómo analizar el texto

Usa estas páginas para aprender acerca de Causas y efectos, y Significados literales y no literales. Luego, vuelve a leer *Roberto Clemente, orgullo de los Piratas de Pittsburgh* para aplicar lo que has aprendido.

Causa y efecto

En la vida de Roberto Clemente, muchos sucesos provocaron otros sucesos. Una **causa** es por qué ocurre un suceso. Un **efecto** es algo que ocurre como resultado de una causa. A veces, hay **palabras distintivas** que ayudan a hallar una causa y un efecto. Algunas palabras distintivas comunes son *entonces, si, por lo tanto, porque* y *ya que.*

Vuelve a leer la página 170 de *Roberto Clemente, orgullo de los Piratas de Pittsburgh*. En esta página, el autor menciona un dato sobre la vida de Roberto Clemente y los efectos que tuvo en su infancia. Mientras lees, observa cómo el autor agrupa las oraciones en párrafos.

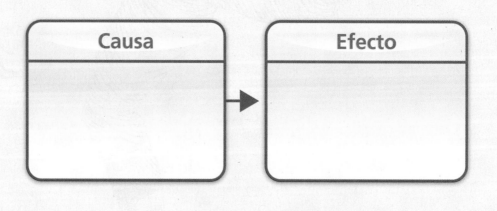

Causa	Efecto

ESTÁNDARES COMUNES **RI.3.3** describe the relationship between a series of historical events/scientific ideas/steps in technical procedures; **RI.3.8** describe the connection between sentences and paragraphs in a text; **L.3.4a** use sentence-level context as a clue to the meaning of a word or phrase; **L.3.5a** distinguish the literal and nonliteral meanings of words and phrases in context

Aprende en línea

Significados literales y no literales

Todas las palabras tienen un **significado literal** o exacto. Por ejemplo, el significado literal de *fuego* es "calor y luz que ves cuando se quema algo".

Una palabra también puede tener un **significado no literal**. Cuando Roberto Clemente jugaba al béisbol, lo hacía con un fuego que nadie había visto antes. Las oraciones que rodean la palabra indican que, en esta oración, *fuego* tiene un significado no literal. En este **contexto,** *fuego* significa "pasión o gran entusiasmo".

Es tu turno

REPASAR LA PREGUNTA ESENCIAL

Turnarse y comentar Repasa la biografía con un compañero y prepárate para comentar esta pregunta: *¿Qué características tiene un héroe?* Mientras comentas la pregunta, usa evidencia del texto de *Roberto Clemente, orgullo de los Piratas de Pittsburgh* para apoyar tus ideas. Escucha las ideas de tu compañero y agrega tus propias ideas.

 Comentar en la clase

Para continuar comentando *Roberto Clemente, orgullo de los Piratas de Pittsburgh,* explica tus respuestas a estas preguntas. Presenta evidencia del texto para apoyar tus respuestas:

1 ¿Qué cualidades tenía Roberto Clemente que lo convirtieron en un héroe como jugador de béisbol?

2 ¿Qué cualidades tenía Roberto Clemente que lo hicieron un héroe como persona?

3 ¿Qué crees que era más importante para Clemente: ser un jugador de béisbol excepcional o ganar mucho dinero? Explica tu respuesta.

ESCRIBE SOBRE LO QUE LEÍSTE

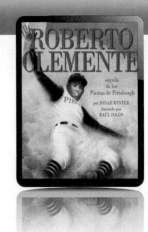

Respuesta Si Roberto Clemente estuviera aquí hoy, ¿qué le diría a un joven que quiere convertirse en un gran atleta? Escribe una carta que podría escribir Clemente para aconsejar a esa persona. Incluye detalles que podría sugerir Clemente para alcanzar dicha meta. Usa datos de la selección para apoyar esos detalles.

Sugerencia para la escritura

En la carta, escribe las opiniones de Roberto Clemente y presenta razones que las apoyen. Incluye ejemplos de su vida. Además, asegúrate de que la primera letra de cada sustantivo propio esté escrita con mayúscula.

Aprende en línea

ESTÁNDARES COMUNES **RI.3.1** ask and answer questions to demonstrate understanding, referring to the text; **W.3.1b** provide reasons that support the opinion; **SL.3.1a** come to discussions prepared/explicitly draw on preparation and other information about the topic; **SL.3.1d** explain own ideas and understanding in light of the discussion

Lección 5

POESÍA

✓ GÉNERO

La **poesía** usa el sonido y el ritmo de las palabras para mostrar imágenes y expresar sentimientos.

✓ ENFOQUE EN EL TEXTO

La **rima** se encuentra con frecuencia en los poemas y se produce cuando se usan palabras con el mismo sonido final.

ESTÁNDARES COMUNES

literature

RL.3.5 refer to parts of stories, dramas, and poems/describe how each part builds on earlier sections; **RL.3.10** read and comprehend

Aprende en línea

Poemas sobre el béisbol

¿Qué hacía la mayoría de los niños para divertirse antes de que existieran la televisión, las computadoras y los juegos de video? ¡Jugaban al béisbol! Durante años, fue el deporte más practicado en Estados Unidos. Así fue que comenzó a llamarse "el pasatiempo estadounidense".

El juego ha terminado,
bastante se ha anotado:
allá noventa y siete,
y aquí noventa y cuatro.
El béisbol es ameno,
pero quedas abatido
al anotar noventa y cuatro
¡y aun así haber perdido!

por Jack Prelutsky
adaptación

JONRÓN

Las palabras del verano, como
barbacoa, *playa* y *helado*, ya se han ido.
Pero encuentro otra palabra cálida con
forma de bate: JONRÓN.
Mis dedos te sujetan fuerte para dar un
buen golpe.

por Nikki Grimes
adaptación

Días de radio

Cuando los niños no jugaban al béisbol, lo escuchaban. Los juegos de las Grandes Ligas de Béisbol comenzaron a transmitirse por radio en 1921. Los locutores describían las acciones con todo detalle y pronunciaban cada palabra claramente para que los aficionados no se perdieran nada.

Los sonidos daban pistas acerca de la acción: el restallido de un bate significaba que un bateador había golpeado la bola fuera del estadio; el abucheo de las tribunas indicaba que el árbitro había tomado una mala decisión y los vítores significaban que un jugador había logrado anotar una carrera.

Si usabas tu imaginación, ¡escuchar un juego en la radio era casi tan divertido como estar en el estadio!

Escribe un poema sobre el béisbol

Escribe tu propio poema sobre el béisbol. Quizás quieras escribir sobre un juego que hayas visto o sobre tu jugador favorito.

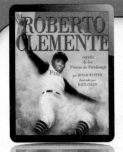

Comparar el texto

Comparar ilustraciones sobre el béisbol Estudia las imágenes de *Roberto Clemente, orgullo de los Piratas de Pittsburgh* y de *Poemas sobre el bésibol*. ¿De qué forma las ilustraciones te ayudan a entender quién era Clemente? ¿De qué manera las fotos crean la atmósfera o la emoción de los poemas? Comenta tus ideas con un compañero. Usa detalles de las imágenes y del texto para apoyar tus respuestas a las preguntas.

EL TEXTO Y TÚ

Sentido deportivo Imagina que estás en un partido de béisbol o de otro deporte. ¿Qué podrías ver, oír, oler, tocar y saborear? Escribe sobre la manera en que experimentarías el partido a través de cada uno de tus sentidos.

EL TEXTO Y EL MUNDO

Conectar con los Estudios Sociales Roberto Clemente nació y creció en Puerto Rico. Se mudó a Pittsburgh, Pennsylvania, para jugar al béisbol. Ubica ambos lugares en un mapa y determina la distancia en millas que hay entre ellos. Luego, dibuja tu propio mapa y muestra allí los dos lugares.

ESTÁNDARES COMUNES **RL.3.7** explain how illustrations contribute to the words; **W.3.3b** use dialogue and descriptions to develop experiences and events or show characters' responses

Gramática

Sustantivos plurales terminados en -s y -es Un sustantivo que nombra solamente una persona, un lugar o una cosa es un **sustantivo singular.** Un sustantivo que nombra más de una persona, lugar o cosa es un **sustantivo plural.** Para formar el plural de los sustantivos terminados en las vocales *a, e* y *o* hay que agregar *-s;* por ejemplo, el plural de *isla* es *islas.* Para formar el plural de los sustantivos que terminan en consonante hay que agregar *-es;* por ejemplo, el plural de *lanzador* es *lanzadores.*

Sustantivo singular	Sustantivo plural
Julie tiene un bate de béisbol.	Julie tiene dos bates de béisbol.
Ella es más rápida que su hermano.	Ella es más rápida que sus hermanos.
Ella tiene un cartel de su jugador de béisbol favorito.	Ella tiene varios carteles de su jugador de béisbol favorito.
Julie es una joven aficionada al béisbol.	Julie y su hermano son dos jóvenes aficionados al béisbol.

Inténtalo **Escribe el plural de cada sustantivo subrayado.**

1. Un niño caminó hasta el parque.

2. Se encontró con su amigo.

3. Abrieron un cajón pequeño de madera que tenía adentro una pelota de béisbol nueva.

4. Jugaron con la pelota toda la tarde.

5. Perdieron el autobús que los llevaría a su casa.

Cuando revisas lo que escribes, siempre es importante controlar la ortografía. Si usas la ortografía correcta de los sustantivos plurales, lo que escribas será más claro y más fácil de entender.

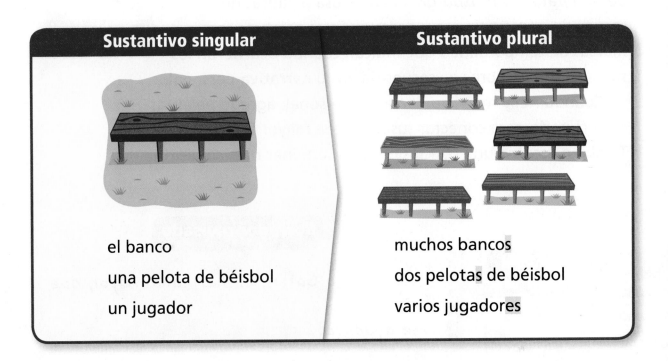

Sustantivo singular	Sustantivo plural
el banco	muchos bancos
una pelota de béisbol	dos pelotas de béisbol
un jugador	varios jugadores

Singular: El jugador no le pegó a la pelota en el primer intento.

Plural: El jugador no le pegó a la pelota en los primeros dos intentos.

 ## Relacionar la gramática con la escritura

Mientras revisas tu narrativa personal, asegúrate de escribir correctamente cada sustantivo plural.

W.3.3a establish a situation and introduce a narrator or characters/organize an event sequence; **W.3.3b** use dialogue/descriptions to develop experiences and events or show characters' responses; **W.3.3c** use temporal words and phrases to signal event order; **W.3.3d** provide a sense of closure; **W.3.8** recall information from experiences or gather information from print and digital sources/take brief notes and sort evidence

Escritura narrativa

Taller de lectoescritura: Revisar

✓ **Fluidez de las oraciones** En *Roberto Clemente, orgullo de los Piratas de Pittsburgh,* el autor usa palabras de secuencia, como *primero* y *después.* Estas palabras son marcas de temporalidad que indican cuándo ocurrieron los sucesos. Usa palabras de secuencia en tu **narrativa personal.**

Cuando Kelly revisó su narrativa personal, agregó palabras de secuencia para conectar sus ideas con mayor fluidez. También escribió una conclusión para terminar bien su historia.

Lista de control del proceso de escritura

Preparación para la escritura

Hacer un borrador

▶ **Revisar**

✓ ¿Es mi comienzo interesante?

✓ ¿Incluí los sucesos y los detalles importantes?

✓ ¿Están los sucesos en orden?

✓ ¿Incluí palabras de secuencia?

✓ ¿Comenté mis pensamientos y mis sentimientos?

Corregir

Publicar y compartir

Borrador revisado

Le pedí a Carlos, mi hermano mayor, que me ayudara.

—Estoy harta de tener miedo —le susurré—. ¿Puedes darme algunas lecciones?

Me llevó a la piscina cuando no había demasiadas personas. Primero, ⋀Practicamos brazadas.

Después, ⋀Me enseñó a no hundirme en el agua y a flotar de espaldas.

¡Chapuzón de verano!

por Kelly Belson

Solía esconderme cada vez que alguien decía: "¡Vamos a la parte honda!". Eso fue antes de que todo cambiara.

El verano pasado, estaba en la piscina de la ciudad cuando mis amigos jugaron al voleibol en la parte honda. Por supuesto, me quedé sentada por millonésima vez. Podía oírlos reír y gritar con entusiasmo. ¡Tenía tanta envidia!

Le pedí a Carlos, mi hermano mayor, que me ayudara.

—Estoy harta de tener miedo —le susurré—. ¿Puedes darme algunas lecciones?

Me llevó a la piscina cuando no había demasiadas personas. Primero, practicamos brazadas. Después, me enseñó a no hundirme en el agua y a flotar de espaldas.

Para el final del verano, nadaba y jugaba con mis amigos. Llevó mucho trabajo, ¡pero valió la pena!

Leer como escritor

¿Qué palabras usó Kelly para mostrar cuándo ocurrieron los sucesos? ¿En qué lugar de tu narrativa personal podrías agregar marcas de temporalidad?

En mi versión final, usé marcas de temporalidad para conectar las ideas. También me aseguré de usar las comas correctamente.

Lee el cuento "Una cena en la casa de Binh". Mientras lees, detente y responde cada pregunta con evidencia del texto.

Una cena en la casa de Binh

—Adiós, mamá —grité antes de cerrar la puerta de la calle. Caminé hasta la casa vecina. Mi mejor amigo, Binh, vive allí. Iba a cenar con Binh y su familia.

Binh y yo tenemos la misma edad. Él y su familia son de Vietnam. Vietnam es un país que queda en Asia. Está lejos de Estados Unidos, del otro lado del mundo.

 ¿Qué observas en la ilustración que te ayuda a comprender más sobre el cuento? Explica lo que te muestra la ilustración.

Vinieron a Estados Unidos a empezar una vida nueva. Han sido nuestros vecinos durante tres años. El mes pasado finalmente se convirtieron en ciudadanos estadounidenses. Los padres de Binh tuvieron que estudiar mucho y aprender sobre nuestro país. Están orgullosos de ser ciudadanos estadounidenses, y Binh también está orgulloso de ellos.

ESTÁNDARES COMUNES **RL.3.1** ask and answer questions to demonstrate understanding, referring to the text; **RL.3.2** recount stories and determine the message, lesson or moral; **RL.3.3** describe characters and explain how their actions contribute to the sequence of events; **RL.3.7** explain how illustrations contribute to the words

Me gusta comer con la familia de Binh. A veces, comemos comida de nuestro país, como pizza o barbacoa. La familia de Binh no conocía estas comidas cuando llegaron aquí, pero se dieron cuenta de que les gustaban.

Otras veces, los padres de Binh preparan platos que se comen en Vietnam. Cuando se convirtieron en ciudadanos estadounidenses, dieron una gran fiesta. Las personas trajeron todo tipo de comidas. Algunos trajeron comida estadounidense, y otros, comida vietnamita. ¡Fue una gran fiesta!

Esa noche, la mamá de Binh dijo que cenaríamos comida vietnamita. Me alegré al oír eso. Comer comidas nuevas es una aventura.

Mi plato favorito de la cena fue una sopa de carne y fideos llamada Bun Bo Hue. Ya había comido carne muchas veces anteriormente, y también había comido sopa con fideos. Algunos de los otros ingredientes me resultaban extraños. Pensé que la sopa no me gustaría, ¡pero era deliciosa!

La comida también era un poco picante. En eso, la comida vietnamita se parece a algunas comidas estadounidenses. Binh me enseñó a usar palillos para comer comida vietnamita. Esto puede ser todo un desafío cuando acostumbras usar una cuchara o un tenedor.

 ¿Cómo se siente el narrador del cuento con respecto a probar cosas nuevas?

Durante la cena hablamos sobre la escuela y el trabajo. También hablamos sobre nuestros planes para el fin de semana. En ocasiones, los familiares de Binh hablaban entre ellos en vietnamita, el idioma que habla la gente de Vietnam. Sin embargo, hablaron casi todo el tiempo en español porque yo estaba allí. Ellos saben que yo solamente hablo español.

Recordé la primera vez que fui a la casa de Binh. Me preguntaba por qué el papá de Binh era tan silencioso. Más tarde Binh me explicó que su familia generalmente hablaba vietnamita en su casa. Su padre comprendía el español pero le era difícil hablarlo. Ahora el papá de Binh sabe mucho más español y habla a menudo cuando voy de visita.

Binh me dijo que los idiomas español y vietnamita son muy diferentes. Por ejemplo, la palabra vietnamita *ma* tiene seis significados. El significado cambia de acuerdo al tono de voz que usas al decir la palabra.

Un significado de *ma* es madre. Si usas un tono de voz diferente, *ma* puede significar caballo. Si dices *ma* de otra forma, quiere decir plántula de arroz. ¡Imagina lo confuso que puede ser!

 ¿Qué aprende el narrador sobre el idioma vietnamita?

Me sorprende que Binh haya aprendido a hablar español con tanta rapidez. Yo estoy tratando de aprender un poco de vietnamita pero voy aprendiendo lentamente. Todos los tonos diferentes son desconcertantes. ¡No querría decirle caballo o plántula de arroz a mi mamá por error!

Al terminar la cena, le agradecí a la familia de Binh por la deliciosa comida. Después invité a Binh a cenar a mi casa la noche siguiente. Comeremos langostinos picantes a la parrilla. ¡Sé que a Binh le gustarán!

 ¿Qué mensaje da el autor del cuento a los lectores? Usa ejemplos del cuento para apoyar tu respuesta.

unidad 2

Vocabulario en contexto

☑ **VOCABULARIO CLAVE**

menear
abalanzarse
chillido
eco
detalle
deslizarse
acurrucarse
dormitar

Librito de vocabulario

Tarjetas de contexto

Animales nocturnos

L.3.6 acquire and use conversational, general academic, and domain-specific words and phrases

1 menear

Los conejos menean la nariz, o la mueven con rapidez, para mejorar su olfato.

2 abalanzarse

Un murciélago se abalanza sobre un insecto para atraparlo.

3 chillido

Los hámsteres y los ratones a veces emiten un chillido, o un sonido agudo.

4 eco

Cuando el sonido rebota en las paredes de una cueva, puedes escuchar el eco.

Aprende en línea

▶ Estudia cada Tarjeta de contexto.

▶ Escribe una oración nueva con dos palabras del Vocabulario.

5 **detalle**

Puedes describir una polilla si explicas todos los detalles de su apariencia.

6 **deslizarse**

Esta serpiente se desliza por las hojas en busca de su cena.

7 **acurrucarse**

Los animales a veces se acurrucan unos al lado de otros para obtener calor.

8 **dormitar**

El murciélago dormita antes de dormirse profundamente.

Leer y comprender

Aprende en línea

☑ DESTREZA CLAVE

Secuencia de sucesos Mientras lees *A Murciélago le encanta la noche,* fíjate en la **secuencia de sucesos** cuando Murciélago se despierta y sale a cazar de noche. Busca palabras que indican secuencia, como *ahora, luego* y *pronto,* para entender cómo se relacionan las oraciones y los párrafos. Usa un organizador como el siguiente para anotar los sucesos importantes y seguir la secuencia.

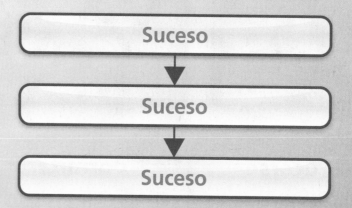

Suceso

↓

Suceso

↓

Suceso

☑ ESTRATEGIA CLAVE

Preguntar Hazte **preguntas** sobre la selección mientras lees. Busca evidencia del texto para responder a las preguntas.

RI.3.1 ask and answer questions to demonstrate understanding, referring to the text; **RI.3.8** describe the connection between sentences and paragraphs in a text

208

Los mamíferos

La gran variedad de animales llamados mamíferos son de diferentes tamaños y colores, y viven por todo el mundo. Todos tienen algunas características importantes en común. Todos los mamíferos:

- son de sangre caliente. Esto significa que la temperatura del cuerpo siempre es la misma tanto en los climas cálidos como en los fríos;

- tienen pelaje o pelo;

- son vertebrados, lo que significa que tienen columna vertebral o espina dorsal;

- toman leche materna. Las madres cuidan a sus bebés por un tiempo hasta que ellos son capaces de vivir solos.

En *A Murciélago le encanta la noche*, leerás sobre un mamífero que vuela, caza de noche y usa las orejas para orientarse en la oscuridad.

Lección 6

TEXTO PRINCIPAL

A MURCIÉLAGO LE ENCANTA LA NOCHE

Secuencia de sucesos Sigue la secuencia de sucesos. Busca palabras de secuencia como ayuda.

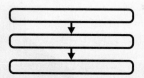

✓ **GÉNERO**

Una **no ficción narrativa** da información sobre un tema principal pero está escrita como un cuento. Mientras lees, busca:
- ▶ hechos que cuenten una historia,
- ▶ características como leyendas e ilustraciones realistas, y
- ▶ sucesos que se cuentan en orden temporal.

ESTÁNDARES COMUNES **RI.3.4** determine the meaning of general academic and domain-specific words and phrases; **RI.3.8** describe the connection between sentences and paragraphs in a text; **RI.3.10** read and comprehend informational texts

  Aprende en línea

CONOCE A LA AUTORA

Nicola Davies

A Nicola Davies siempre le interesaron los animales. De niña, pasaba mucho tiempo en el jardín, observando a las hormigas y los nidos de los pájaros. Después de la universidad, Nicola Davies trabajó de zoóloga. Estudió a los murciélagos, los gansos y las ballenas. Ahora, Nicola Davies combina su amor por los animales con la escritura. Ha escrito libros sobre los tiburones, las tortugas y los osos polares.

CONOCE A LA ILUSTRADORA

Sarah Fox-Davies

Cuando Sarah Fox-Davies estaba haciendo las ilustraciones para *A Murciélago le encanta la noche*, un murciélago entró volando en su estudio. ¡Aterrizó justo sobre su escritorio! A Fox-Davies le gusta dibujar a los animales en sus entornos naturales. Sus dibujos de murciélagos, castores, osos y otros animales han aparecido en muchas revistas y libros infantiles. Fox-Davies usó lápices y acuarelas para crear las ilustraciones realistas de este libro.

A MURCIÉLAGO LE ENCANTA LA NOCHE

por Nicola Davies

ilustrado por Sarah Fox-Davies

PREGUNTA ESENCIAL

¿Por qué los murciélagos son interesantes y útiles?

Murciélago se está
despertando, cabeza abajo
como siempre, colgada de
las uñas de las patas.

Abre sus ojitos brillantes.
Menea sus orejas puntiagudas.
Sacude su pelaje de flor de cardo.

Despliega las alas, de piel
tan fina que se traslucen los
huesos de los dedos.

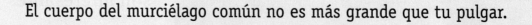

El cuerpo del murciélago común no es más grande que tu pulgar.

Ahora desengancha los dedos de
las patas y se lanza al espacio oscuro.
Cuando agita las alas, suenan como
un paragüitas que se abre.
Murciélago está volando.

El ala del murciélago incluye el brazo y la mano. Cuatro dedos
larguísimos sostienen la piel del ala.

¡Afuera!

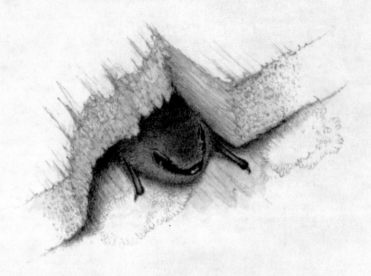

Sale por debajo de la teja rota y se adentra en el jardín nocturno.

Los murciélagos pueden ver. Pero en la oscuridad, un par de buenos oídos son más útiles que dos ojos.

Sobre los arbustos, debajo de los árboles, entre los postes de las cercas, por los setos enredados, ella se abalanza, intocable. En la oscuridad, Murciélago se siente como en casa, igual que un pez en el agua. No necesita ver: puede oír adónde va.

Cuando vuela, Murciélago da gritos más fuertes que un golpe de martillo, más altos que un chillido. Su voz se proyecta a su alrededor como una linterna y los ecos vuelven cantando. Traen una imagen de sonidos de todo lo que ha tocado su voz. Cuando Murciélago escucha con atención, puede oír cada detalle: las ramitas más pequeñas, la forma de las hojas.

El uso del sonido para orientarse de esta manera se llama ecolocación. El ruido que hacen los murciélagos cuando gritan es tan agudo que los seres humanos no pueden oírlo.

Planea y revolotea de aquí
para allá, grita iluminando
los árboles con su antorcha de
sonido mientras está atenta para
ver si escucha a su cena.

Todo está calmo. . .

ANALIZAR EL TEXTO

Vocabulario específico de un campo ¿Qué palabra de la página 216 es probable que encuentres solamente en un texto científico? ¿Qué significa?

Luego, una polilla gorda pasa volando por debajo de ella.

Los murciélagos pueden comer muchas polillas grandes en una sola noche, o miles de pequeñitas moscas, jejenes y mosquitos.

Murciélago se lanza en picada en un abrir y cerrar de ojos y la atrapa con la boca abierta.

Pero las escamas perladas de la polilla son resbalosas como el polvo lunar. La polilla se desliza de entre los dientes de Murciélago.

Murciélago se zambulle, la atrapa con la punta de un ala y se la lleva a la boca.

Esta vez, la aprieta fuerte con los dientes. Las alas de la polilla se caen, como el papelito de un dulce.

En poco tiempo, Murciélago se come la polilla. Murciélago estornuda. Las escamas polvorientas le habían subido por la nariz.

La mayoría de las especies de murciélagos comen insectos, pero algunas especies se alimentan de frutas, peces, ranas ¡y hasta sangre!

Se ha acabado el tiempo de cazar. Pronto será de día. En el este, el cielo se ilumina. Para Murciélago, hace rato que es hora de ir a la cama.

Los murciélagos son nocturnos. Esto significa que descansan de día y salen de noche a buscar alimento.

Vuela hasta el techo entre las últimas sombras
y se mete debajo de la teja rota.

ANALIZAR EL TEXTO

Secuencia de sucesos ¿Qué secuencia de sucesos cuenta esta selección?

El lugar donde duermen los murciélagos durante el día se llama
percha. Puede estar en un edificio, una cueva o un árbol, siempre
y cuando el lugar sea seco y seguro.

221

Adentro hay chillidos. Cincuenta crías de murciélago cuelgan apretujadas, enganchadas a una viga con sus patas gigantes. Murciélago aterriza y se hace lugar entre ellas a los empujones. Se cuelga de los dedos de las patas y se pone cabeza abajo otra vez.

Las crías de murciélagos no saben volar. A veces, las madres llevan a sus bebés cuando salen, pero la mayoría de las veces, los bebés se quedan en la percha y se amontonan para mantenerse calentitos.

Murciélago conoce la voz de su bebé y lo llama. La cría, como un pedacito de terciopelo, trepa y se aferra al pelaje de Murciélago con sus patas ganchudas. Envuelto en las fuertes alas de la mamá, el bebé se acurruca para dormir.

Las crías de murciélago toman leche materna hasta que aprenden a volar cuando tienen algunas semanas de vida. Luego pueden dejar la percha de noche y salir a buscar su propio alimento.

Afuera, los pájaros cantan. Las flores le dan la cara al sol. Pero dentro del hueco del techo está oscuro. Murciélago dormita con su bebé mientras espera.

Cuando la marea de la noche suba otra vez, Murciélago se despertará y se lanzará en la oscuridad, gritando.

A Murciélago le encanta la noche.

Ahora analiza

Cómo analizar el texto

Usa estas páginas para aprender acerca de Secuencia de sucesos y Vocabulario específico de un campo. Luego, vuelve a leer *A Murciélago le encanta la noche* para aplicar lo que has aprendido.

Secuencia de sucesos

En las no ficciones narrativas como *A Murciélago le encanta la noche*, el autor puede contar los sucesos y los detalles en la **secuencia**, u orden, en que pasan. Vuelve a leer la página 212. Observa la secuencia de acciones con la que Murciélago se despierta.

También se incluyen palabras de secuencia como ayuda para que los lectores relacionen el orden de los sucesos mientras leen oración por oración y párrafo por párrafo. Lee las páginas 218 y 219, donde Murciélago atrapa una polilla. Las palabras *luego, esta vez* y *en poco tiempo* muestran la secuencia de lo que sucede.

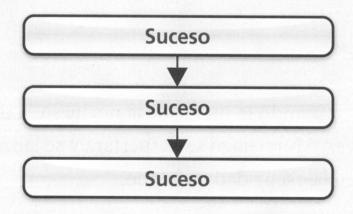

Suceso

↓

Suceso

↓

Suceso

RI.3.4 determine the meaning of general academic and domain-specific words and phrases; **RI.3.8** describe the connection between sentences and paragraphs in a text; **L.3.4.a** use sentence-level context as a clue to the meaning of a word or phrase

ESTÁNDARES COMUNES

Aprende en línea

Vocabulario específico de un campo

En *A Murciélago le encanta la noche,* puedes leer mucha información científica sobre los murciélagos. Algunas palabras están relacionadas con el tema, o **campo**, de las ciencias. Una palabra científica puede estar explicada en el texto, o puedes usar claves de contexto para descubrir su significado.

La palabra *especies* aparece en la página 219. En el texto no se define la palabra pero se habla sobre lo que comen los murciélagos. Basándote en el contexto, puedes concluir que *especie* significa "tipo". En la página 220, puedes leer la palabra *nocturnos*. ¿Cómo se define la palabra en el texto?

Es tu turno

REPASAR LA PREGUNTA ESENCIAL

Turnarse y comentar Repasa la selección con un compañero y prepárate para comentar esta pregunta: *¿Por qué los murciélagos son interesantes y útiles?* Mientras comentas la pregunta, túrnate con tu compañero para escuchar con atención las ideas del otro y agregar tus propias ideas a las suyas. Apoya tu respuesta con evidencia del texto.

Comentar en la clase

Para continuar comentando *A Murciélago le encanta la noche*, explica tus respuestas a estas preguntas:

1. ¿Cómo ve Murciélago en la oscuridad?

2. ¿Qué palabras usa la autora para ayudarte a imaginar la cacería de Murciélago?

3. ¿Crees que tú podrías orientarte en la oscuridad por medio del oído? ¿Qué cosas tratarías de escuchar?

Respuesta En *A Murciélago le encanta la noche,* leíste sobre lo que comen los murciélagos. ¿Por qué los murciélagos cazan polillas e insectos por la noche? Escribe un párrafo que explique lo que has aprendido. Apoya tu respuesta con evidencia del texto.

Sugerencia para la escritura

Escribe oraciones variadas, simples y compuestas. Asegúrate de usar una conjunción y la puntuación correcta en las oraciones compuestas.

ESTÁNDARES COMUNES **RI.3.2** determine the main idea/recount details and explain how they support the main idea; **RI.3.7** use information gained from illustrations and words to demonstrate understanding; **W.3.10** write routinely over extended time frames or short time frames; **SL.3.1a** come to discussions prepared/explicitly draw on preparation and other information about the topic; **L.3.1h** use coordinating and subordinating conjunctions; **L.3.1i** produce simple, compound, and complex sentences

☑ **GÉNERO**

La **poesía** usa el sonido y el ritmo de las palabras para mostrar imágenes y expresar sentimientos.

☑ **ENFOQUE EN EL TEXTO**

La **imaginería** es el uso de descripciones vívidas que ayudan al lector a ver o imaginar algo mentalmente.

Nace un murciélago

por Randall Jarrell

ilustrado por Sue Todd

ESTÁNDARES COMUNES

RL.3.5 refer to parts of stories, dramas, and poems/describe how each part builds on earlier sections; **RL.3.10** read and comprehend literature

Aprende en línea

Nace un murciélago
desnudo y pálido y ciego.
Su madre hace un bolsillo con la cola
y lo atrapa. Él se cuelga del pelaje de quien lo arropa
con dientes y patas y manos.
Y luego la madre danza por la noche
haciendo curvas, círculos, subidas y volteretas.
Lleva a su bebé colgado por debajo.
Toda la noche, feliz, vuela y caza.
Sus gritos altos y agudos
como agujas brillantes de sonido
salen por la noche y le avisan con ecos
que algo nuevo han sentido.
Ella escucha qué tan lejos está,
qué tan grande es y adónde va.
Ella vive con el oído.
La madre come las polillas y jejenes que atrapa
en pleno vuelo; en pleno vuelo
la madre toma el agua de la laguna
que cruza. Su bebé se agarra con fuerza.
Su bebé toma la leche que ella le hace
a la luz de la luna o de las estrellas,
en lo alto del cielo.

Su sombra única, pintada en la luna
o de paseo por las estrellas,
es un remolino toda la noche; cuando sale el sol
la madre cansada vuelve a la viga de su hogar.
Todos los otros están allí,
colgados de los dedos de las patas,
envueltos en sus alas marrones.
Acurrucados cabeza abajo, duermen en el aire.
Sus oídos agudos, sus dientes agudos, sus rostros
  rápidos y agudos
son pálidos, lentos y suaves.
Todo el blanco día, mientras la madre descansa,
a su niño que duerme cubre con las alas.

Comparar el texto

DE TEXTO A TEXTO

Escribir una explicación Usa información de *A Murciélago le encanta la noche* y "Nace un murciélago" para escribir un párrafo explicativo sobre los murciélagos. Usa palabras científicas como *ecolocación* para contar las habilidades especiales de los murciélagos. Incluye una ilustración de un murciélago en tu párrafo. Comparte el párrafo con la clase.

EL TEXTO Y TÚ

Compartir información ¿Qué información nueva aprendiste sobre los murciélagos y sus bebés en *A Murciélago le encanta la noche* y en "Nace un murciélago"? Haz una lista y compártela con un compañero.

EL TEXTO Y EL MUNDO

Defender a los murciélagos Basándote en la información que has aprendido sobre los murciélagos, ¿qué dirías si tu ciudad quisiera deshacerse de los murciélagos? Comenta tus ideas con un grupo pequeño.

Aprende en línea

ESTÁNDARES COMUNES

RL.3.1 ask and answer questions to demonstrate understanding, referring to the text; **RI.3.1** ask and answer questions to demonstrate understanding, referring to the text; **W.3.2a** introduce a topic and group related information/include illustrations; **SL.3.1a** come to discussions prepared/explicitly draw on preparation and other information about the topic; **L.3.6** acquire and use conversational, general academic, and domain-specific words and phrases

L.3.1a explain the function of nouns, pronouns, verbs, adjectives, and adverbs; **L.3.1i** produce simple, compound, and complex sentences

Gramática

¿Qué es un verbo? El **verbo** es la palabra principal del predicado. Un **verbo de acción** es una palabra que indica qué hacen las personas o las cosas.

Verbos de acción	
Los murciélagos se refugian en un ático viejo.	Con la puesta del sol, salen del ático.
Duermen durante el día.	Buscan comida.

Los verbos *ser* y *estar* no expresan acciones. Se usan para describir a las personas o las cosas: cómo son, quiénes son, dónde están o cómo se sienten.

El murciélago es un mamífero que vuela.
Todo está calmo en la noche.

Inténtalo Trabaja con un compañero. Lee cada oración en voz alta e identifica el verbo. Explica si el verbo es un verbo de acción o uno de los verbos *ser* o *estar*.

❶ Las madres murciélago se acurrucan con sus bebés.

❷ La madre oye la voz de su bebé.

❸ De noche, se abalanzan por el aire.

❹ Los murciélagos atrapan polillas y mosquitos.

❺ La noche está llena de sonidos.

Cuando combinas las oraciones, tus textos pueden ser más claros. Si dos oraciones tienen el mismo sujeto, puedes unirlas. Une los predicados con *y* para formar un predicado compuesto.

Oraciones breves y cortadas

Eli construye una casa para murciélagos.

Eli la pone en su jardín.

Oración más larga y fluida

Eli construye una casa para murciélagos y la pone en su jardín.

 ### Relacionar la gramática con la escritura

Mientras revisas tu párrafo de respuesta, trata de formar predicados compuestos uniendo las oraciones cortas. Une los predicados con la conjunción *y*.

ESTÁNDARES COMUNES **W.3.1a** introduce the topic, state an opinion, and create an organizational structure; **W.3.1b** provide reasons that support the opinion; **W.3.1c** use linking words and phrases to connect opinion and reasons; **W.3.1d** provide a concluding statement or section

Escritura de opinión

☑ **Ideas** Cuando escribes un **párrafo de respuesta** para dar tu opinión sobre un texto, comienza presentando el tema. Escribe la oración de manera que tu opinión quede clara. Luego, apoya tu opinión dando ejemplos o detalles del texto. Termina el párrafo con una oración de conclusión que resuma tus ideas.

Kareem escribió una respuesta a esta pregunta: *En* A Murciélago le encanta la noche, *¿por qué son importantes los sonidos para Murciélago?* Mientras Kareem revisaba su respuesta, agregó ejemplos de la selección.

Lista de control de la escritura

☑ **Ideas**
¿Usé ejemplos de la selección?

☑ **Organización**
¿Usé palabras de la pregunta?

☑ **Elección de palabras**
¿Usé palabras de enlace para relacionar mis opiniones y mis razones?

☑ **Voz**
¿Usé lenguaje formal para dirigirme al público?

☑ **Fluidez de las oraciones**
¿Combiné oraciones breves y cortadas?

☑ **Convenciones**
¿Usé la computadora para revisar la ortografía?

Borrador revisado

En <u>A Murciélago le encanta la noche</u>,

los sonidos son importantes para Murciélago

orientarse y

porque ella los usa para cazar en la

oscuridad. Ella grita cuando vuela. El sonido

rebota en los objetos. ~~El sonido rebota~~ y

vuelve a los oídos de Murciélago.

Estos gritos son sonidos tan agudos que los
seres humanos no pueden oírlos.

Los murciélagos escuchan

por Kareem Mahmood

En *A Murciélago le encanta la noche,* los sonidos son importantes para Murciélago porque ella los usa para orientarse y cazar en la oscuridad. Ella grita cuando vuela. Estos gritos son sonidos tan agudos que los seres humanos no pueden oírlos. El sonido rebota en los objetos y vuelve a los oídos de Murciélago. El oído de Murciélago es tan agudo que ella puede "oír" los detalles más pequeños, como una ramita. Murciélago también usa los sonidos para buscar comida. Cuando los gritos de Murciélago rebotan contra una polilla, ella escucha dónde está el insecto. Entonces puede atrapar el insecto y comérselo. Los sonidos también ayudan a Murciélago a encontrar a su bebé en su percha. Ella conoce el chillido de su bebé, y el bebé conoce el llamado de su madre. Sin los sonidos, Murciélago se chocaría con las cosas cuando vuela y no podría encontrar alimento ni a su bebé.

Leer como escritor

¿Qué ejemplos usó Kareem para explicar su respuesta? ¿En qué lugar de tu párrafo puedes agregar detalles o ejemplos de la selección?

Agregué más ejemplos de la selección. También combiné oraciones que tenían el mismo sujeto.

¿Qué hacen los ilustradores?

escrito y ilustrado por
Eileen Christelow

Jack dibuja una
planta de habichuelas

✓ VOCABULARIO CLAVE

imaginar
instrumento
ilustrar
bosquejo
boceto
papel de calco
investigar
textura

Librito de
vocabulario

Tarjetas de
contexto

La pintura,
desde las cavernas
hasta las
computadoras

imaginar
Un artista pinta cosas
reales. Otro quizás
pinta cosas que se
imagina.

ESTÁNDARES
COMUNES

L.3.6 acquire and use conversational, general academic, and
domain-specific words and phrases

Vocabulario
en **contexto**

1 imaginar

Un artista pinta cosas
reales. Otro quizás
pinta cosas que se
imagina.

2 instrumento

Los artistas emplean
instrumentos como
pinceles, lápices y
marcadores.

3 ilustrar

Este artista ha
comenzado a **ilustrar**
con sus dibujos un
libro de cuentos.

4 bosquejo

Antes de dibujar o
hacer **bosquejos**, los
niños hacen primero
muchos garabatos.

Aprende
en línea

▶ Estudia cada Tarjeta de contexto.

▶ Analiza una imagen. Usa una palabra del Vocabulario diferente a la que aparece en la tarjeta.

5 **boceto**

Con frecuencia, los pintores hacen bocetos antes de comenzar a pintar.

6 **papel de calco**

Un papel delgado llamado papel de calco te permite hacer una copia exacta de algo.

7 **investigar**

A veces los artistas necesitan investigar para saber cómo se ven las cosas.

8 **textura**

El papel puede tener diferentes texturas. Puede ser liso o áspero.

Leer y comprender

Aprende en línea

☑ DESTREZA CLAVE

Características del texto y de los elementos gráficos
Los autores usan **características del texto**, como los encabezamientos, y los **elementos gráficos**, como los dibujos, para ayudarse a organizar y explicar sus ideas. Mientras lees *¿Qué hacen los ilustradores?*, presta atención a las características del texto y de los elementos gráficos que usa la autora para que sus ideas queden más claras. Usa un diagrama como el siguiente para enumerar los elementos especiales e indica por qué crees que la autora los ha usado.

Característica del texto o elemento gráfico	Propósito

☑ ESTRATEGIA CLAVE

Analizar/Evaluar Mientras lees *¿Qué hacen los ilustradores?*, **analiza**, o piensa detenidamente en la información. Luego **evalúa**, o juzga, si la autora logra explicar bien sus ideas con ejemplos y evidencia del texto.

ESTÁNDARES COMUNES

RI.3.7 use information gained from illustrations and words to demonstrate understanding

Artes visuales

El arte puede hallarse en muchos sitios. Las artes visuales son algo que puedes ver y analizar. Puedes hallar artes visuales en museos, en edificios, y tal vez en las paredes de tu propia casa. También puedes verlas en muchos libros.

En *¿Qué hacen los ilustradores?*, aprenderás cómo los ilustradores crean imágenes que ayudan a contar una historia. También verás cómo la autora, que también es ilustradora, escribió e ilustró su propio libro.

TEXTO PRINCIPAL

¿Qué hacen los ilustradores?

escrito y ilustrado por
Eileen Christelow

☑ DESTREZA CLAVE

Características del texto y de los elementos gráficos

Piensa en cómo las palabras y las ilustraciones trabajan en conjunto para explicar las ideas.

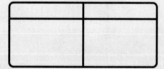

☑ GÉNERO

Un **texto informativo** proporciona hechos sobre un tema. Mientras lees, busca:

▶ detalles que apoyan hechos,

▶ la forma en que está organizada la información e

▶ ilustraciones que pueden explicar el tema.

ESTÁNDARES COMUNES **RI.3.3** describe the relationship between a series of historical events/scientific ideas/steps in technical procedures; **RI.3.7** use information gained from illustrations and words to demonstrate understanding; **RI.3.8** describe the connection between sentences and paragraphs in a text; **RI.3.10** read and comprehend informational texts

CONOCE A LA AUTORA E ILUSTRADORA

Eileen Christelow

Cuando Eileen Christelow habla con los estudiantes, siempre le preguntan: "¿Qué es lo que haces?". Para explicar su oficio de escritora e ilustradora, creó los libros *¿Qué hacen los escritores?* y *¿Qué hacen los ilustradores?*

El gato gracioso de *¿Qué hacen los ilustradores?* se inspira en Leonard, la mascota de su hija. En realidad, el gato del libro es anaranjado porque Christelow quería un gato más colorido. El verdadero Leonard es principalmente de color gris con canela.

¿Qué hacen los ilustradores?

escrito e ilustrado por
Eileen Christelow

PREGUNTA ESENCIAL

¿Cómo ayudan las ilustraciones a contar un cuento?

¿Qué hacen los ilustradores? Cuentan historias a través de las imágenes. Esta imagen muestra el lugar donde viven y trabajan dos ilustradores.

Imagina que cada uno de esos dos ilustradores decidiera ilustrar *Jack y la planta de habichuelas*. ¿Contarían la historia de la misma manera? ¿Dibujarían el mismo tipo de imágenes?

Primero, los ilustradores deciden cuáles escenas de la historia quieren ilustrar . . .

Un *plan* muestra qué ilustraciones van en qué páginas.

Después de hacer un plan para su libro, los ilustradores deben hacer una *maqueta,* que es un modelo del libro. Primero deciden la forma y el tamaño que tendrá el libro.

Luego hacen bocetos de las imágenes que irán en cada página de la maqueta. Los primeros bocetos a menudo son simples bosquejos hechos en papel de calco.

Al hacer los bocetos, los ilustradores deben decidir qué aspecto tendrá todo: los personajes, su ropa, el entorno. Los ilustradores pueden usar su imaginación, o quizá tengan que investigar un poco.

Haré que Jack se parezca a mí en cuarto grado.

¿Cómo serán las hojas?

planta de habichuelas

Me imagino que Jack vive en una pequeña casa de campo, rodeada de palmeras...

ANALIZAR EL TEXTO

Características del texto y de los elementos gráficos ¿Cómo te ayudan los elementos gráficos de esta página a comprender el texto?

Algunos ilustradores también son escritores. Pueden cambiar su historia a medida que trabajan sobre los bocetos.

Cada ilustración plantea un problema diferente. Por ejemplo: ¿Desde qué *punto de vista* se dibujará el momento en que se siembra la habichuela mágica?

¿Cómo puedes dibujar una planta de habichuelas
para que parezca que está creciendo?

¿Qué se sentirá al correr por una mesa debajo de la nariz de un GIGANTE dormido?

Los ilustradores tienen que dibujar lo que sienten los personajes. A veces hacen muecas frente a un espejo para ver cómo se vería una expresión. Otras veces necesitan que otra persona haga de modelo.

Cada ilustrador tiene un *estilo* de dibujar diferente, al igual que cada persona escribe a mano con un estilo de letra diferente.

Diferentes estilos de dibujar a Jack y a Jacqueline

Estamos probando un nuevo estilo.

Cuando los ilustradores terminan sus maquetas, las muestran al editor y al diseñador de la casa editora.

El editor decide si los dibujos cuentan la historia. El diseñador hace sugerencias sobre el diseño del libro. Escoge el tipo de letra para las palabras y la portada.

¡Me encantan tus ilustraciones! Pero a Jack se lo ve demasiado mayor al final del libro. Y en la página 21, el gigante no parece tan malvado.

Muy bien, eso se puede arreglar.

Si le encanta el libro, ¿por qué quiere que lo cambie?

¡Solo está sugiriendo formas de mejorarlo!

ANALIZAR EL TEXTO

Secuencia de sucesos ¿Cómo muestra la autora los pasos en orden temporal? Recuerda observar también el texto de las ilustraciones.

Los ilustradores deben decidir cómo quieren hacer las ilustraciones finales.

Pueden usar diferentes instrumentos para dibujar diferentes tipos de líneas y texturas.

Estoy probando diferentes tipos de líneas... con lápiz, pluma, pincel o marcador.

lápiz

pincel

pluma de punta flexible

marcador

Pueden colorear sus ilustraciones con pinturas, pasteles, lápices o creyones. ¡Pueden hacer una ilustración sin una sola línea negra!

acuarelas

creyón de acuarela

lápices de colores

sin líneas negras

A veces los ilustradores tiran a la basura sus dibujos y empiezan de nuevo. A veces les cambian los colores o la composición. Puede tomarles meses terminar todas las ilustraciones para un libro de dibujos.

Antes de enviar las ilustraciones a la casa editora, hay que revisarlas para asegurarse de que no falte nada.

A menudo los ilustradores dejan la portada del libro para el final. La portada del libro dice mucho sobre la historia: ¿De qué trata? ¿Parece interesante?

La portada es una pista sobre cómo va a contar la historia el ilustrador. ¿Estas portadas te darían ganas de leer estos libros?

¡Esta ilustración cuenta cómo celebraron los dos ilustradores cuando por fin terminaron todo el trabajo!

Ahora analiza

Cómo analizar el texto

Usa estas páginas para aprender acerca de Características del texto y de los elementos gráficos y Secuencia de sucesos. Luego, vuelve a leer *¿Qué hacen los ilustradores?* para aplicar lo que has aprendido.

Características del texto y de los elementos gráficos

En un texto informativo como *¿Qué hacen los ilustradores?,* las palabras y las ilustraciones trabajan en conjunto para explicar un tema. Las **características del texto** ayudan a los lectores a encontrar información. Por ejemplo, la letra en negrita muestra palabras importantes. Los rótulos dan más información sobre las imágenes.

Los **elementos gráficos** pueden ser imágenes y tablas. Proporcionan más información sobre el texto. Por ejemplo, el texto puede hablar sobre un perro. Una imagen puede mostrarte exactamente cómo es el perro.

Vuelve a leer la página 244 de *¿Qué hacen los ilustradores?* Observa cómo la autora usa globos de texto para contar dos historias. Mientras lees, busca otras características.

Característica del texto o elemento gráfico	Propósito

RI.3.3 describe the relationship between a series of historical events/scientific ideas/steps in technical procedures; **RI.3.7** use information gained from illustrations and words to demonstrate understanding; **RI.3.8** describe the connection between sentences and paragraphs in a text

ESTÁNDARES COMUNES

Aprende en línea

Secuencia de sucesos

El texto informativo *¿Qué hacen los ilustradores?* nos cuenta los pasos que sigue un ilustrador para ilustrar un libro. La autora escribe sobre los pasos en la **secuencia,** u orden, en que suceden. Vuelve a las páginas 245 y 246 para leer sobre los primeros pasos. Si hiciste una lista, debería ser similar a esta:

1. Decide qué escenas ilustrará.

2. Hace un plan.

3. Hace una maqueta.

Es tu turno

Turnarse y comentar Repasa la selección con un compañero y prepárate para comentar la pregunta *¿Cómo ayudan las ilustraciones a contar un cuento?*. Mientras comentan, haz preguntas si no comprendes algo que diga tu compañero.

 Comentar en la clase

Para continuar comentando *¿Qué hacen los ilustradores?,* explica tus respuestas a estas preguntas:

1 ¿Cuáles son algunas de las decisiones que un ilustrador debe tomar cuando ilustra un libro?

2 ¿Cómo trabaja un ilustrador con otras personas para producir un libro?

3 ¿Crees que la autora hizo un buen trabajo en la ilustración de esta selección? ¿Qué evidencia del texto apoya tu opinión?

Respuesta ¿Qué es más importante en un libro: las palabras o los dibujos? Escribe un párrafo para explicar tu opinión. Usa evidencia de *¿Qué hacen los ilustradores?* y otros libros que has leído para apoyar tu opinión.

Sugerencia para la escritura

Comienza tu párrafo expresando tu opinión con claridad. Luego, da razones que apoyen tu opinión. Usa palabras de enlace tales como *porque* y *por ejemplo*. Para finalizar, escribe una oración de conclusión que resuma tus ideas.

Aprende en línea

ESTÁNDARES COMUNES

RI.3.7 use information gained from illustrations and words to demonstrate understanding; **W.3.1a** introduce the topic, state an opinion, and create an organizational structure; **W.3.1b** provide reasons that support the opinion; **W.3.1d** provide a concluding statement or section; **SL.3.1a** come to discussions prepared/explicitly draw on preparation and other information about the topic; **SL.3.1c** ask questions to check understanding, stay on topic, and link comments to others' remarks

Jack dibuja una planta de habichuelas

Jack dibuja una planta de habichuelas

por Anne O'Brien

A Jack le encantaba crear cuentos e ilustrarlos. Investigó para averiguar cómo era la apariencia de las cosas; hizo bocetos de sus ideas una y otra vez en papel de calco; coloreó los dibujos con texturas diferentes. Cuando sus dibujos estaban perfectos, podía imaginar que sus cuentos eran reales.

Una noche, Jack dibujó una planta de habichuelas.

—Ojalá tuviera una planta de habichuelas mágicas, como la del cuento de hadas —dijo Jack. Trabajó en sus bocetos hasta que se quedó dormido.

Cuando despertó, ahí estaba la planta de habichuelas, creciendo a partir de su cuaderno de bocetos. ¡Sus bosquejos estaban cobrando vida!

Aprende en línea

Jack agarró su cuaderno de bocetos y su lápiz, y comenzó a trepar por la planta. Llegó a un enorme castillo en las nubes, igual al del cuento de hadas. Y ahí estaba la esposa del gigante que, alegremente, sirvió té a Jack.

—Pero tienes que irte antes de que llegue mi esposo —dijo la esposa del gigante—. ¡Podría intentar comerte para la cena!

En ese mismo momento, oyeron un ruido como de un trueno.

—¡Llegó a casa temprano! —gritó la esposa, y metió a Jack en el bolsillo de su delantal.

Jack oyó la voz del gigante, que gritaba:

—¡FI FA FO FUM!

"Oh, no", se dijo Jack. "¡Esto es demasiado parecido al cuento de hadas! ¡Los únicos instrumentos que tengo para que me ayuden a escapar son mi cuaderno de bocetos y mi lápiz!".

267

Jack temblaba cuando empezó a dibujar. Dibujó una gallina mágica. La gallina cobró vida y puso un huevo de oro, justo como en el cuento de hadas.

—¡Cloc, cloc!

La esposa metió la mano en el bolsillo y sacó la gallina y el huevo de oro. Mientras los dos gigantes hablaban entusiasmados, Jack escapó del castillo y bajó por la planta.

Cuando Jack llegó a su casa, abrió su cuaderno de bocetos y borró la planta de habichuelas tan rápido como pudo.

—De ahora en adelante, ¡tendré cuidado con lo que deseo! —dijo Jack.

Comparar el texto

DE TEXTO A TEXTO

Comparar cuentos En tu biblioteca o en Internet, busca una copia del cuento tradicional "Jack y la planta de habichuelas", el cuento en que se basa *Jack dibuja una planta de habichuelas*. En un grupo pequeño, comenten en qué se parecen y en qué se diferencian los dos cuentos. Da detalles sobre los personajes, el entorno y la trama. Di qué te gustó de cada cuento.

EL TEXTO Y TÚ

¡Eres un ilustrador! Elige una escena de *Jack dibuja una planta de habichuelas*. Usa lo que aprendiste en *¿Qué hacen los ilustradores?* para ilustrar esa parte del cuento.

EL TEXTO Y EL MUNDO

Comparar personajes Piensa en Jack de *Jack dibuja una planta de habichuelas* y en los ilustradores de *¿Qué hacen los ilustradores?* ¿En qué se parecen y en qué se diferencian estos personajes? ¿Cuál trabajo de los ilustradores te parece más emocionante? Comenta tus ideas con un compañero. Proporciona evidencia de ambos textos para apoyar tus ideas.

ESTÁNDARES COMUNES **RL.3.1** ask and answer questions to demonstrate understanding, referring to the text; **RL.3.3** describe characters and explain how their actions contribute to the sequence of events; **SL.3.1a** come to discussions prepared/explicitly draw on preparation and other information about the topic

269

L.3.1a explain the function of nouns, pronouns, verbs, adjectives, and adverbs; **L.3.1.d** form and use regular and irregular verbs; **L.3.1e** form and use simple verb tenses

Gramática

Tiempos verbales Un verbo indica cuándo sucede algo. El **tiempo** del verbo indica si algo sucede en el **presente**, si sucedió en el **pasado** o si sucederá en el **futuro**. En la siguiente tabla, observa cómo cambia la forma verbal de *permanecer* e *ilustrar* para explicar cuándo sucede algo.

Tiempo presente	Tiempo pasado	Tiempo futuro
Ahora el perro permanece adentro.	Ayer el perro permaneció adentro.	Mañana el perro permanecerá adentro.
El artista ilustra un libro.	El artista ilustró un libro.	El artista ilustrará un libro.

 **Trabaja con un compañero. Indica si el verbo subrayado está en presente, pasado o futuro.**

① Andy trabaja como ilustrador.

② Pintó dibujos en la clase de arte.

③ Los maestros le mostraron otras pinturas.

④ Una editorial publicará su nuevo libro el próximo año.

⑤ Entonces sus amigos recibirán una copia del libro.

Cuando escribas, asegúrate de que los verbos indiquen acciones que ocurren en el mismo momento. Esto ayudará a que tu escritura sea más clara.

Párrafo incorrecto

Ayer Mary miró un libro. Luego pintará un elefante y después colorea un árbol.

Párrafo correcto

Ayer Mary miró un libro. Luego pintó un elefante y después coloreó un árbol.

 ## Relacionar la gramática con la escritura

Mientras revisas tu párrafo de opinión, asegúrate de que todos los verbos estén en el mismo tiempo verbal.

W.3.1a introduce the topic, state an opinion, and create an organizational structure; **W.3.1b** provide reasons that support the opinion; **W.3.1c** use linking words and phrases to connect opinion and reasons; **W.3.1d** provide a concluding statement or section

ESTÁNDARES COMUNES

Escritura de opinión

mi Escritura genial

Aprende en línea

✔ **Organización** En un **párrafo de opinión**, un buen escritor primero enuncia una opinión. La opinión indica a los lectores qué cree o qué piensa el escritor sobre un tema. Luego, el escritor da razones que apoyan la opinión. Las **palabras y frases de enlace**, como *dado que* y *por ejemplo*, unen la opinión con las razones. Finalmente, el escritor termina con una **conclusión** que resume todas las ideas.

Emma escribió un primer borrador de su párrafo de opinión sobre las ilustraciones de *Jack dibuja una planta de habichuelas*. Luego revisó su borrador. Agregó una razón para fortalecer su escritura y también agregó una frase de enlace para unir las ideas.

Lista de control de la escritura

✔ **Ideas**
¿Di razones para apoyar mi opinión?

✔ **Organización**
¿Indiqué mi opinión en la introducción?

✔ **Elección de palabras**
¿Usé palabras y frases de enlace?

✔ **Voz**
¿Permití que se notaran mis sentimientos?

✔ **Fluidez de las oraciones**
¿Mis oraciones son fluidas?

✔ **Convenciones**
¿Marqué la sangría en cada párrafo?

Borrador revisado

Primero, los dibujos son grandes, brillantes
Me encanta el color azul y el verde que eligió el ilustrador.
y coloridos. Los dibujos también son
∧
Por ejemplo,
inteligentes. El ilustrador dibuja la planta de
∧

habichuelas que sale de la página.

Gran historia, geniales dibujos

por Emma Corcoran

Los dibujos son importantes en un libro de cuentos. Los dibujos de *Jack dibuja una planta de habichuelas* fueron una gran razón por la que disfruté leer el cuento. En realidad, es uno de los cuentos mejor ilustrados que he visto.

Primero, los dibujos son grandes, brillantes y coloridos. Me encanta el color azul y el verde que eligió el ilustrador. Los dibujos también son inteligentes. Por ejemplo, el ilustrador dibuja la planta de habichuelas que sale de la página.

En segundo lugar, las ilustraciones realmente ayudan a contar la historia. Me muestran que la esposa del gigante es amable y que el castillo es enorme. No sabría esto si no estuvieran las ilustraciones.

El ilustrador hizo un gran trabajo con los dibujos para *Jack dibuja una planta de habichuelas.* Ojalá el cuento fuera más largo para que hubiera más ilustraciones.

Leer como escritor

Emma agregó una frase para que veas cómo están conectadas sus ideas. ¿Qué palabras o frases de enlace puedes agregar a tu párrafo de opinión?

En mi trabajo final, agregué otra razón por la que creí que las ilustraciones eran buenas. Ayuda a apoyar mi opinión. También agregué una frase de enlace.

Los pájaros de la cosecha

El tesoro
Uri Shulevitz
Mención de honor de Caldecott

VOCABULARIO CLAVE

cosecha

separar

avergonzado

lindero

consejo

pedir prestado

parcela

en serio

Librito de vocabulario

Tarjetas de contexto

Todo sobre el pasto
por Will McGovern

ESTÁNDARES COMUNES

L.3.6 acquire and use conversational, general academic, and domain-specific words and phrases

274

Vocabulario en **contexto**

1 **cosecha**

Cuando hay mucho maíz para recoger, se considera que es una buena cosecha.

2 **separar**

Separa, o divide, las diferentes clases de semillas antes de sembrarlas.

3 **avergonzado**

Te puedes sentir avergonzado, o apenado, si olvidas regar una planta.

4 **lindero**

La granja tiene una cerca en los linderos para que los animales no salgan.

Aprende en línea

▶ Estudia cada Tarjeta de contexto.

▶ Escribe otra oración usando dos palabras del Vocabulario en un nuevo contexto.

5 **consejo**

Tu papá te puede dar un buen consejo. Él tiene ideas para resolver el problema.

6 **pedir prestado**

Ella no tenía rastrillo para limpiar el jardín y lo pidió prestado a una amiga.

7 **parcela**

Necesitas una pequeña parcela, o área, de tierra para cultivar verduras.

8 **en serio**

Si tomas algo en serio, prestas atención y no haces ni chistes ni bromas.

Leer y comprender

Aprende en línea

☑ DESTREZA CLAVE

Conclusiones Mientras lees *Los pájaros de la cosecha*, busca detalles sobre sucesos y personajes en el cuento. Usa estos detalles para sacar **conclusiones**, o entender las ideas que la autora no dice directamente. Usa un diagrama como el siguiente para anotar evidencia del texto. Describe tus conclusiones y haz una lista de los detalles que te ayudaron a llegar a ellas.

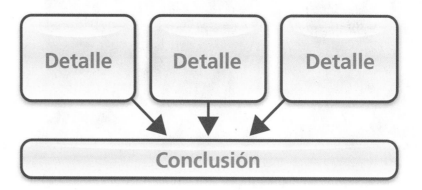

☑ ESTRATEGIA CLAVE

Inferir/Predecir Usa tus conclusiones para **inferir**, o entender, el mensaje de este cuento. **Predice** lo que la autora quiere enseñar a los lectores a través del cuento.

ESTÁNDARES COMUNES **RL.3.1** ask and answer questions to demonstrate understanding, referring to the text; **RL.3.2** recount stories and determine the message, lesson, or moral

UN VISTAZO AL TEMA PRINCIPAL

Las tradiciones

Nuestro mundo está formado por muchas culturas. Los grupos de personas que comparten una forma de vida tienen su propia cultura. Esta incluye el idioma, la música, el arte y la comida. Cada cultura también tiene tradiciones. Estas son creencias y costumbres que se han seguido y se han pasado de generación en generación.

Los cuentos populares son parte de las tradiciones de una cultura. Estas historias explican el mundo o enseñan a las personas cómo deben comportarse. *Los pájaros de la cosecha* es un cuento popular mexicano. En este cuento, el personaje principal aprende lecciones sobre la naturaleza, las cosechas e incluso sobre sí mismo.

TEXTO PRINCIPAL

Los pájaros de la cosecha

☑ DESTREZA CLAVE

Conclusiones Usa los detalles para entender las ideas sobre los sucesos del cuento y los personajes que el autor no dice.

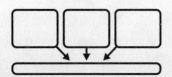

☑ GÉNERO

Un **cuento popular** es una historia que al principio se contaba oralmente. Refleja las costumbres de una cultura. Mientras lees, busca:

▶ una trama que también puede enseñarte una lección,

▶ un personaje principal que muestra los valores de una cultura e

▶ información sobre las costumbres de una cultura.

ESTÁNDARES COMUNES **RL.3.1** ask and answer questions to demonstrate understanding, referring to the text; **RL.3.10** read and comprehend literature

 Aprende en línea

CONOCE A LA AUTORA

Blanca López de Mariscal

Blanca López de Mariscal dicta clases universitarias en México. Escribe y da conferencias sobre el arte, la historia y la literatura mexicanos. *Los pájaros de la cosecha* es su primer libro para niños. La escritora dice que escribió este cuento porque creía que era importante introducir a los niños en los cuentos orales mexicanos.

CONOCE A LA ILUSTRADORA

Linda Cane

Linda Cane vive en el campo. ¡Tiene dos perros, un caballo, un gato y dos pavos reales! A Linda Cane le encantan las actividades al aire libre como el senderismo, el esquí y montar a caballo. Ha viajado a muchos lugares de Estados Unidos y del mundo.

Los pájaros de la cosecha

por Blanca López de Mariscal
ilustrado por Linda Cane

PREGUNTA ESENCIAL

¿Qué cuentan los cuentos populares a los lectores sobre la vida?

En un pueblecito donde todo el mundo se conocía, vivía un joven llamado Juan Zanate. Le decían así porque siempre estaba acompañado de uno o dos pájaros zanate.

A Juan le gustaba sentarse bajo su árbol favorito a soñar y planear su vida. Él quería tener su propia tierra, como su padre y su abuelo. Pero cuando murió su padre, su tierra se repartió y solo alcanzó para sus dos hermanos mayores. Por eso, Juan tuvo que ponerse a trabajar en las tiendas del pueblo.

"Si tan solo tuviera mi propia tierra, mi vida sería diferente", pensaba Juan. Fue a ver a don Tobías, el rico del pueblo, y le pidió prestada una pequeña parcela de tierra.

ANALIZAR EL TEXTO

Conclusiones ¿Por qué crees que a los hermanos de Juan les tocó la tierra de su padre y no a Juan? ¿Crees que eso es justo? Usa evidencia del texto para explicar tu respuesta.

   Don Tobías y su esposa se rieron:
   —¿Por qué debo dejarte usar mi tierra? Tú no sabes trabajar el campo.
   Juan se retiró, triste y avergonzado, a la sombra de su árbol. Era el único lugar donde se encontraba realmente feliz. En sus ramas vivía una bandada de zanates tan acostumbrados a su presencia que ya lo consideraban un amigo.

Había un zanate en especial que quería mucho a Juan y quería que encontrara su camino en la vida. Estaba siempre muy cerca de Juan y se paraba en el hombro o en el ala del sombrero. Juan lo llamaba Grajo, que quiere decir cuervo, porque los zanates tienen plumas negras.

Después de pensar y pensar por mucho tiempo, Juan decidió ir a platicar con el viejo del pueblo. "Los viejos, porque han vivido más, saben mucho", pensó. "Él me dará algún consejo, y puede ser que hasta me dé su ayuda".

Juan saludó al viejo, al que todos llamaban Tata Chon, con respeto. Tata significa abuelo. Juan se dio cuenta de su buen humor y se atrevió a pedirle una parcela de tierra:

—Déjeme que le demuestre que puedo ser un buen campesino y cultivar la tierra —le imploró Juan.

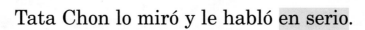

Tata Chon lo miró y le habló en serio.

—Te voy a ayudar —le dijo el viejo—. Te voy a prestar la tierra, pero con una condición: si fracasas, el tiempo que hayas ocupado mi terreno me lo vas a pagar con trabajo.

Juan corrió hacia el pueblo, gritando la noticia. Pero en vez de compartir su alegría, la gente se burló de él:

—¡Mejor ven a arreglar mi taller, porque donde tú siembres, ni hierbas silvestres se van a dar! —le gritó el carpintero.

—¡No pierdas el tiempo, Juan, ven a trabajar en esta rueda! —le dijo el herrero.

—¡Ayúdame con estos sacos de harina y deja ya de soñar! —le dijo el panadero.

Juan decidió que lo que decían los demás no lo iba a detener. "Llegó el momento de ponerme a trabajar", se dijo. Así que se puso a preparar la tierra para cultivarla. La parcela era muy pequeña y no había muchas esperanzas de una gran cosecha, pero Juan siguió trabajando, acompañado de sus inseparables amigos, los zanates.

"Mi cabeza es pequeña, como la parcela, pero le caben muchos sueños", pensó Juan.

Como Juan necesitaba semillas para plantar y no tenía dinero para comprarlas, fue a la tienda y pidió algunas.

—Juan, barre los granos de maíz, los frijoles y las semillas de calabaza que han caído al suelo, y dáselas a mis puercos —dijo el dueño de la tienda—. Luego, si quieres, puedes llevarte algunas semillas para tu parcela.

Juan estaba feliz, pues ya tenía
semillas para plantar. No corrió a los
zanates como hace la mayoría de los
campesinos. En vez de eso, les dio
algunas semillas que sobraron para que
no pasaran hambre. Después de todo,
los zanates eran sus amigos y Juan los
amaba. Grajo siempre lo acompañaba y
le daba consejos.

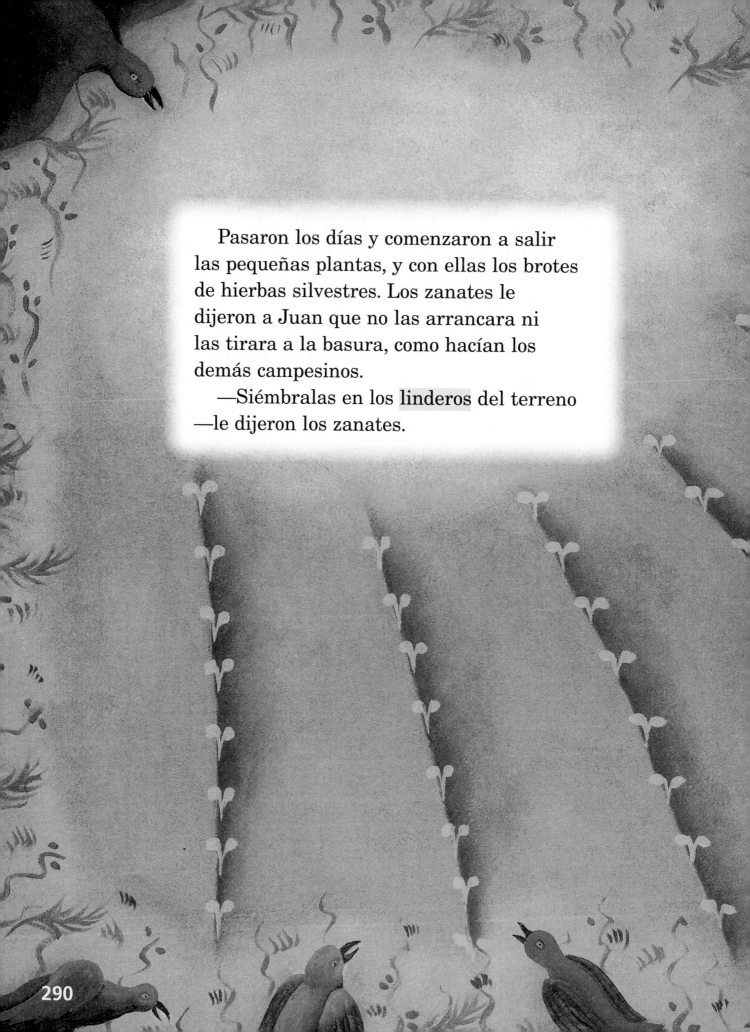

Pasaron los días y comenzaron a salir
las pequeñas plantas, y con ellas los brotes
de hierbas silvestres. Los zanates le
dijeron a Juan que no las arrancara ni
las tirara a la basura, como hacían los
demás campesinos.

—Siémbralas en los linderos del terreno
—le dijeron los zanates.

Cuando los demás campesinos
supieron lo que estaba haciendo Juan,
se burlaron de él:
—¡Qué locura, dejar crecer hierba
silvestre en la parcela!

Cuando llegó el tiempo de la cosecha, todos esperaban para burlarse de Juan otra vez. Todos estaban seguros de que iba a fracasar. Pero cuando Juan llegó al pueblo todos quedaron maravillados. Traía una magnífica cosecha: enormes mazorcas, calabazas brillantes y apetitosos frijoles.

293

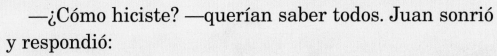

—¿Cómo hiciste? —querían saber todos. Juan sonrió y respondió:

—Lo hice con la ayuda de mis amigos, los zanates, los pájaros de la cosecha: ¡aprendí a escuchar la voz de la naturaleza!

—¡Trabaja conmigo, Juan! —decían todos a voces—. ¡Enséñame tus secretos!

—No —contestó el viejo—. Juan ya no trabaja para nadie, porque le voy a regalar el terreno que cosechó.

ANALIZAR EL TEXTO

Significados literales y no literales
¿Dónde usa la autora palabras como si la naturaleza fuera una persona? ¿Qué significan estas palabras realmente?

295

Después de vender toda la cosecha a muy buen precio, Juan y Tata Chon volvieron a la pequeña parcela que ahora era de Juan. El abuelo le pidió a Juan que le dijera su secreto.

—Los zanates me enseñaron que todas las plantas son como hermanos y hermanas —replicó Juan—. Si uno las separa, se ponen tristes y no crecen. Pero si uno las respeta y las deja juntas, crecen muy felices y estarán contentas.

Ahora analiza

Cómo analizar el texto

Usa estas páginas para aprender acerca de Conclusiones y Significados literales y no literales. Luego, vuelve a leer *Los pájaros de la cosecha* para aplicar lo que has aprendido.

Conclusiones

Los cuentos populares como *Los pájaros de la cosecha* a menudo tienen una lección sobre la vida para enseñarles a los lectores. La lección no siempre se enuncia; entonces, los lectores deben sacar una conclusión sobre cuál es. Una **conclusión** es una suposición que puede hacerse pensando en los detalles del cuento.

Puedes sacar conclusiones sobre los personajes y los sucesos. Vuelve a leer la página 286 de *Los pájaros de la cosecha*. Las personas del pueblo tienen mucho para decir sobre las noticias de Juan. Mientras lees los detalles de esta página, puedes sacar una conclusión sobre lo que realmente piensan. Busca evidencia del texto como ayuda, incluidas las cosas que dicen las personas del pueblo y cómo actúan.

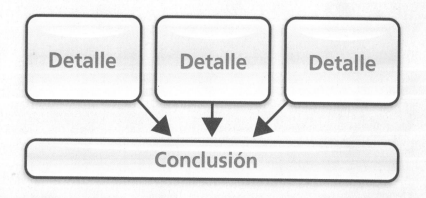

Detalle → Detalle → Detalle → Conclusión

ESTÁNDARES COMUNES **RL3.1** ask and answer questions to demonstrate understanding, referring to the text; **RL.3.4** determine the meaning of words and phrases, distinguishing literal from nonliteral language; **L.3.5a** distinguish the literal and nonliteral meanings of words and phrases in context

Aprende en línea

Significados literales y no literales

El significado exacto de una palabra es su **significado literal.** Vuelve a leer la página 286. Cuando lees la frase "Juan corrió hacia el pueblo", sabes que la autora quiso decir exactamente lo que dicen las palabras. Las palabras y las frases también pueden tener **significados no literales.** Si lees la frase "Juan corrió como el viento", ¿creerías que la autora quiso decir exactamente lo que dicen las palabras? ¿Qué significa la frase en realidad?

Es tu turno

REPASAR LA PREGUNTA ESENCIAL

Turnarse y comentar

Repasa la selección con un compañero y prepárate para comentar esta pregunta: *¿Qué cuentan los cuentos populares a los lectores sobre la vida?* Mientras la comentas, escucha las ideas de tu compañero. Luego, explica las tuyas. Usa evidencia de *Los pájaros de la cosecha* para apoyar tus ideas.

Comentar en la clase

Para continuar comentando *Los pájaros de la cosecha*, usa evidencia del texto para explicar tus respuestas a estas preguntas:

1. ¿Qué dice *Los pájaros de la cosecha* sobre la vida?

2. ¿Qué aprenden las personas del pueblo sobre Juan?

3. ¿Cómo enseña Juan a los lectores la importancia de perseguir un sueño? ¿Estás de acuerdo con el punto de vista de Juan? Explica tu respuesta.

ESCRIBE SOBRE LO QUE LEÍSTE

Respuesta Con un compañero, inventa una canción o un poema sobre la cosecha. Si lo deseas, puedes usar detalles del cuento o palabras que dicen los personajes. Presenta tu canción o poema a la clase.

Sugerencia para la escritura

Mientras escribes, usa tus personajes para relatar un cuento. Organiza tu canción o poema en una secuencia que se desarrolle naturalmente como en *Los pájaros de la cosecha*.

ESTÁNDARES COMUNES

RL.3.1 ask and answer questions to demonstrate understanding, referring to the text; **RL.3.2** recount stories and determine the message, lesson, or moral; **RL.3.6** distinguish own point of view from the narrator or characters' point of view; **W.3.10** write routinely over extended time frames or short time frames; **SL.3.1a** come to discussions prepared/explicitly draw on preparation and other information about the topic; **SL.3.1d** explain own ideas and understanding in light of the discussion

☑ GÉNERO

Un **cuento popular** es una historia que se ha contado durante muchos años.

☑ ENFOQUE EN EL TEXTO

Un cuento popular a menudo contiene una **lección**, o **moraleja.** La lección generalmente se enseña a través de algo que le sucede a un personaje principal o a través de lo que aprende el personaje.

ESTÁNDARES COMUNES

RL.3.2 recount stories and determine the message, lesson, or moral; **RL.3.10** read and comprehend literature

Aprende en línea

El tesoro

escrito e ilustrado por

Uri Shulevitz

Había una vez un hombre cuyo nombre era Isaac.

Era tan pobre que muchas veces se acostaba a dormir con hambre.

Una noche, tuvo un sueño.

En su sueño, una voz le decía que fuera a la capital y buscara un tesoro debajo del puente al lado del Palacio Real.

"Es solo un sueño", pensó cuando se despertó y no le prestó atención.

Por segunda vez, volvió a tener el mismo sueño. Isaac tampoco le prestó atención.

Cuando tuvo el sueño por tercera vez, dijo:

—Tal vez sea cierto —y entonces emprendió el viaje.

Algunas veces, alguien lo llevaba, pero la mayor parte del camino la hizo caminando.

Cruzó bosques.

Atravesó montañas.

Finalmente, llegó a la capital.

Pero cuando llegó al puente al lado del Palacio Real, descubrió que estaba custodiado día y noche.

No tenía el coraje de ir a buscar el tesoro. Sin embargo, cada mañana volvía al puente y merodeaba por ahí hasta que anochecía.

Un día, el capitán de los guardias le preguntó:

—¿Por qué está usted aquí?

Isaac le contó el sueño. El capitán se rió.

—Mi pobre amigo —dijo—. ¡Qué lástima que gaste sus zapatos por un sueño! Escuche, si yo creyera en un sueño que tuve una vez, iría directamente a la ciudad de la que ha venido usted y buscaría un tesoro debajo de la estufa de la casa de un hombre llamado Isaac —Y volvió a reírse.

Isaac lo saludó con una reverencia y emprendió su camino de regreso a casa.

Atravesó montañas.

Cruzó bosques.

Algunas veces, alguien lo llevaba, pero la mayor parte del camino la hizo caminando.

Finalmente, llegó a su pueblo.

Cuando llegó a su casa, cavó debajo de su estufa y allí encontró el tesoro.

Como agradecimiento, construyó una casa de oración y en uno de sus rincones colocó la siguiente inscripción: *A veces uno debe viajar lejos para descubrir lo que tiene cerca.*

Isaac le envió al capitán de los guardias un rubí muy valioso. Vivió el resto de sus días con mucha felicidad y nunca volvió a ser pobre.

Comparar el texto

DE TEXTO A TEXTO

Comparar cuentos populares ¿En qué se parecen y en qué se diferencian *Los pájaros de la cosecha* y *El tesoro*? Escribe un párrafo que compare y contraste los mensajes de los dos cuentos. Proporciona detalles sobre los personajes, los entornos y las tramas para apoyar tus ideas.

EL TEXTO Y TÚ

Dar un discurso Imagina que eres Juan al final del cuento. ¿Qué le dirías a don Tobías sobre la forma en que te trató? Da un discurso a un compañero. Explica tus sentimientos.

EL TEXTO Y EL MUNDO

Conectar con las Ciencias Hubo un tiempo en que los narradores relataban cuentos a personas que se sentaban a escuchar. ¿Cómo cambiaron los inventos la manera en que se relatan los cuentos? ¿Qué nuevos inventos podrían cambiar cómo se relatarán los cuentos en el futuro? Explica tus ideas en un párrafo corto.

Aprende en línea

ESTÁNDARES COMUNES

RL.3.1 ask and answer questions to demonstrate understanding, referring to the text; **RL.3.2** recount stories and determine the message, lesson, or moral; **RL.3.3** describe characters and explain how their actions contribute to the sequence of events; **W.3.10** write routinely over extended time frames or short time frames; **SL.3.4** report on a topic or text, tell a story, or recount an experience/speak clearly at an understandable pace

Gramática

Usar comas Una **coma** indica dónde se debe hacer una pausa. Una coma también ayuda a aclarar el significado de una oración. Una **enumeración** es una lista de tres o más palabras seguidas en una oración. Usa comas para separar las palabras de una enumeración, menos la última. La última palabra de la enumeración va precedida de la conjunción *y* sin coma. También debes usar una coma entre el nombre de una ciudad y el de un estado. Si la oración continúa, debes agregar una coma después del estado.

Enumeración de sustantivos
Mark vio gaviotas, pelícanos y golondrinas de mar cerca de su casa.
Enumeración de verbos
Las aves bajaban en picada, se zambullían y remontaban vuelo.
Entre una ciudad y un estado
Mark vive en Atlanta, Georgia, y va a la escuela allí.

 **Inténtalo** | **Escribe las oraciones. Coloca las comas donde corresponda.**

1. Mike Jen y John trabajaban en el huerto de la escuela.

2. En el huerto había tomates cebollas pepinos y lechuga.

3. Los niños recogieron lavaron y comieron las verduras.

4. La escuela de los niños se encuentra en Dallas Texas.

Los buenos escritores combinan oraciones breves y cortadas para formar oraciones más largas y fluidas. Una manera de combinar oraciones breves y cortadas es unir palabras en una enumeración. Recuerda que tienes que poner *y* sin coma antes de la última palabra de la enumeración.

Oraciones breves y cortadas

Carlos cosechaba frijoles.

Carlos cosechaba maíz.

Carlos cosechaba calabacines.

Oración más larga y fluida

Carlos cosechaba frijoles, maíz y calabacines.

 Relacionar la gramática con la escritura

Mientras revisas tus párrafos de respuesta, busca maneras de combinar oraciones cortadas. Quizá puedas hacer una enumeración de verbos o sustantivos.

Escritura de opinión

☑ **Elección de palabras** En un **párrafo de respuesta,** escribes en respuesta a una selección de lectura y das tu opinión. Para comenzar, presenta la selección y enuncia tu opinión. Luego, explica tu opinión con razones y evidencia del texto. Usa palabras de enlace para unir tus razones con tus opiniones.

mi **Escritura genial**

Aprende en línea

Ben escribió algunos párrafos para responder a esta pregunta: *En* Los pájaros de la cosecha, *¿Juan tomó una buena decisión al visitar a Tata Chon?* Luego, agregó palabras de enlace para unir su opinión con sus razones.

Lista de control de la escritura

☑ **Ideas**
¿Incluí los sucesos más importantes y una oración de conclusión?

☑ **Organización**
¿Enuncié mi opinión y la apoyé con razones?

☑ **Elección de palabras**
¿Usé palabras de enlace?

☑ **Voz**
¿Logré demostrar lo que sentía?

☑ **Fluidez de las oraciones**
¿Escribí oraciones completas?

☑ **Convenciones**
¿Usé un diccionario para verificar la ortografía?

Borrador revisado

Al principio, parece que Tata Chon espera que Juan fracase. Dice que si Juan no obtiene una buena cosecha, tendrá que trabajar gratis. ⌃Sin embargo, Al final del cuento, Juan demuestra que es un buen campesino, y Tata Chon le da la parcela de tierra. Esto demuestra que Juan fue inteligente al pedirle porque el anciano es sabio y bueno ayuda a Tata Chon.⌃

Juan demuestra que es inteligente

por Ben Novak

En *Los pájaros de la cosecha* la decisión de Juan Zanate de visitar a Tata Chon es una muy inteligente. Juan cree que, como Tata Chon es la persona más anciana del puebo, le dará consejos muy útiles. El anciano no le da ningún consejo a Juan, pero le permite que use una parcela de tierra.

Al principio, parece que Tata Chon espera que Juan fracase. Dice que si Juan no obtiene una buena cosecha, tendrá que trabajar gratis. Sin embargo, al final del cuento, Juan demuestra que es un buen campesino, y Tata Chon le da la parcela de tierra. Esto demuestra que Juan fue inteligente al pedirle ayuda a Tata Chon porque el anciano es sabio y bueno.

Otra razón por la que Juan tomó una buena decisión es que ninguna de las otras personas del pueblo le creían. Si los hubiera escuchado, nunca habría aprendido a ser un buen campesino. En cambio, él creyó en sí mismo y les demostró que estaban equivocados.

Leer como escritor

¿Qué palabras de enlace usó Ben en sus párrafos? ¿Cómo fortalecen su opinión?

Usé palabras de enlace para unir mi opinión con detalles del cuento.

El hombre del kamishibai — Allen Say

La verdadera historia del kamishibai

☑ VOCABULARIO CLAVE

familiar
aplauso
desocupado
destartalado
borroso
retumbar
entrecortado
descortés

Librito de vocabulario

Tarjetas de contexto

Títeres, títeres y más títeres

ESTÁNDARES COMUNES

L.3.6 acquire and use conversational, general academic, and domain-specific words and phrases

314

---

1 familiar

Uno de los cuentos más familiares, o conocidos, es *La Cenicienta.*

2 aplauso

Al principio, los aplausos eran suaves. Luego, las palmadas sonaron más fuertes.

3 desocupado

Este viejo cine está desocupado. Ya nadie viene aquí a ver una película.

4 destartalado

Este teatro de títeres está destartalado, no es sólido, y puede desmoronarse.

Aprende en línea

▶ Estudia cada Tarjeta de contexto.

▶ Usa dos palabras del Vocabulario para contar una experiencia que tuviste.

5 **borroso**

Cuando lloras en una película, las imágenes se ven borrosas, o imprecisas.

6 **retumbar**

Este instrumento retumbó, o sonó alto, durante el concierto escolar.

7 **entrecortado**

Aquí el movimiento es entrecortado: continuamente para y vuelve a comenzar.

8 **descortés**

Estas personas hablan durante la película: son descorteses, o maleducadas.

El hombre del kamishibai

Allen Say

Leer y comprender

Aprende en línea

☑ DESTREZA CLAVE

Causa y efecto En un cuento como *El hombre del kamishibai,* algunos sucesos provocan que ocurran otros sucesos. Un suceso que hace que algo ocurra es una **causa.** El suceso que ocurre como resultado es un **efecto.**

Mientras lees *El hombre del kamishibai,* busca sucesos que estén relacionados. Piensa en cuáles sucesos son causas y cuáles son efectos. Usa un organizador gráfico como el siguiente para llevar un registro de las causas y sus efectos.

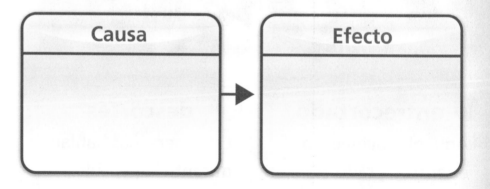

Causa	Efecto

☑ ESTRATEGIA CLAVE

Verificar/Aclarar Mientras lees, asegúrate de **verificar,** o prestar atención a las partes que no entiendas. Si no comprendes algo, vuelve a leer el texto para **aclararlo** o busca evidencia del texto para entenderlo.

ESTÁNDARES COMUNES

RL.3.1 ask and answer questions to demonstrate understanding, referring to the text; **RL.3.5** refer to parts of stories, dramas, and poems/ describe how each part builds on earlier sections

Artes escénicas

En todo el mundo, a las personas les encantan los cuentos y los narradores de cuentos. Algunos narradores los cuentan solo con palabras. Otros usan títeres. En Japón, kamishibai es el antiguo arte de narrar cuentos con grandes y bellas tarjetas de imágenes y un pequeño escenario. La palabra *kamishibai* significa "teatro de papel". El narrador de cuentos golpea dos tacos de madera para anunciar su llegada.

En *El hombre del kamishibai,* leerás sobre uno de esos narradores de cuentos. Descubrirás que la manera de contar cuentos puede cambiar a lo largo de los años, pero a las personas siempre les encantará escucharlos.

TEXTO PRINCIPAL

El hombre del kamishibai

Allen Say

✓ DESTREZA CLAVE

Causa y efecto Indica de qué manera un suceso lleva a que ocurra otro suceso y por qué.

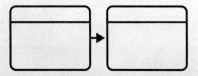

✓ GÉNERO

Una **ficción realista** es un cuento que relata sucesos que podrían ocurrir en la vida real. Mientras lees, busca:

► un entorno que podría ser un lugar de la vida real,

► personajes y sucesos realistas, y

► una trama con un comienzo, un desarrollo y un final.

ESTÁNDARES COMUNES   **RL.3.1** ask and answer questions to demonstrate understanding, referring to the text; **RL.3.5** refer to parts of stories, dramas, and poems/describe how each part builds on earlier sections; **RL.3.7** explain how illustrations contribute to the words; **RL.3.10** read and comprehend literature

CONOCE AL AUTOR E ILUSTRADOR

Allen Say

Si fueras de visita al estudio de arte de Allen Say, quizá lo encontrarías acostado en el piso. Así es como consigue sus mejores ideas. No tiene televisor y nunca escucha música cuando trabaja porque le gusta trabajar en completo silencio.

Cuando está creando un libro, Say pinta primero todas las imágenes en orden. Después escribe las palabras. Su libro *Grandfather's Journey* (El viaje del abuelo) recibió el premio Caldecott Medal a las mejores ilustraciones.

Aprende en línea

EL HOMBRE DEL KAMISHIBAI

por Allen Say

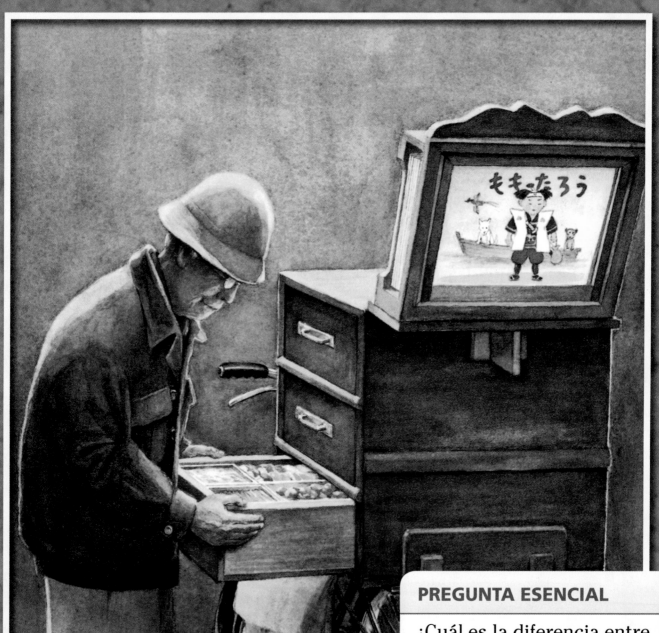

PREGUNTA ESENCIAL

¿Cuál es la diferencia entre una interpretación en vivo y otros tipos de entretenimiento?

No hace mucho tiempo en Japón, en una pequeña casa en una colina, vivían un anciano y su esposa. Aunque nunca tuvieron hijos, se llamaban uno al otro *Jiichan* y *Baachan*. *Jiichan* quiere decir "abuelo" en japonés, y *Baachan*, "abuela".

Un día, Baachan dijo a su esposo:

—Jiichan, no has dicho una sola palabra en tres días.

—Eh . . . es que he estado pensando en lo mucho que extraño mis rondas —dijo él.

Baachan lo miró fijamente.

—¿Hace cuántos años ya? —le preguntó.

—Eh… sí, hace bastante tiempo, pero mis piernas están sanas. Y he mantenido la bicicleta en buenas condiciones.

—No sé. Un solo día no hará daño, supongo. ¿Preparo unos caramelos?

—Eso me encantaría —contestó Jiichan.

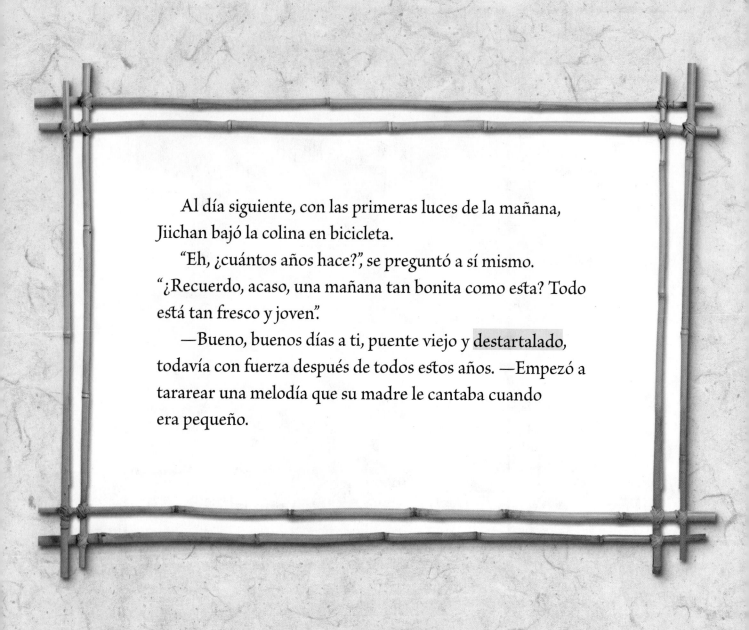

Al día siguiente, con las primeras luces de la mañana, Jiichan bajó la colina en bicicleta.

"Eh, ¿cuántos años hace?", se preguntó a sí mismo. "¿Recuerdo, acaso, una mañana tan bonita como esta? Todo está tan fresco y joven".

—Bueno, buenos días a ti, puente viejo y destartalado, todavía con fuerza después de todos estos años. —Empezó a tararear una melodía que su madre le cantaba cuando era pequeño.

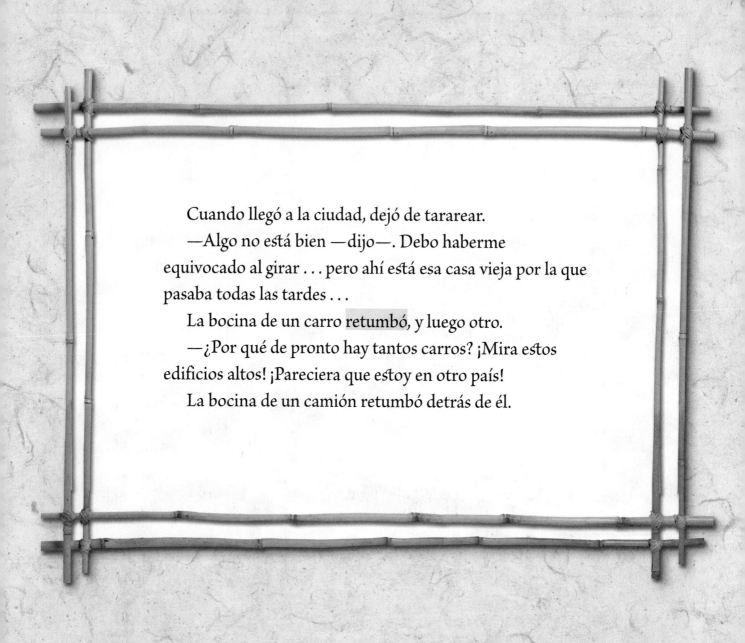

Cuando llegó a la ciudad, dejó de tararear.

—Algo no está bien —dijo—. Debo haberme equivocado al girar . . . pero ahí está esa casa vieja por la que pasaba todas las tardes . . .

La bocina de un carro retumbó, y luego otro.

—¿Por qué de pronto hay tantos carros? ¡Mira estos edificios altos! ¡Pareciera que estoy en otro país!

La bocina de un camión retumbó detrás de él.

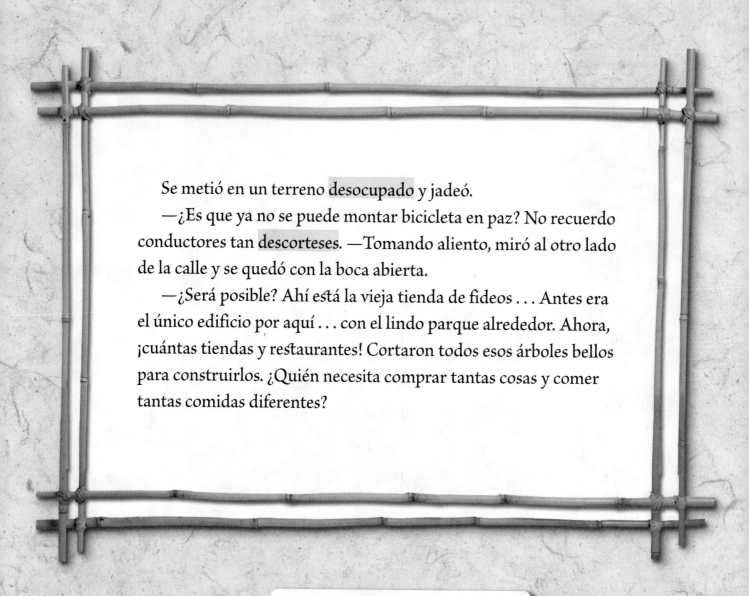

Se metió en un terreno desocupado y jadeó.

—¿Es que ya no se puede montar bicicleta en paz? No recuerdo conductores tan descorteses. —Tomando aliento, miró al otro lado de la calle y se quedó con la boca abierta.

—¿Será posible? Ahí está la vieja tienda de fideos . . . Antes era el único edificio por aquí . . . con el lindo parque alrededor. Ahora, ¡cuántas tiendas y restaurantes! Cortaron todos esos árboles bellos para construirlos. ¿Quién necesita comprar tantas cosas y comer tantas comidas diferentes?

ANALIZAR EL TEXTO

Causa y efecto La ciudad creció, causando más tráfico. ¿Qué otro resultado, o efecto, tiene el que la ciudad sea más grande y bulliciosa?

327

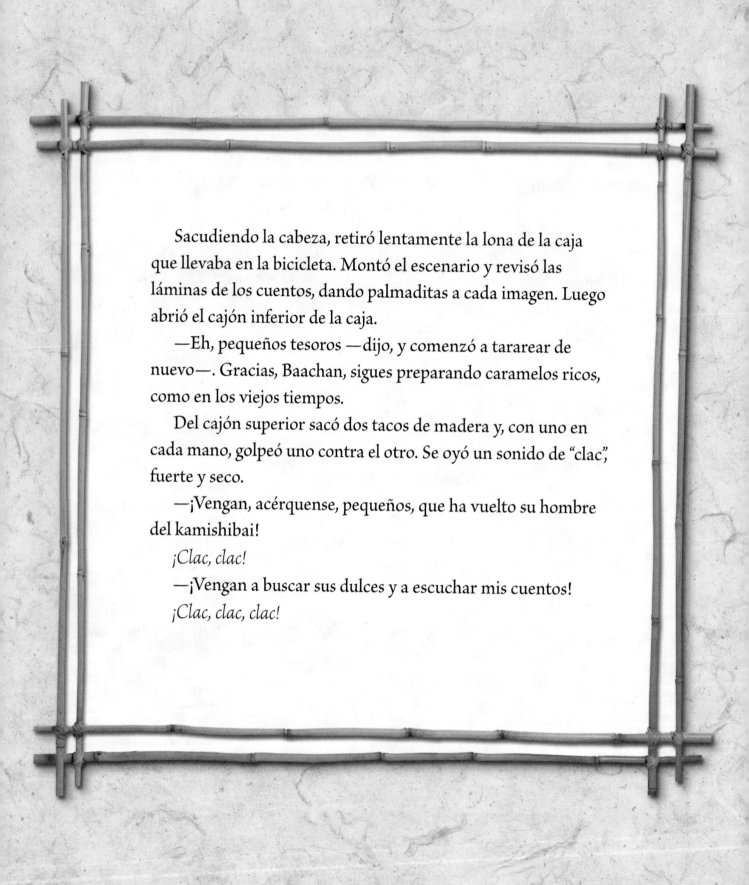

Sacudiendo la cabeza, retiró lentamente la lona de la caja que llevaba en la bicicleta. Montó el escenario y revisó las láminas de los cuentos, dando palmaditas a cada imagen. Luego abrió el cajón inferior de la caja.

—Eh, pequeños tesoros —dijo, y comenzó a tararear de nuevo—. Gracias, Baachan, sigues preparando caramelos ricos, como en los viejos tiempos.

Del cajón superior sacó dos tacos de madera y, con uno en cada mano, golpeó uno contra el otro. Se oyó un sonido de "clac", fuerte y seco.

—¡Vengan, acérquense, pequeños, que ha vuelto su hombre del kamishibai!

¡Clac, clac!

—¡Vengan a buscar sus dulces y a escuchar mis cuentos!

¡Clac, clac, clac!

—Ah, sí, ya los veo, con sus caras radiantes, sosteniendo monedas en sus pequeñas manos, tan felices de oír mis tacos, ¡tan felices de ver a su hombre del kamishibai!

¡Paciencia, chiquillos! Tendrán sus dulces, hay para todos; tengo todos sus favoritos: rojos, verdes y los suaves dulces en palito. Y ahí viene ese niño, el que nunca tiene dinero . . . Eh, ya me ocuparé de él más tarde.

—Bien, ¿qué cuento quieren que les cuente hoy? ¡*El poderoso Niño Durazno*! ¡Nacido de un durazno gigante! Pero esperen, empecemos desde el principio, eh . . . Hace mucho, mucho tiempo, vivían un viejo y su esposa, que no tenían hijos . . .

—Después de *El niño durazno*, *La princesa bambú* era un buen cambio, un cuento tierno. Y luego mi favorito: *El anciano que hacía florecer los cerezos*. Y cuando terminaba, todos se iban a casa felices, excepto aquel niño pobre. "¿Quieres un caramelo?", le pregunté una vez. Él me dijo: "¡No me gustan los caramelos!", y salió corriendo.

—Entonces una noche regresaba a casa cuando vi a muchísima gente reunida frente a una tienda. Todos miraban fijamente algo llamado "televisión". Yo también sentí curiosidad, pero no por mucho tiempo. Se veían imágenes en movimiento, pero eran entrecortadas y borrosas, y no tenían colores.

—No pasó mucho tiempo, y las antenas de televisión empezaron a brotar de los techos, como la mala hierba en primavera. Y cuantas más aparecían, menos niños y niñas salían a oír mis cuentos.

"¿Cómo les pueden gustar más esas imágenes borrosas que mis hermosas láminas?", me preguntaba. Pero no había nada que hacer. Cuando pasaba por los vecindarios que me eran familiares, los niños empezaron a actuar como si ya no me conocieran.

—Aun así, continué haciendo sonar mis tacos y, un día, una chiquilla sacó la cabeza por la ventana y me mandó a callar. Imaginen, una chiquilla mandándome a callar. ¡El hombre del kamishibai estaba haciendo demasiado ruido!

"Me senté en un banco del parque y me comí un caramelo por almuerzo. ¿Cómo podía el mundo cambiar tan rápidamente? ¿Era yo un mal narrador de cuentos? Entonces apareció aquel niño al que no le gustaban los caramelos. "¿Por qué no estás viendo televisión?", le pregunté. "¡No me gusta la televisión!", dijo. "Pero sí te gustan mis cuentos", le dije, y él asintió con su cabecita.

—Me levanté y monté el escenario. "¿Cuál es tu cuento favorito?", le pregunté. "*Pulgarcito*", contestó. Así que le conté el cuento de un valiente niñito que solo medía una pulgada. Y mientras le contaba el cuento, el niño no miró nunca las tarjetas de imágenes en el escenario. Me miraba a mí todo el tiempo, con la boca abierta. Incluso, de vez en cuando sonreía.

—Cuando terminé el cuento, empecé a sacar unos dulces para darle, pero él ya se alejaba corriendo. "¡Espera!", le grité, pero siguió corriendo y no volteó la cabeza. Esa fue la última vez que vi a ese niño. Ese fue el último día en que fui un hombre del kamishibai.

ANALIZAR EL TEXTO

Analizar las ilustraciones Lee el texto y observa la ilustración. ¿De qué manera funcionan las dos partes para establecer el estado de ánimo?

—¡Ese niño era yo! —gritó una voz fuerte.

Sorprendido, el hombre del kamishibai levantó la mirada y vio que una gran multitud se había reunido delante de él.

—¡Crecimos con sus historias! —gritó otro.

—¡Cuéntenos *Pulgarcito* otra vez!

—¡Y *La princesa bambú*!

—¡*El niño durazno*!

Empezó a decir algo, y empezaron los aplausos. Hizo una gran reverencia, y la gente aplaudió más fuerte.

Un hombre joven con una cámara de video se acercó con dificultad hasta él. Ambos se hicieron una reverencia, y cuando el anciano le dio un caramelo, se armó un gran revuelo.

—¡Miren, todavía tiene los mismos caramelos!

—¡Como en los viejos tiempos!

Y los oficinistas, dependientes de tiendas, banqueros, camareras, amas de casa y repartidores, todos formaron un gran círculo alrededor del hombre del kamishibai.

Cuando llegó a casa, ya estaba oscuro. Baachan veía el noticiero de la noche. La noticia principal era sobre el hombre del kamishibai.

—Veo que has tenido un día ocupado —dijo ella.

—Ha sido un buen día —asintió Jiichan.

—¿Vas a salir mañana?

—Eh, sí. Y pasado mañana.

—Entonces necesitarás más dulces.

—Eso sería muy bueno. Eh, ¿podrías hacer el doble de la cantidad normal?

—Veré si me alcanza el azúcar —dijo ella, y apagó el televisor.

Ahora analiza

Cómo analizar el texto

Usa estas páginas para aprender acerca de Causa y efecto, y Analizar las ilustraciones. Luego, vuelve a leer *El hombre del kamishibai* para aplicar lo que has aprendido.

Causa y efecto

Una ficción realista como *El hombre del kamishibai* cuenta una historia. En una historia, a menudo un suceso hace que ocurra otro suceso. El primer suceso es la **causa**. El suceso que ocurre como resultado es el **efecto**.

Podrás comprender y disfrutar más de un cuento si reconoces las causas y los efectos. Estos te ayudarán a ver por qué suceden las cosas en el cuento.

Vuelve a leer la página 324 de *El hombre del kamishibai*. En esta página, leíste que Jiichan se siente perdido en la ciudad. Busca evidencia que muestre por qué se siente de esta manera. ¿Cuáles son las causas por las que se siente perdido?

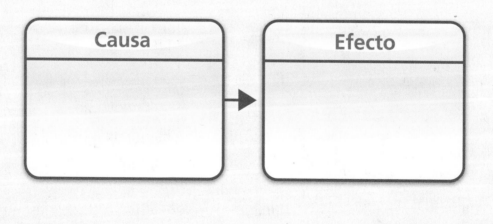

Causa	Efecto

ESTÁNDARES COMUNES **RL.3.1** ask and answer questions to demonstrate understanding, referring to the text; **RL.3.5** refer to parts of stories, dramas, and poems/describe how each part builds on earlier sections; **RL.3.7** explain how illustrations contribute to the words

Aprende en línea

Analizar las ilustraciones

Las ilustraciones muestran los sucesos de un cuento, pero pueden hacer también algo más. Una ilustración puede crear un **estado de ánimo**, o sentimiento, que te ayude a comprender lo que está sucediendo en el cuento. Puede mostrarte algo sobre un personaje o sobre el entorno.

Observa la ilustración de la página 323. Puedes ver la hermosa campiña japonesa donde vive Jiichan. El anciano está solo, pedaleando su bicicleta. ¿Cómo te hace sentir esta ilustración? ¿Qué puedes aprender de ella que las palabras por sí solas no expresan?

Es tu turno

mi
Escritura genial

Turnarse y comentar Repasa el cuento con un compañero y prepárate para comentar esta pregunta: *¿Cuál es la diferencia entre una interpretación en vivo y otros tipos de entretenimiento?* Mientras comentas la pregunta, túrnate con tu compañero para repasar y explicar las ideas clave. Incluye evidencia del texto en tu discusión.

Comentar en la clase

Para continuar comentando *El hombre del kamishibai,* explica tus repuestas a estas preguntas:

1 ¿Por qué crees que Jiichan decide volver a sus rondas después de tantos años?

2 ¿Por qué las personas hace muchos años prefirieron la televisión al kamishibai?

3 ¿Cuál es el mensaje del autor en *El hombre del kamishibai?*

ESCRIBE SOBRE LO QUE LEÍSTE

Respuesta En *El hombre del kamishibai,* Jiichan observa cuánto cambió la ciudad desde la última vez que la visitó. Ahora hay muchos carros, edificios altos y personas apuradas. ¿Cómo crees que estos cambios hicieron sentir a Jiichan? ¿Cómo te harían sentir a ti? Escribe un párrafo que cuente tus pensamientos.

Sugerencia para la escritura

Comienza tu párrafo planteando el tema principal. Luego, expresa tu opinión y las razones por las cuales te sientes de esa manera. Termina tu párrafo con una oración de conclusión que resuma tus ideas.

RL.3.1 ask and answer questions to demonstrate understanding, referring to the text; **W.3.1a** introduce the topic, state an opinion, and create an organizational structure; **W.3.1b** provide reasons that support the opinion; **W.3.1d** provide a concluding statement or section; **SL.3.1a** come to discussions prepared/explicitly draw on preparation and other information about the topic; **SL.3.1d** explain own ideas and understanding in light of the discussion

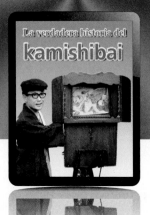

La verdadera historia del kamishibai

por Elizabeth Manning

Tableteo de tacos

Hace mucho tiempo en Japón, los hombres del kamishibai iban en bicicletas con cajas de madera en la parte de atrás. Cada hombre estacionaba su bicicleta destartalada en su propia sección especial del pueblo. Al oír el sonido de dos tacos de madera que tableteaban uno contra el otro, los niños venían corriendo. Compraban los dulces que el hombre guardaba en un cajón de la caja de madera. Luego, esperaban.

Hikaru Otsuki, artista del kamishibai, actúa en un parque de Tokio, Japón.

Cuentos en la calle

El hombre del kamishibai ponía una tarjeta ilustrada en el marco que estaba en la parte superior de la caja. Empezaba a contar un cuento familiar. Una a una, insertaba y sacaba las ilustraciones. El paso de una a la siguiente era suave, no entrecortado. En caso de que su memoria fuera borrosa, en la parte de atrás de cada ilustración estaban escritas partes del cuento. Los narradores del kamishibai siempre se detenían en una parte emocionante. Los niños volvían otro día para oír lo que sucedía a continuación. Recibían el final del cuento con un aplauso.

¿Qué sucedió a continuación?

En la década de 1960, algo cambió: los niños se quedaban dentro de sus casas después de clases, dejando desocupadas las calles. Las ilustraciones de papel no podían competir con los cuentos que se mostraban en un invento nuevo llamado "televisión". El ruido de los televisores retumbaba desde las casas, y el sonido de dos tacos de madera que tableteaban uno contra el otro era, ahora, una interrupción descortés. ¿Se habían terminado los días del kamishibai?

Fotografías de ilustraciones de la década de 1940.

Un capítulo nuevo

Algunos artistas del kamishibai encontraron trabajo haciendo otro tipo de ilustraciones. Dibujaban para las nuevas tiras cómicas japonesas, llamadas *manga*. Algunas de sus tiras cómicas se hicieron películas de dibujos animados, llamadas *anime*. Hoy en día se leen y se ven mangas y animes en todo el mundo.

Los niños todavía pueden escuchar los antiguos cuentos del teatro de papel. Los narradores de cuentos han llevado el kamishibai a escuelas y bibliotecas de Japón y Estados Unidos. Este teatro de papel no llega en la parte trasera de una bicicleta, ¡pero los cuentos y las ilustraciones siguen siendo maravillosos!

Comparar el texto

DE TEXTO A TEXTO

Comparar la información Piensa en Jiichan, de *El hombre del kamishibai.* ¿En qué se parece al hombre del kamishibai verdadero que se describe en *La verdadera historia del kamishibai*? ¿En qué se diferencia? Comenta tus ideas con un compañero. Usa información de ambos textos. Enumera las semejanzas y las diferencias que halles.

EL TEXTO Y TÚ

Contar un cuento Elige uno de tus cuentos favoritos. Haz dibujos para ilustrar el cuento. Luego, cuéntalo al estilo kamishibai a un grupo pequeño de estudiantes de tu clase.

EL TEXTO Y EL MUNDO

Aplicar las características de los personajes
Repasa *Los pájaros de la cosecha* de la Lección 8 con un compañero. Luego, imagina que Jiichan de *El hombre del kamishibai* conoce a Tata Chon de *Los pájaros de la cosecha*. ¿Se harían amigos? ¿Por qué? Usa evidencia de los cuentos para explicarlo.

Aprende en línea

ESTÁNDARES COMUNES

RL.3.1 ask and answer questions to demonstrate understanding, referring to the text; **RL.3.2** recount stories and determine the message, lesson or moral; **RI.3.1** ask and answer questions to demonstrate understanding, referring to the text; **RI.3.9** compare and contrast important points and details in texts on the same topic; **SL.3.4** report on a topic or text, tell a story, or recount an experience/speak clearly at an understandable pace

Gramática

Aprende en línea

Sustantivos abstractos Ya sabes que un sustantivo nombra a una persona, un animal, un lugar o una cosa. Un **sustantivo abstracto** es una clase especial de sustantivo. Nombra una idea, un sentimiento o una cualidad. Los sustantivos abstractos son cosas que las personas no pueden ver, oír, saborear, oler ni tocar. Todos los demás sustantivos son sustantivos concretos.

	bicicleta	valentía	alimentos	paz
¿Puedo verlo?	√		√	
¿Puedo oírlo?	√			
¿Puedo saborearlo?			√	
¿Puedo olerlo?			√	
¿Puedo tocarlo?	√		√	
¿Qué tipo de sustantivo es?	concreto	abstracto	concreto	abstracto

 **Inténtalo** **Trabaja con un compañero. Indica si cada uno de los sustantivos subrayados es abstracto o concreto y explica por qué.**

1 El narrador de cuentos estaba lleno de tristeza.

2 Tenía muchos recuerdos felices.

3 Sus cuentos trajeron un montón de alegría a los niños.

Usa sustantivos precisos para hacer que tu escritura sea más clara e interesante. Algunos sustantivos tienen significados parecidos. Cuando elijas el sustantivo que tiene el significado más preciso para lo que quieres escribir, tu escritura será mejor.

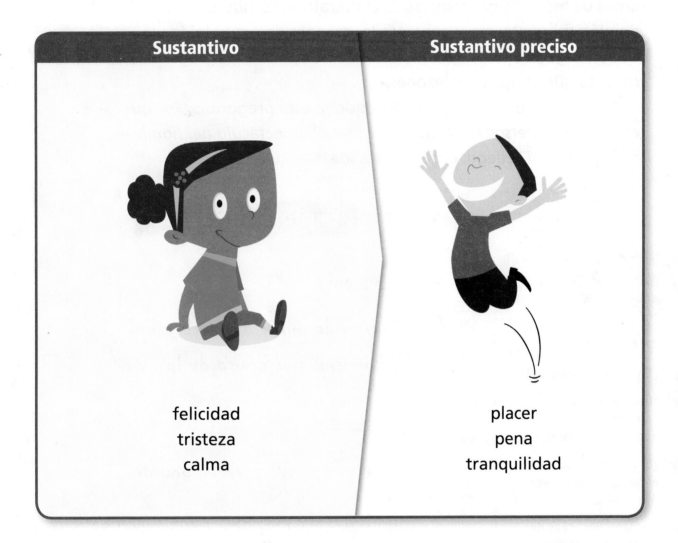

Sustantivo	Sustantivo preciso
felicidad	placer
tristeza	pena
calma	tranquilidad

 ## Relacionar la gramática con la escritura

Mientras revisas tu respuesta a la literatura la semana próxima, observa detenidamente los sustantivos que usaste. ¿Hay algún sustantivo más preciso que pudiera aclarar lo que quisiste decir?

Escritura de opinión

Taller de lectoescritura: Preparación para la escritura

☑ **Organización** Los buenos escritores piensan en sus ideas antes de escribir una **respuesta a la literatura.** Escribe tu opinión sobre el texto y enumera las razones de esa opinión. Luego, organiza tus ideas en una tabla de opinión, y agrega detalles que apoyen tus razones.

Héctor escribió notas para responder a esta pregunta: *¿Por qué crees que las personas dejaron de mirar el espectáculo del hombre del kamishibai?* Luego, organizó sus ideas en una tabla.

Lista de control del proceso de escritura

▶ **Preparación para la escritura**

☑ ¿Entendí la pregunta?

☑ ¿Pensé en razones convincentes para apoyar mi opinión?

☑ ¿Encontré detalles en el cuento que apoyen mis razones?

☑ ¿Ordené mis ideas de un modo que tengan sentido?

Hacer un borrador

Revisar

Corregir

Publicar y compartir

Explorar un tema

Mi opinión

dejaron de mirar al hombre del
  kamishibai a causa de la TV

Razones

la TV era nueva y emocionante

montones de personas compraron
  televisores

personas en su casa mirando TV

Tabla de opinión

Creo que las personas dejaron de mirar el espectáculo del hombre del kamishibai a causa de la televisión.

Razón:	Los habitantes del pueblo de Jiichan estaban entusiasmados con este invento nuevo.
Detalle:	Las multitudes se reunían para mirar un televisor en el escaparate de una tienda.

Razón:	Cada vez más personas del pueblo compraron sus propios aparatos de televisión.
Detalle:	Jiichan vio aparecer antenas en los techos de las casas.

Razón:	Las personas miraban televisión en lugar de los espectáculos de kamishibai.
Detalle:	Una niña le dijo que se callara.

Leer como escritor

¿Qué otros detalles del cuento podría haber agregado Héctor en su tabla? ¿Dónde podrías agregar detalles y ejemplos en tu propia tabla?

Cuando organicé mi respuesta a la literatura, agregué detalles para apoyar mis razones. Usaré esta estructura para organizar mi borrador.

☑ VOCABULARIO CLAVE

invento
experimento
laboratorio
genio
artefacto
eléctrico
señal
ocasional

Librito de vocabulario	Tarjetas de contexto

ESTÁNDARES COMUNES **L.3.6** acquire and use conversational, general academic, and domain-specific words and phrases

Vocabulario en contexto

1 invento

La bombilla eléctrica fue un **invento** que permitió que las personas trabajaran de noche.

2 experimento

Un inventor primero hace un **experimento** para poner a prueba una idea.

3 laboratorio

Los científicos deben probar sus ideas primero en un **laboratorio**.

4 genio

Einstein era un **genio**. ¡Incluso a las personas muy inteligentes les gusta divertirse!

Aprende en línea

▶ Estudia cada Tarjeta de contexto.

▶ Haz una pregunta usando una palabra del Vocabulario.

5 **artefacto**

Un artefacto pequeño, como este reloj, puede ser difícil de reparar.

6 **eléctrico**

El ventilador eléctrico es un invento que nos ayuda a estar frescos cuando hace calor.

7 **señal**

La luz roja es una señal para detenerse. Este invento salva vidas.

8 **ocasional**

Un buen invento tiene problemas ocasionales. Funciona bien la mayor parte del tiempo.

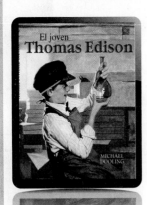

Leer y comprender

 Aprende en línea

☑ DESTREZA CLAVE

Ideas principales y detalles En la escritura de no ficción, como una biografía, el autor incluye varias ideas importantes sobre el tema. Cada una de estas ideas importantes es una **idea principal.** Los **detalles** de apoyo son datos y ejemplos que ayudan a explicar la idea principal. Mientras lees *El joven Thomas Edison*, usa una tabla como esta para anotar detalles que apoyen la idea principal.

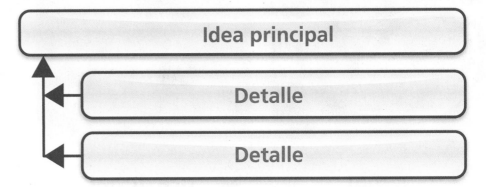

Idea principal

Detalle

Detalle

☑ ESTRATEGIA CLAVE

Resumir Mientras lees *El joven Thomas Edison*, puedes **resumir,** o volver a contar, los sucesos importantes de la vida de Edison.

 ESTÁNDARES COMUNES

RI.3.2 determine the main idea/recount details and explain how they support the main idea

Inventos

Todos los días usamos inventos. Inventos como la bicicleta o el carro transportan a las personas. Inventos como el teléfono y la computadora ayudan a las personas a comunicarse. Incluso los lápices, los creyones y el papel son inventos. ¿De dónde salen los inventos? Salen de las personas que observan con atención, ven un problema y piensan en una manera de resolverlo. Estas personas son inventores.

En *El joven Thomas Edison,* leerás sobre uno de los inventores más importantes de todos los tiempos. Descubrirás que sus inventos no siempre funcionaron la primera vez que los probó. ¿Cuántas veces hizo el intento sin rendirse?

TEXTO PRINCIPAL

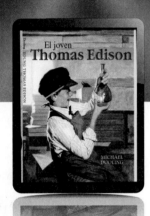

☑ DESTREZA CLAVE

Ideas principales y detalles Piensa en la idea más importante de una sección del texto. Busca detalles que te den más información sobre la idea principal.

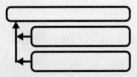

☑ GÉNERO

Una **biografía** cuenta la vida de una persona, pero está escrita por otra persona. Mientras lees, busca:

▶ información sobre por qué la persona es importante,

▶ los sucesos en orden y

▶ opiniones basadas en hechos.

RI.3.2 determine the main idea/recount details and explain how they support the main idea; **RI.3.3** describe the relationship between a series of historical events/scientific ideas/steps in technical procedures; **RI.3.8** describe the connection between sentences and paragraphs in a text

CONOCE AL AUTOR E ILUSTRADOR
Michael Dooling

Cuando investigaba para escribir su libro sobre Thomas Edison, Michael Dooling viajó mucho: fue a la ciudad natal de Edison, en Ohio, y a la estación de trenes en Michigan donde Edison trabajó de niño; también visitó un museo en Nueva Jersey que alberga muchos de los sorprendentes inventos de Edison.

Dooling disfruta haciendo que la historia cobre vida ante los estudiantes. Si alguna vez visita tu escuela, es muy probable que se presente vestido como Paul Revere.

Aprende en línea

El joven
Thomas Edison

por
Michael
Dooling

PREGUNTA ESENCIAL

¿Qué características importantes tiene que tener un inventor?

Thomas Alva Edison nació en una pequeña casa en Milan, Ohio, el 11 de febrero de 1847, hijo de Samuel y Nancy Edison. Era el menor de siete hermanos.

Thomas, a quien su familia llamaba "pequeño Al", vivió en una época muy diferente de la nuestra: no existía la luz eléctrica, ni el teléfono, ni la radio, ni el reproductor de CD, ni siquiera una sala de cine.

q — — — . —

truths are easy to understand
once they are discovered, the
point is to discover
them."
— Galileo

3.14159

9.6485 × 10⁴

electricity

S = a

$F = k \cdot \frac{Q_1 \cdot Q_2}{r^2}$

$c \frac{dv}{dt}$ a

$V = 0 \, m/s$

objects at rest
stay at res

Ni = Nickel

P = Phosph
geolo

A Thomas le encantaba experimentar. En 1856, a la edad de nueve años, convirtió el sótano de su casa en un laboratorio, con tubos de ensayo, vasos de precipitados y cualquier sustancia química que pudiera comprar. Reinaba un desorden total, con botellas por todas partes. El joven Al mezclaba una sustancia química tras otra, a veces siguiendo los experimentos de su libro de química, y a veces no.

—Un poco de esto y un poco de aquello —solía murmurar.

Su madre siempre lo animaba a hacer preguntas, y él las hacía. ¿Qué es esto? ¿Por qué sucede eso? ¿Cómo sucede?

ANALIZAR EL TEXTO

Ideas principales y detalles Identifica la idea principal en el primer párrafo de esta página, y los detalles que la apoyan.

Un brote de escarlatina dejó a Al con problemas de oído, lo cual dificultaba su trabajo escolar. Aunque Al hacía muchas preguntas en casa, no hacía ninguna en el colegio. Ahí más bien pasaba su tiempo soñando despierto con su próximo experimento.

La madre de Al, que había sido maestra, lo sacó del colegio después de solo tres meses. De ahí en adelante, ella le enseñó en casa, y se aseguró de que su hijo recibiera una educación excelente. Él leía a Shakespeare, la Biblia, libros de historia y mucho más. Durante los años siguientes también estudió a los grandes inventores, como Galileo.

A los doce años, el joven Al decidió buscar trabajo. Necesitaba dinero para continuar con sus experimentos, así que comenzó a trabajar como vendedor de periódicos en el tren que iba de Port Huron, donde vivían ahora los Edison, a Detroit, Michigan. Cada mañana, Al vendía periódicos desde las 7 a. m. hasta las 10 a. m.

Luego pasaba todo el día en la biblioteca de Detroit, leyendo sobre su próximo experimento y soñando con él. Su plan era leer todos los libros de la biblioteca, comenzando con el último del estante y terminando con el primero. De noche tomaba el tren a casa, y vendía periódicos de nuevo.

Con el tiempo, y con el permiso del conductor, Al montó un laboratorio en el vagón de equipaje del tren. Pronto, el joven científico experimentaba con todo: sustancias químicas, aparatos, tubos de ensayo, vasos de precipitados, y cuanto chisme consiguiera.

Todo iba muy bien hasta un día en que el tren dio una sacudida repentina. Las botellas, libros, periódicos, caramelos y frutas salieron volando, junto con Al. Una botella de fósforo estalló en llamas. Al corrió a apagar las llamas, pero se propagaron demasiado rápido. Pronto entró a toda prisa el cobrador, enfurecido. En la siguiente parada el cobrador botó del tren todas las cosas de Al, ¡incluso al propio Al!

Al nunca se había sentido tan decepcionado en toda su vida. Se fue a casa e instaló su laboratorio de nuevo, alentado por su madre. Siguió experimentando y jugueteando con cuanto artefacto cayera en sus manos. Por lo general sus experimentos no funcionaban, pero él seguía intentándolo.

Al poco tiempo, Al tenía otro trabajo. Era "telegrafista nocturno", un operador del telégrafo del ferrocarril en Stratford Junction, en Canadá. Había mucho que aprender. Durante semanas, absorbió toda la información que pudo sobre la telegrafía.

Al aprendió el código morse y mucho más. Trabajaba durante el turno de 7 p. m. a 7 a. m., a menudo durmiendo en la propia estación. También montó su laboratorio en el cuarto de atrás de la estación, para poder experimentar en sus horas de descanso. Aparte de alguna que otra explosión ocasional, la vida para él era estupenda.

ANALIZAR EL TEXTO

Secuencia de sucesos ¿Qué sucesos de la vida de Al lo alentaron hasta ahora a seguir experimentando? A medida que leas, observa cómo los sucesos se combinan para dar forma a su vida.

Una de las tareas de Al como operador consistía en enviar la señal "6", cada hora a la hora en punto, para demostrar al despachador de la siguiente estación que estaba despierto. Pero a veces las largas horas podían más que él, y se quedaba dormido, así que el científico que llevaba dentro tuvo una idea: pronto Al inventó un mecanismo que conectaba el telégrafo a un reloj. Cuando daba la hora, el minutero del reloj enviaba por él el mensaje "6". Fue un momento de puro genio que pronto provocó su despido, cuando su jefe descubrió que dormía durante su trabajo.

 Durante los cinco años siguientes, el joven Edison
viajó por todo el Sur y el Medio Oeste, pasando de
un trabajo de telegrafista a otro. Siguió intentando
encontrar maneras de mejorar el funcionamiento del
telégrafo. A los veintiún años se hizo camino hasta
Boston, Massachusetts, y comenzó a usar su primer
nombre, Thomas. Decidió que sería un inventor, y
montó un laboratorio nuevo. Quería aprender todo lo
que pudiera sobre las fuerzas eléctricas. Su primer
invento patentado fue el *Registrador eléctrico de votos*.
Desafortunadamente, al Congreso no le gustó su
invento y no lo pudo vender.

Con el paso de los años, el oído de Thomas había empeorado. Ya estaba prácticamente sordo, pero eso no perjudicaba su capacidad creativa. De hecho, él pensaba que incluso lo ayudaba a concentrarse, porque los ruidos no lo distraían: la sordera creaba para él una soledad en la que podía aislarse del resto del mundo y pensar.

En 1869, Thomas se mudó a la ciudad de Nueva York y luego estableció su laboratorio en Newark, Nueva Jersey. Y entonces llegaron malas noticias de su casa: su madre había muerto, lo cual entristeció profundamente a Thomas, que ya tenía veinticuatro años. Durante mucho tiempo no pudo ni siquiera hablar de ella. Extrañaba sus cartas, sus consejos y el ánimo que le daba. Le debía todo a su madre.

En 1876, Thomas trasladó su laboratorio a Menlo Park, Nueva Jersey. Inventó el *transmisor de carbono*, que amplificaba la voz humana e hizo posible el desarrollo del teléfono y del micrófono. También inventó una máquina que hablaba: el *fonógrafo*. Poco después, Thomas inventó una *bombilla eléctrica*. También descubrió el principio de las ondas sonoras, y esto hizo posible el desarrollo de la radio. En 1887 trasladó su laboratorio a West Orange, Nueva Jersey, donde desarrolló las *imágenes en movimiento* y muchas cosas más. En un momento dado tenía a 250 personas trabajando bajo sus órdenes y 45 inventos en marcha.

1847-1931

Salían de su laboratorio tantos inventos increíbles y extraños que la gente comenzó a llamar a Thomas "el Mago". Vivió hasta los ochenta y cuatro años de edad y llegó a patentar 1,093 inventos. Thomas siempre recordaba las palabras de su madre, animándolo a hacer preguntas: ¿Qué es esto? ¿Por qué sucede eso? ¿Cómo sucede?

Ahora analiza

Cómo analizar el texto

Usa estas páginas para aprender acerca de Ideas principales y detalles, y Secuencia de sucesos. Luego, vuelve a leer *El joven Thomas Edison* para aplicar lo que has aprendido.

Ideas principales y detalles

Una biografía como *El joven Thomas Edison* cuenta la vida de una persona. Esta información nos lleva a lo más importante sobre la persona. Esta es la **idea principal** de la biografía.

Los **detalles** más importantes de una biografía apoyan, o dan más información sobre, la idea principal. Te ayudan a comprender por qué la persona fue importante.

Vuelve a la página 364 de *El joven Thomas Edison*. Léela para hallar la idea principal. Busca detalles que apoyen la idea principal. Mientras sigues leyendo, presta atención a las grandes ideas.

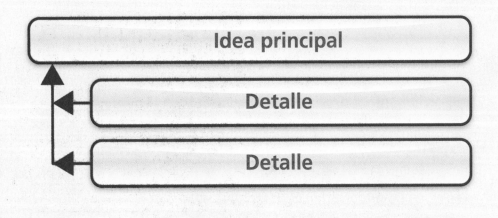

Idea principal

Detalle

Detalle

RI.3.2 determine the main idea/recount details and explain how they support the main idea; **RI.3.3** describe the relationship between a series of historical events/scientific ideas/steps in technical procedures; **RI.3.8** describe the connection between sentences and paragraphs in a text

Aprende en línea

Secuencia de sucesos

El autor de una biografía generalmente cuenta los sucesos de la vida de una persona en orden, o **secuencia.** Lees sobre la niñez de una persona, sobre su juventud y luego sobre su vida adulta.

En *El joven Thomas Edison,* el autor primero cuenta los sucesos de la niñez de Edison. Luego, lees cómo estos sucesos lo llevaron a convertirse en un gran inventor. Observa cómo el autor construye el cuento de un párrafo al siguiente.

Es tu turno

REPASAR LA PREGUNTA ESENCIAL

Turnarse y comentar Repasa la selección con un compañero y prepárate para comentar esta pregunta: *¿Qué características importantes tiene que tener un inventor?* Mientras comentas la pregunta, piensa en la idea principal que quieres que comprenda tu compañero. Apoya tus ideas con evidencia de la selección.

 Comentar en la clase

Ahora comenta estas preguntas con la clase.

1. ¿Cuáles son algunas de las maneras en que Thomas Edison aprendió sobre el mundo que lo rodeaba?

2. ¿En qué se parece o en qué se diferencia la educación de Edison de la tuya?

3. ¿Crees que "el Mago" era un buen apodo para Edison? ¿Por qué?

ESCRIBE SOBRE LO QUE LEÍSTE

El joven
Thomas Edison

MICHAEL DOOLING

Respuesta ¿Cuál de los inventos de Thomas Edison crees que fue el más importante? Piensa en cómo sería la vida sin ese invento. Escribe tu opinión sobre el invento. Incluye detalles que describan el invento y da tus razones de por qué fue tan importante.

Sugerencia para la escritura

Da al menos tres razones convincentes para apoyar tu opinión. Usa frases de enlace como *por una parte* y *por otra parte*. Reserva la razón más importante para el final. Termina con un enunciado de conclusión convincente.

Aprende en línea

ESTÁNDARES COMUNES

RI.3.1 ask and answer questions to demonstrate understanding, referring to the text; **RI.3.2** determine the main idea/recount details and explain how they support the main idea; **W.3.1a** introduce the topic, state an opinion, and create an organizational structure; **W.3.1b** provide reasons that support the opinion; **W.3.1c** use linking words and phrases to connect opinion and reasons; **W.3.1d** provide a concluding statement or section; **SL.3.1d** explain own ideas and understanding in light of the discussion

 ESTÁNDARES COMUNES **RI.3.7** use information gained from illustrations and words to demonstrate understanding; **RI.3.10** read and comprehend informational texts

Películas

por Andrew Patterson

Cada vez que ves una película, puedes dar las gracias al genio de Thomas Edison. Su laboratorio realizaba un experimento tras otro con las imágenes en movimiento. Los trabajadores solo tomaban un descanso ocasional. Un invento suyo llevó al desarrollo de las películas: el artefacto era el quinetoscopio.

El quinetoscopio de Thomas Edison, inventado a fines del siglo 19.

El quinetoscopio

El quinetoscopio era una caja de madera que tenía una mirilla en la parte superior. Dentro de la caja había una tira de película que tenía fotos de alguien en movimiento. Los carretes hacían pasar la película rápidamente mientras una lámpara eléctrica se encendía y se apagaba, iluminando cada foto de modo que la persona que veía por la mirilla podía ver las fotos pasar rápidamente.

El ojo del espectador enviaba una señal al cerebro que le decía que la figura se estaba moviendo, así que el espectador pensaba que la figura realmente se estaba moviendo. Este efecto especial, o truco, fue una parte clave de la cinematografía (el arte de las imágenes en movimiento), conocida luego como cine.

¡La magia del cine!

Para principios del siglo 20, Hollywood se convertía en la capital mundial del cine. Al mismo tiempo, los westerns se convertían en las películas más populares. A menudo, los westerns contaban historias sobre vaqueros, caballos y amplias llanuras. Pero, de hecho, ¡muchos westerns se filmaron en los estudios de Hollywood!

El actor John Wayne protagonizó muchas películas de Hollywood.

Efectos especiales

Los realizadores de películas usan hoy efectos especiales, tal como lo hizo Edison. Algunos efectos especiales hacen que los sucesos parezcan reales. ¡Una pantalla azul es una manera de hacer parecer que las personas están volando!

Cómo vuelan los superhéroes

1 Los realizadores filman a un actor colgado ante una sencilla pantalla de color azul.

2 Una filmación de los rascacielos de una ciudad se transforma en la imagen de fondo.

3 Los realizadores crean un espacio vacío en la imagen de fondo, que tiene la forma exacta del actor que está colgado.

4 Los realizadores insertan la imagen del actor en el espacio vacío, para crear una película de un superhéroe que vuela sobre la ciudad.

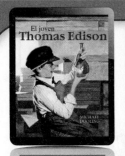

Comparar el texto

DE TEXTO A TEXTO

Comparar inventos Elige un invento de *El joven Thomas Edison* que Edison haya creado o haya hecho posible. Compáralo con el quinetoscopio que se describe en *Películas*. Usa la información de los textos para comentar los inventos con un compañero. Indica para qué se usan los inventos, en qué se parecen y en qué se diferencian.

EL TEXTO Y TÚ

Hacer un cartel Los inventos de Thomas Edison cambiaron la forma en que la gente vivía y trabajaba. Muchos de ellos todavía se usan hoy. Dibuja un cartel donde muestres cómo usas los inventos de Edison en tu vida.

EL TEXTO Y EL MUNDO

Conectar con las Ciencias ¿Qué crees que inventaría Thomas Edison hoy si estuviera vivo? Usa evidencia del texto de *El joven Thomas Edison* para apoyar tus ideas. Habla en un grupo pequeño. Escúchense los unos a los otros y háganse preguntas para encontrar ideas nuevas.

Aprende en línea

ESTÁNDARES COMUNES

RI.3.1 ask and answer questions to demonstrate understanding, referring to the text; **RI.3.9** compare and contrast important points and details in texts on the same topic; **SL.3.1a** come to discussions prepared/explicitly draw on preparation and other information about the topic

Gramática

 Aprende en línea

Pronombres y antecedentes Un **pronombre** puede tomar el lugar de uno o más sustantivos de una oración. Los **pronombres de sujeto** toman el lugar de un sujeto. Los pronombres de sujeto son *yo, tú, usted, él, ella, nosotros, nosotras, ustedes, ellos* y *ellas.* Los **pronombres de complemento** van antes del verbo. Los pronombres de complemento son *me, te, lo, la, le, nos, los, las, les.*

Un **antecedente** es el sustantivo al que reemplaza el pronombre. Asegúrate siempre de que el pronombre coincida en número y género con el antecedente.

Sustantivos	Pronombres
Ben es inventor.	Él es inventor.
¿Dónde estableció Ben el laboratorio?	¿Dónde lo estableció Ben?
Los trabajadores son muy creativos.	Ellos son muy creativos.
Antecedente	**Pronombre**
Ben vive con la tía Joan.	Ella es su tía preferida.
¿Dónde conoció Luis a Rob y Ben?	Luis los conoció en el laboratorio.
Ben llevaba un cronómetro.	Lo llevaba en su mochila.

Inténtalo Con un compañero, identifica el pronombre de cada oración. Clasifícalo como pronombre de sujeto o pronombre de complemento. Explica tu respuesta. Identifica el antecedente si lo hay.

1. La mamá de Ruth nos contó sobre Thomas Edison.

2. ¿Sabías tú la historia?

3. Roy dijo que él quería un libro para leer.

4. Papá lo llevó a la biblioteca.

Cuando escribas, ten cuidado de no repetir un sustantivo demasiadas veces. Puedes reemplazar a los sustantivos por pronombres de sujeto o de complemento para que tu escritura no sea aburrida y repetitiva.

Con sustantivos repetidos	Mejores oraciones
El inventor tuvo una buena idea. El inventor obtuvo una patente para su invento y publicó su invento. El rector de la universidad felicitó al inventor por su trabajo.	El inventor tuvo una buena idea. Él obtuvo una patente para su invento y lo publicó. El rector de la universidad lo felicitó por su trabajo.

 ## Relacionar la gramática con la escritura

Mientras revisas tu respuesta a la literatura, trata de reemplazar los sustantivos que se repiten por pronombres de sujeto o de complemento. Presta atención a los antecedentes, pues te pueden dar pistas para elegir el pronombre correcto.

W.3.1a introduce the topic, state an opinion, and create an organizational structure; **W.3.1b** provide reasons that support the opinion; **W.3.1c** use linking words and phrases to connect opinion and reasons; **W.3.1d** provide a concluding statement or section; **W.3.5** develop and strengthen writing by planning, revising, and editing

Escritura de opinión

Taller de lectoescritura: Revisar

✓ **Fluidez de las oraciones** Los buenos escritores no dicen dos veces lo mismo. Se aseguran de que cada oración diga algo nuevo. Los escritores también usan palabras de enlace, como *porque,* para unir su opinión con las razones que la apoyan. En tu **respuesta a la literatura,** tacha cualquier oración que repita lo que ya has dicho.

Cuando Héctor revisó su respuesta a la literatura, tachó oraciones que repetían ideas.

Lista de control del proceso de escritura

Preparación para la escritura

Hacer un borrador

▶ **Revisar**

☑ ¿Expresé mi opinión y la apoyé con razones?

☑ ¿Usé palabras de enlace para unir mis opiniones con mis razones?

☑ ¿Puse mis ideas en un orden que tenga sentido?

☑ ¿Resumí mis razones al final?

Corregir

Publicar y compartir

Borrador revisado

Creo que las personas dejaron de mirar al hombre del kamishibai a causa de la televisión. La televisión trajo muchos cambios a la ciudad de Jiichan.

~~Hizo que las cosas fueran diferentes allí.~~

Al principio, cuando el hombre del kamishibai daba sus espectáculos, la televisión no se había inventado. ~~No había ningún aparato de televisión.~~ Después, cuando las personas vieron un aparato en un negocio, se agruparon alrededor de él.

La televisión fue la causa

por Héctor Suárez

Creo que las personas dejaron de mirar al hombre del kamishibai a causa de la televisión. La televisión trajo muchos cambios a la ciudad de Jiichan.

Al principio, cuando el hombre del kamishibai daba sus espectáculos, la televisión no se había inventado. Después, cuando las personas vieron un aparato de televisión en un negocio, se agruparon alrededor de él. Abandonaron el espectáculo de Jiichan para ir a mirar la pantalla del televisor. Se entusiasmaban con las imágenes en movimiento.

Con el tiempo, más y más personas de la ciudad del hombre del kamishibai compraron televisores para su casa. Por esta razón, los niños no jugaban afuera tanto como antes. Ni siquiera veían al hombre del kamishibai y por lo tanto no se detenían a escuchar sus cuentos. La televisión trajo tantos cambios que la mayoría de las personas ya no estaban interesadas en el hombre del kamishibai.

Leer como escritor

¿Por qué el trabajo de Héctor es mejor sin las dos oraciones que tachó? En tu trabajo, tacha las ideas que se repitan.

Me aseguré de que cada oración plantee una idea nueva. También usé pronombres para evitar la repetición de los sustantivos.

Lee el artículo "¿En qué están tan ocupadas las abejas?". Mientras lees, detente y responde cada pregunta usando evidencia del texto.

¿En que están tan ocupadas las abejas?

¿Has visto a una abeja volar de aquí para allá? Tal vez creas que la abeja está simplemente dando vueltas. En realidad, la abeja está muy atareada.

Las abejas pasan mucho tiempo buscando comida. Vuelan de flor en flor, buscando néctar y polen. El néctar es un líquido dulce dentro de la flor. Las abejas lo succionan con sus largas lenguas. El néctar se almacena en un saco especial llamado estómago de miel.

Cabeza

Canasta de polen   Pata trasera

El polen es un polvillo hecho por las plantas. Las abejas recolectan el polen con sus patas traseras. El polen se deposita en un área de las patas traseras llamada canasta de polen.

> **1** ¿De qué manera la ilustración te ayuda a comprender mejor el artículo?

En un vuelo, una abeja puede visitar unas 50 flores, e incluso hasta 100. Luego, transporta el néctar y el polen a su hogar. Cada abeja puede cargar la mitad de su propio peso.

 ESTÁNDARES COMUNES **RI.3.2** determine the main idea/recount details and explain how they support the main idea; **RI.3.3** describe the relationship between a series of historical events/scientific ideas/steps in technical procedures; **RI.3.7** use information gained from illustrations and words to demonstrate understanding; **RI.3.8** describe the connection between sentences and paragraphs in a text

Las abejas viven en lugares llamados colmenas. Miles de abejas viven y trabajan juntas en cada colmena. Las tres clases de abejas que viven en una colmena son: la abeja reina, las abejas obreras y los zánganos. La reina y las abejas obreras son hembras. Los zánganos son machos.

La reina es una abeja muy importante. En una colmena solo vive una abeja reina por vez. Su cuerpo es más largo que el de las otras abejas. Es la madre de todas las abejas que viven en la colmena. Pone todos los huevos de su colmena. Una abeja reina puede poner más de mil huevos por día. De esos huevos saldrán abejas jóvenes que se convertirán en adultas.

 ¿Cuál es la idea principal de este párrafo? Explica cómo los detalles del párrafo apoyan la idea principal.

Las abejas obreras hacen todos los demás trabajos de la colmena. Construyen estructuras llamadas panales. Sus cuerpos producen un tipo de cera especial con este propósito. El panal tiene muchas secciones pequeñas llamadas celdas. Cada celda tiene seis lados. En algunas celdas del panal se almacena el alimento. En otras celdas la reina deposita los huevos. Allí es donde crecen las abejas jóvenes.

Las abejas obreras mantienen la colmena limpia. Atacan a las abejas de otras colmenas que quieren llevarse su miel. También atacan a animales, como los osos. Incluso las personas que intentan llevarse la miel pueden ser picadas por las abejas obreras.

Las abejas obreras cuidan y protegen a la reina. También la alimentan, porque ella no puede alimentarse por sí misma. Salen de la colmena en busca de polen y néctar. Cuando regresan, usan el polen para hacer un alimento especial para las abejas jóvenes. También convierten el néctar en miel para que coman las abejas adultas.

Las abejas se comunican entre sí. Algunas abejas obreras actúan como exploradoras. Buscan el alimento para la colmena. Cuando lo encuentran, vuelven a la colmena. Hacen movimientos parecidos a una danza para indicar a las otras abejas dónde está el alimento. La danza también indica a qué distancia se halla el alimento. Cuanto más rápido baila la exploradora, más cerca de la colmena está el alimento.

 ¿Qué pasos siguen las exploradoras? Usa palabras de secuencia en tu respuesta.

No solo a las abejas les gusta la miel. Las personas también comen miel. Algunas personas tienen abejas y recolectan la miel para venderla. Estas personas se llaman apicultores. A menudo, los apicultores tienen a sus abejas en lo que se conoce como colmena estándar. Las colmenas estándar tienen secciones llamadas cuadros. Los cuadros pueden sacarse y volver a colocarse como gavetas.

Los apicultores usan trajes especiales para protegerse de las picaduras de abejas. Se cubren la cara con una pantalla de alambre tejido. Atan los extremos de sus pantalones y mangas. Hacen movimientos lentos para no hacer enojar a las abejas.

Las abejas tienen otro trabajo importante. Cuando se posan sobre una planta, el polen se adhiere a su cuerpo peludo. Luego, las abejas vuelan hacia otras plantas, llevando el polen en su cuerpo. Esto ayuda a que algunas plantas produzcan plantas nuevas.

 ¿Cuáles son la causa y el efecto que se explican en este párrafo?

Las abejas son insectos interesantes y muy laboriosos. ¡Ahora entiendo por qué cuando eres muy trabajador te comparan con una abeja obrera!

unidad 3

Vocabulario en contexto

VOCABULARIO CLAVE

contribuir
atleta
mejorar
potencia
proceso
flexible
fracción
competir

Librito de vocabulario

Tarjetas de contexto

ESTÁNDARES COMUNES

L.3.6 acquire and use conversational, general academic, and domain-specific words and phrases

398

1 contribuir

Todos los miembros de un equipo **contribuyen** a su éxito cuando hacen bien su trabajo.

2 atleta

Los **atletas** se entrenan mucho para dar lo mejor de sí en su deporte.

3 mejorar

Los tenistas pueden **mejorar** su juego con la ayuda de un entrenador.

4 potencia

Este jugador usa toda su **potencia** para golpear la pelota y lanzarla fuera del parque.

Aprende en línea

▶ Estudia cada Tarjeta de contexto.

▶ Ordena alfabéticamente las palabras del Vocabulario.

5 **proceso**

Durante el proceso de hacer una bicicleta, los obreros siguen muchos pasos.

6 **flexible**

Para levantar la pierna tan alto, la gimnasta debe tener el cuerpo flexible.

7 **fracción**

El jugador se desliza hasta la base. ¡Se salva por una fracción de pulgada!

8 **competir**

Los dos jugadores compiten entre ellos para ganar el juego.

Leer y comprender

Aprende en línea

☑ DESTREZA CLAVE

Secuencia de sucesos En un proceso, cada paso sigue al anterior. Cada paso es importante y la **secuencia**, u orden, de los pasos es igualmente importante. Mientras lees *La tecnología gana el juego*, usa un diagrama como el siguiente para mostrar cómo se relacionan los pasos de la secuencia que se usó para inventar nueva tecnología deportiva.

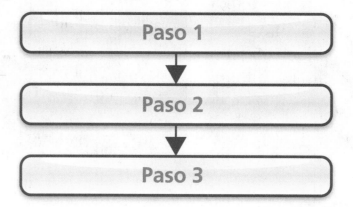

Paso 1

↓

Paso 2

↓

Paso 3

☑ ESTRATEGIA CLAVE

Preguntar Mientras lees *La tecnología gana el juego*, presta atención a la manera en que la secuencia de sucesos del diagrama te ayuda a responder las preguntas que pudieras tener. Además, hazte nuevas preguntas a medida que avanzas en la lectura. Usa evidencia del texto para responder a tus preguntas.

ESTÁNDARES COMUNES

RI.3.3 describe the relationship between a series of historical events/scientific ideas/steps in technical procedures; **RI.3.8** describe the connection between sentences and paragraphs in a texts

400

Inventos

Si alguna vez viste la fotografía de un jugador de fútbol americano de hace mucho tiempo, probablemente hayas pensado que su uniforme era muy extraño. Los artículos deportivos han cambiado mucho a través de los años. Los ingenieros deportivos son inventores que usan los conocimientos más recientes sobre el cuerpo humano y los nuevos materiales para diseñar artículos deportivos más eficientes y seguros.

En *La tecnología gana el juego*, leerás sobre algunos de estos importantes avances en la tecnología deportiva. También descubrirás cuál es el proceso que usan los ingenieros para lograr que los atletas se desplacen más rápido y que los juegos sean más seguros.

TEXTO PRINCIPAL

✓ DESTREZA CLAVE

Secuencia de sucesos

Mientras lees, identifica el orden de los pasos de un proceso.

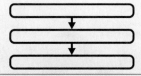

✓ GÉNERO

El **texto informativo** proporciona datos y otros tipos de información sobre un tema. Mientras lees, busca:

▶ encabezamientos de secciones de texto con información relacionada,

▶ fotografías y pies de foto, y

▶ elementos gráficos, tales como diagramas, que ayuden a explicar el tema principal.

ESTÁNDARES COMUNES

RI.3.3 describe the relationship between a series of historical events/scientific ideas/steps in technical procedures; **RI.3.8** describe the connection between sentences and paragraphs in a text; **RI.3.10** read and comprehend informational texts

LA TECNOLOGÍA GANA EL JUEGO

por Mark Andrews

Todo el mundo disfruta de un buen juego. Sin embargo, no es solo la habilidad o destreza atlética lo que ayuda a los jugadores a ganar. Hay muchos otros factores que contribuyen a la victoria de un equipo o de un jugador. Y uno de esos factores es la tecnología. La tecnología mejoró nuestra vida y la hizo más fácil en muchos aspectos. En los deportes, la tecnología puede ayudar a todo tipo de atletas a mejorar su rendimiento.

Todo depende del diseño

Si te gustan los deportes y la ciencia, podrías ser un gran ingeniero deportivo. Los ingenieros deportivos son científicos que hacen que sea más divertido practicar y mirar deportes. Diseñan mejores materiales, superficies y equipos. Ayudan a que los atletas no se lastimen. ¡Es probable que un ingeniero deportivo haya mejorado tu deporte favorito!

La ciencia de la ingeniería deportiva

Algunos ingenieros deportivos estudian los movimientos de los atletas cuando practican diferentes deportes. Por ejemplo, un ingeniero puede observar a un jugador de fútbol para ver de qué manera su pie golpea la pelota. Esto puede darle ideas para el calzado, la pelota o incluso el campo de fútbol. Los ingenieros usan estas ideas para mejorar el deporte de alguna manera.

El primer paso en el trabajo de un ingeniero deportivo es identificar un problema en un determinado deporte: algo que se pueda mejorar. ¡Casi todo se puede mejorar! Luego, el ingeniero piensa en una posible solución. A continuación, crea un modelo. El modelo puede incluir un nuevo tipo de material. Entonces la nueva idea se pone a prueba en el laboratorio para ver cómo funciona. Finalmente, el nuevo producto es probado por atletas. Si funciona bien, pronto lo estarán usando los atletas de todo el mundo.

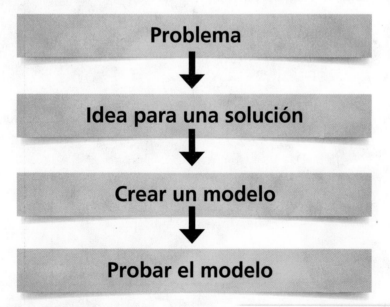

Problema

↓

Idea para una solución

↓

Crear un modelo

↓

Probar el modelo

ANALIZAR EL TEXTO

Secuencia de sucesos ¿Cómo describe el autor los pasos que sigue un ingeniero para mejorar un deporte? Si los pasos se siguieran en otro orden, ¿el resultado también sería bueno? ¿Por qué?

Cambiar el juego

Echemos una mirada al tenis. En este deporte, los ingenieros deportivos han hecho muchos cambios.

¡Qué raqueta!

Las raquetas de tenis han cambiado muchísimo. Cuando empezó a practicarse el deporte, las raquetas eran de madera. Más tarde, en la década de 1960, se desarrolló la raqueta de metal. Estas raquetas eran más livianas y más resistentes que las de madera. Hoy en día, las raquetas están hechas de diferentes materiales mezclados. Son muy livianas y tienen más potencia que las anteriores. La pelota viaja más rápido que nunca con estas raquetas.

Además, las raquetas actuales tienen una cabeza, o zona con cuerdas, más grande que antes. Esto hace que sea más fácil para el jugador pegar y controlar mejor a la pelota para darle dirección.

Un mayor pique para la pelota

Las pelotas de tenis también cambiaron mucho. Las primeras pelotas de tenis eran de cuero o tela rellenas de lana o pelo de caballo. Estas pelotas no picaban bien. En la década de 1870 se usó por primera vez el caucho para fabricar pelotas de tenis. Si bien rebotaban mejor, la tela que las recubría se salía fácilmente.

En la actualidad todavía se fabrican con caucho. Primero, se unen dos mitades semicirculares de caucho. Esto le da su forma redonda y hueca. En segundo lugar, se cubre cada mitad con fieltro. En tercer lugar, se agrega una costura de caucho para que el fieltro no se salga. Finalmente, se colocan las pelotas en una lata que se cierra al vacío. Esto permite que mantengan su "pique". El proceso garantiza que todas las pelotas reboten o "piquen" de igual forma. Un vez que pica, ¡todo queda en manos del tenista!

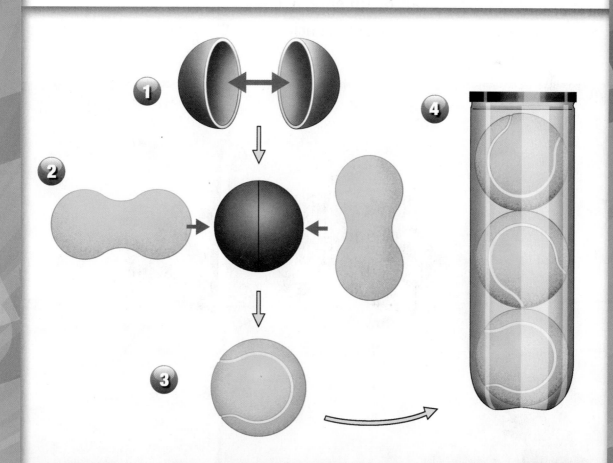

Más alto y rápido

Los ingenieros deportivos ayudan a los deportistas de casi todas las disciplinas. Los atletas corren, saltan y lanzan. Los ingenieros los ayudan a correr más rápido, saltar más alto y lanzar más lejos. Ellos diseñan nuevos y mejores equipos, superficies y ropa deportiva.

Más y más alto

¿Alguna vez has visto a un atleta saltando con garrocha en los Juegos Olímpicos? Un buen atleta debe ser rápido, fuerte y tener una buena garrocha. La garrocha debe ser flexible y fuerte para doblarse y elevar al garrochista por encima de la barra. Las garrochas solían fabricarse con madera, pero eran muy rígidas y pesadas. Más adelante se fabricaron con bambú, que era mucho más flexible. Luego, los ingenieros diseñaron garrochas de aluminio. Hoy en día, las garrochas se fabrican con fibra de vidrio y son muy livianas. Se doblan fácilmente. Y cuanto más se doble la garrocha, más alto llegará el atleta.

Más y más rápido

¿Por qué un atleta es veloz? Lo más importante es la habilidad atlética y un buen entrenamiento. Los ingenieros han diseñado nuevas superficies para las pistas y nueva vestimenta para ayudar a los atletas.

Antes los atletas corrían sobre el pasto. Cuando llovía, las pistas se empapaban y eran resbalosas. Hoy en día, la mayoría de los corredores corren sobre pistas para todo tipo de clima, hechas por el hombre y con una cobertura de caucho. El caucho permite que los zapatos de los corredores tengan un mayor rebote y les permitan alcanzar mayor velocidad.

La nueva vestimenta deportiva también ayuda a los corredores a alcanzar mayores velocidades. Muchos atletas exitosos ya no usan camisetas y pantalones cortos como solían hacerlo. Ahora usan trajes muy livianos y ajustados para que el viento no les haga disminuir la velocidad. ¡En una carrera, cada fracción de segundo cuenta!

Un nuevo tipo de carrera

La maratón de Boston es la más antigua y famosa del mundo. Cada año, miles de atletas corren esta carrera de 26.2 millas a través de las empinadas calles de Boston y los pueblos aledaños.

En 1975, Bob Hall completó la maratón de una manera diferente. Llegó a la meta en su silla de ruedas. Fue el primer atleta en silla de ruedas que, de manera oficial, completó esta maratón. Bob completó la carrera en menos de 3 horas, más rápido que la mayoría de los corredores.

Hoy en día, los atletas en silla de ruedas compiten con equipos con la más avanzada tecnología. ▶

▲ Bob Hall usó una silla de ruedas común en la maratón de Boston.

409

¿Con *estos* zapatos?

Los ingenieros deportivos también han diseñado zapatos para que los corredores sean más rápidos y tengan un mejor apoyo. Los atletas necesitan diferentes tipos de calzado para los diferentes deportes. Si quieres ganar, ¡debes llevar el calzado adecuado!

La historia del calzado deportivo

En la antigüedad, los atletas corrían descalzos. Luego comenzaron a correr con sandalias y, los que las usaban, comenzaron a ganar la mayoría de las carreras. Esos fueron los comienzos del calzado deportivo.

El siguiente avance importante tuvo lugar en Inglaterra en la década de 1830: apareció el primer calzado deportivo con suela de caucho. Las suelas de este material eran livianas y cómodas. Además, se agarraban mejor al terreno.

Alrededor de 1852, se agregaron clavos a los zapatos de correr. En la década de 1920, un alemán llamado Adi Dassler mejoró el diseño y vendió los primeros zapatos para correr con clavos. Los clavos dan al calzado un mejor agarre.

Hoy en día, los fabricantes de calzado y los ingenieros comprenden mejor la ciencia de las carreras. Los zapatos para correr se fabrican para todos los tipos de corredores y superficies. Los ingenieros saben que los corredores necesitan un calzado que sea flexible y resistente.

Cambios en el calzado deportivo

siglo 5 a. C.
Antigua Grecia: corrían descalzos y con sandalias.

década de 1850
Se usaron los zapatos con clavos por primera vez.

1972
Mejor amortiguación en talón y suela

década de 1830
Calzado con suela de caucho para un mejor agarre

década de 1920
Calzado con clavos actual

Más rebote

Los atletas de salto en largo necesitan un calzado que les permita mayor rebote. Las suelas deben ser firmes pero flexibles a la vez. Estos zapatos tienen clavos de metal solo en la parte de adelante. Esto le permite al atleta tener un mejor agarre y picar con los dedos del pie.

Movimientos rápidos

Los botines de fútbol tienen tapones de metal o plástico en la parte inferior. Los tapones son clavos redondeados, e impiden que los futbolistas se resbalen en el barro o el pasto. Los jugadores de fútbol deben cambiar de dirección con rapidez. ¡Sin tapones, el fútbol sería un deporte más lento y desordenado!

ANALIZAR EL TEXTO

Características del texto y de los elementos gráficos Si quisieras buscar información rápidamente sobre los cambios que sufrió el calzado para correr a través del tiempo, ¿en qué parte de las páginas 410 y 411 buscarías?

La seguridad en el juego

Los atletas también necesitan equipo y ropas especiales para protegerse de las lesiones. Los deportes pueden ser peligrosos y, con frecuencia, los atletas profesionales se exponen a riesgos.

Los cascos para fútbol americano

Hace más de 100 años, los jugadores de fútbol americano no usaban cascos. ¡Qué dolor! En el siglo 20, los jugadores comenzaron a usar cascos de cuero, pero no eran muy cómodos ni seguros. Era necesario hacer cambios. Primero, se les agregaron más almohadillas. En segundo lugar, se les agregó una máscara para proteger la nariz y los dientes. Además, la parte superior del casco se hizo más redondeada para que los golpes no fueran directo a la cabeza. A continuación, en 1939, se inventó el primer casco de plástico.

Hoy en día, los cascos de fútbol americano se fabrican con un plástico especial que es liviano pero fuerte. El diseño del casco protege a los jugadores de posibles lesiones en la cabeza. Algunos cascos se están poniendo a prueba con pequeños chips electrónicos en su interior. Si un jugador se golpea en la cabeza, el chip envía un mensaje a una computadora. Los científicos creen que este chip en el futuro podrá indicar a los entrenadores cuándo un jugador necesita ayuda médica.

Otras características de seguridad

Las ropas de los esquiadores están diseñadas para ayudarlos cuando están en problemas. A veces, los esquiadores de fondo se pierden, o se lastiman a muchas millas de los lugares habitados. Los ingenieros deportivos desarrollaron sensores especiales para su vestimenta. Los sensores envían información sobre la ubicación del esquiador. Un equipo de rescate recibe la información y así logran encontrar a los esquiadores lesionados o que están enterrados bajo la nieve.

Las chaquetas y los chalecos de colores brillantes, también llamados ropa refractaria, logran que sea más fácil ver a los ciclistas en la oscuridad.

● Sólo por diversión

La próxima vez que practiques tu deporte favorito, piensa en el equipo que usas. Piensa en el tipo de superficie sobre la que corres, saltas o pisas. Observa cómo se ve y se siente tu calzado y nota cómo te ayuda a mejorar el rendimiento. Ahora que has leído sobre la ingeniería deportiva, puedes pensar de qué manera la tecnología ha ayudado a mejorar tu deporte. La tecnología no solo simplifica y mejora nuestra vida: ¡también la hace mucho más divertida!

Ahora analiza

Cómo analizar el texto

Usa estas páginas para aprender acerca de Secuencia de sucesos y Características del texto y de los elementos gráficos. Luego, vuelve a leer *La tecnología gana el juego* para aplicar lo que has aprendido.

Secuencia de sucesos

En el texto informativo *La tecnología gana el juego*, se explica cómo los ingenieros usan la tecnología para mejorar los artículos deportivos, tales como las pelotas de tenis. Los ingenieros siguen los pasos de un proceso. Estos pasos se relacionan por su orden o **secuencia**. En el texto, también se describe en forma de secuencia de sucesos cuándo se introdujeron las mejoras.

Vuelve a leer la página 407 de *La tecnología gana el juego*. El texto explica los pasos que se deben seguir para fabricar una pelota de tenis. Puedes usar un diagrama como el siguiente para anotar los pasos de un proceso o de una secuencia de sucesos.

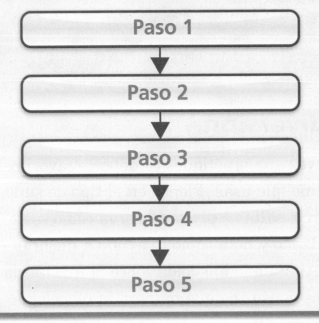

Paso 1

Paso 2

Paso 3

Paso 4

Paso 5

ESTÁNDARES COMUNES **RI.3.3** describe the relationship between a series of historical events/scientific ideas/steps in technical procedures; **RI.3.5** use text features and search tools to locate information; **RI.3.7** use information gained from illustrations and words to demonstrate understanding; **RI.3.8** describe the connection between sentences and paragraphs in a text

Aprende en línea

Características del texto y de los elementos gráficos

En los textos informativos, se usan características especiales del texto y de los elementos gráficos junto con el texto principal para explicar un tema y para que los lectores encuentren la información fácilmente. Una característica del texto es la **barra lateral**. Es una caja donde se incluye un ejemplo o información sobre un subtema. Puede incluir una foto o ilustración. Un elemento gráfico es una ayuda visual. Puede ser una **tabla**, un **diagrama** o una **línea cronológica**. Vuelve a leer la página 407 y busca un diagrama. El diagrama muestra los pasos para fabricar una pelota de tenis y hace que el texto sea más fácil de comprender.

Es tu turno

mi **Escritura genial**

REPASAR LA PREGUNTA ESENCIAL

Turnarse y comentar

Repasa la selección con un compañero y prepárate para comentar esta pregunta: *¿De qué manera los inventos ayudan a los atletas?* Usa evidencia del texto para apoyar tus ideas. Túrnate con tu compañero para repasar y explicar tu opinión.

Comentar en la clase

Para continuar comentando *La tecnología gana el juego*, explica tus respuestas a estas preguntas:

1. ¿Por qué hacer un modelo es un paso importante en el proceso de inventar tecnología deportiva?

2. ¿De qué manera todos los cambios en los artículos deportivos para tenis influyeron en el deporte mismo?

3. ¿Qué destrezas y conocimientos crees que necesita un ingeniero deportivo?

ESCRIBE SOBRE LO QUE LEÍSTE

Respuesta Piensa en tu deporte favorito. Identifica algo en él que podría mejorarse. Podría ser algún elemento del equipo, una parte del campo de juego o cualquier otra cosa. Escribe un párrafo con datos, definiciones y detalles para explicar el problema, y brinda una solución posible.

Sugerencia para la escritura

Sé específico al explicar el problema y cómo lo resolverías. Si es posible, incluye un dibujo que ilustre el problema y otro que muestre la solución.

ESTÁNDARES COMUNES   **RI.3.1** ask and answer questions to demonstrate understanding, referring to the text; **RI.3.3** describe the relationship between a series of historical events/scientific ideas/steps in technical procedures; **RI.3.8** describe the connection between sentences and paragraphs in a text; **W.3.2a** introduce a topic and group related information/include illustrations; **W.3.2b** develop the topic with facts, definitions, and details; **W.3.10** write routinely over extended time frames or short time frames; **SL.3.1a** come to discussions prepared/explicitly draw on preparation and other information about the topic

Ciencias
para los aficionados a los deportes

por Alice Cary

Piensa en las ciencias la próxima vez que estés apoyando a tu equipo preferido. Las ciencias están en juego cada vez que un atleta batea un jonrón o hace un mate en la canasta.

Lo alto que saltan los jugadores profesionales de básquetbol depende de la fuerza, o potencia, que usan para empujarse de la cancha. Cuanto más fuerte empujen contra la cancha, más alto saltarán. El resultado es que están más tiempo en el aire. Los científicos dicen que un jugador de básquetbol que salta cuatro pies para un mate queda suspendido en el aire durante un segundo entero.

RI.3.3 describe the relationship between a series of historical events/scientific ideas/steps in technical procedures; **RI.3.8** describe the connection between sentences and paragraphs in a text

¿DÓNDE ESTÁ EL PUNTO ÓPTIMO?

¿Quieres ganar un campeonato de béisbol? Puedes mandar a volar la pelota si la golpeas con el punto óptimo del bate. Para hallarlo, consigue un bate de béisbol de madera y un martillo. Luego sigue estos pasos.

1 Sostén el bate boca abajo entre los dedos pulgar e índice, justo debajo del puño.

2 Pide a un amigo que use el martillo para golpear el bate con suavidad, comenzando abajo y subiendo pulgada a pulgada.

3 Todo el bate debería vibrar con cada golpe, pero no sentirás nada cuando tu amigo golpee el punto óptimo.

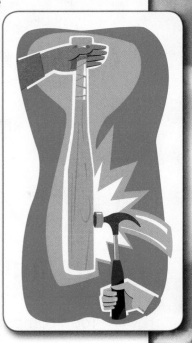

▶ ¿Qué sucede?

El bate apenas vibra cuando golpeas la pelota en el punto óptimo. Por el contrario, transmite más energía a la pelota, y la envía más lejos.

Dominar el "*Ollie*"

Todo competidor que practica patineta sabe hacer un *ollie*. El truco permite que los patinadores salten por encima de las cosas. Al transportarse en el aire, la tabla parece pegada a los pies.

Este truco no es magia, es ciencia. Al saltar, el patinador empuja hacia abajo con un pie la parte de atrás de la tabla. Esta fuerza levanta la parte delantera de la tabla.

Después, el patinador presiona el frente de la tabla hacia abajo. Al nivelarse la patineta, el patinador parece volar por el aire sin perder el contacto con la tabla.

Comparar el texto

DE TEXTO A TEXTO

Comparar la ciencia deportiva Compara y contrasta las ideas clave de la ciencia de los deportes que se presentan en *La tecnología gana el juego* y en *Ciencias para los aficionados a los deportes*. ¿En qué se parecen las ideas? ¿En qué se diferencian? Usa evidencia de los textos para apoyar tus respuestas.

EL TEXTO Y TÚ

Elegir un deporte Piensa en los deportes que se describen en *La tecnología gana el juego*. Si pudieras elegir uno, ¿qué deporte te gustaría probar? Explica por qué y usa detalles del texto para apoyar tu opinión.

EL TEXTO Y EL MUNDO

Comparar procesos Piensa en el proceso que usó Thomas Edison para crear sus inventos en *El joven Thomas Edison* de la Lección 10. ¿En qué se parece este proceso al proceso que usan los ingenieros deportivos en *La tecnología gana el juego*? ¿En qué se diferencia? Usa evidencia de los textos para escribir dos párrafos que comparen los dos procesos.

Aprende en línea

ESTÁNDARES COMUNES

RI.3.3 describe the relationship between a series of historical events/scientific ideas/steps in technical procedures; **RI.3.9** compare and contrast important points and details in texts on the same topic; **W.3.10** write routinely over extended time frames or short time frames

Gramática

 *Aprende en línea*

Más sustantivos plurales Si un sustantivo termina en las vocales -*í* o -*ú*, el plural se forma agregando -*es* al final de la palabra.

Singular: Marta se puso el esquí.

Plural: Marta se puso los esquíes.

A la mayoría de los sustantivos que terminan en consonante se les agrega la terminación -*es* para formar el plural; por ejemplo, el plural de *material* es *materiales.* Pero el plural de los sustantivos que terminan en -*z* se forma cambiando la *z* por *c* y agregando -*es*; por ejemplo, el plural de *nariz* es *narices.*

Singular	Plural
tabú	tabúes
juez	jueces
ají	ajíes
cicatriz	cicatrices
bambú	bambúes

Inténtalo **Cambia cada sustantivo singular por un sustantivo plural. Escribe tu respuesta.**

1. antifaz
2. bambú
3. juez
4. colibrí
5. cicatriz
6. caribú

Los buenos escritores prestan atención a la ortografía de los sustantivos plurales. Tu escritura será mucho más clara si escribes el plural de los sustantivos correctamente. Recuerda que no siempre el plural se forma agregando solo una letra *s*.

Singular	Plural
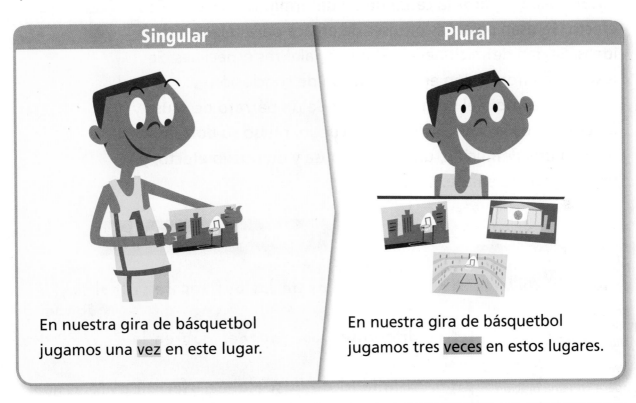	
En nuestra gira de básquetbol jugamos una vez en este lugar.	En nuestra gira de básquetbol jugamos tres veces en estos lugares.

Singular: El juez de la competencia de patinaje artístico decidió darle los puntos a la primera pareja de patinadores.

Plural: Los jueces de la competencia de patinaje artístico decidieron darle los puntos a la primera pareja de patinadores.

 ## Relacionar la gramática con la escritura

Mientras revisas tu párrafo de causa y efecto, asegúrate de haber escrito todos los sustantivos plurales correctamente.

ESTÁNDARES COMUNES

Escritura informativa

☑ **Elección de palabras** En un buen **párrafo de causa y efecto** se enuncia el tema al comienzo. A continuación, el autor puede explicar la causa de un determinado suceso, o su efecto. Se usan palabras o frases de enlace para relacionar las ideas. Se dan definiciones de algunas palabras especiales. Se resume la información en una oración de conclusión.

Jessica escribió el primer borrador de un párrafo de causa y efecto sobre los botines de fútbol. Luego, revisó su borrador. Agregó una definición, una nueva causa y un nuevo efecto, y una palabra de enlace.

mi Escritura genial

Aprende en línea

Lista de control de la escritura

☑ **Ideas**
¿Incluí una definición?

☑ **Organización**
¿Empecé con una oración principal clara?

☑ **Elección de palabras**
¿Usé palabras de enlace para relacionar las causas y los efectos?

☑ **Voz**
¿Dejé que mis sentimientos se manifestaran?

☑ **Fluidez de las oraciones**
¿Mis oraciones son fluidas?

☑ **Convenciones**
¿Corregí en mi trabajo la gramática y la puntuación?

Borrador revisado

Sin embargo,
ᴧLas suelas de los botines de fútbol son
　　　　　Las suelas tienen clavos redondeados
diferentes.ᴧLos tapones cubren la　　llamados
　　　　　　　　　　　　　　　　　tapones.
totalidad de la suela. Se aferran al terreno

para que los jugadores puedan cambiar de

dirección sin resbalarse. ᴧLos ingenieros han

diseñado los botines muy bien.ᴧEl fútbol es un

deporte fascinante para mirar y practicar.

Si las suelas fueran lisas, ¡los pies
de los jugadores podrían deslizarse
y hacerles perder el control! Pero
gracias a que

Zapatos especiales para un deporte especial

por Jessica Olsen

Todos los atletas necesitan un calzado especial y los jugadores de fútbol no son la excepción. Los jugadores de fútbol deben moverse con rapidez en todas direcciones: izquierda, derecha, hacia adelante y hacia atrás. Entonces, necesitan zapatos que les permitan moverse de esta manera. La parte superior de los botines de fútbol es igual a la de cualquier otro calzado deportivo. Tienen la altura del tobillo y se atan con cordones. Sin embargo, las suelas de los botines de fútbol son diferentes. Las suelas tienen clavos redondeados llamados tapones. Los tapones cubren la totalidad de la suela. Se aferran al terreno para que los jugadores puedan cambiar de dirección sin resbalarse. Si las suelas fueran lisas, ¡los pies de los jugadores podrían deslizarse y hacerles perder el control! Pero gracias a que los ingenieros han diseñado los botines muy bien, el fútbol es un deporte fascinante para mirar y practicar.

Leer como escritor

Jessica agregó una idea, una definición y una palabra de enlace para que su párrafo fuera más convincente. ¿Qué puedes agregar para mejorar tu párrafo de causa y efecto?

Agregué otra causa y efecto para explicar mejor por qué los tapones son importantes. También definí *tapones* y agregué las palabras de enlace *Pero gracias a que*.

Vocabulario en contexto

✓ VOCABULARIO CLAVE

arriesgado
gruñir
ganancia
cultivo
arrancar
fruncir el ceño
jalar
vociferar

Librito de vocabulario

Tarjetas de contexto

L.3.6 acquire and use conversational, general academic, and domain-specific words and phrases

426

① arriesgado

Recoger frutas de árboles altos es arriesgado. ¡Ten cuidado de no caerte!

② gruñir

En lugar de chillar, este cochinillo gruñe cuando lo levantan.

③ ganancia

Para tener una ganancia, vende los productos por más de lo que cuesta hacerlos.

④ cultivo

El trigo es uno de los tantos cultivos de esta granja.

Aprende en línea

▶ **Estudia cada** Tarjeta de contexto.

▶ **Escribe una oración con dos palabras del Vocabulario en un nuevo contexto.**

5 **arrancar**

La niña arrancó una flor para dársela a su madre.

6 **fruncir el ceño**

Los niños fruncieron el ceño ante la idea de cortar el césped con ropa buena.

7 **jalar**

El cachorro jala el juguete para quitárselo de las manos al niño.

8 **vociferar**

Los niños vociferaban: "¡Ven a jugar con nosotros!".

Leer y comprender

☑ DESTREZA CLAVE

Tema Mientras lees *Arriba y abajo*, observa lo que hacen los personajes y lo que sucede como resultado de sus acciones. ¿Qué mensaje sobre la vida puedes aprender con este cuento? Ese mensaje es el **tema**. Usa un organizador como el siguiente para anotar los detalles importantes sobre la trama y los personajes. Esta evidencia del texto te ayudará a identificar el tema.

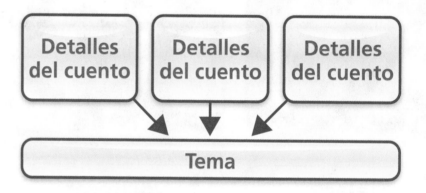

Detalles del cuento · Detalles del cuento · Detalles del cuento → Tema

☑ ESTRATEGIA CLAVE

Visualizar Presta atención a las palabras que describen a los personajes, el entorno y los sucesos del cuento. Te ayudarán a **visualizar,** o imaginar, lo que lees.

La agricultura

La agricultura es la actividad que incluye la siembra, la cosecha y la venta de cultivos. Las verduras son cultivos muy comunes. Las personas de todo el mundo cultivan miles de clases de verduras.

Algunas verduras, como la lechuga, son de hoja. La parte que se come es la que crece sobre la tierra. Otras, como las zanahorias, son raíces. La parte de la verdura que se come es la que crece debajo de la tierra. Incluso hay verduras que son frutos, como los tomates y los pepinos.

En *Arriba y abajo*, descubrirás por qué es importante saber sobre las verduras para hacer negocios.

TEXTO PRINCIPAL

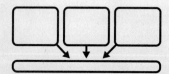

CONOCE A LA AUTORA E ILUSTRADORA

Janet Stevens

De niña, a Janet Stevens ¡le encantaba dibujar! No era muy buena dibujando, pero siguió practicando y practicando. Cuando terminó la escuela secundaria, decidió estudiar Arte en la universidad. Con el tiempo, comenzó a ilustrar libros para niños.

Janet Stevens también es escritora. Escribió e ilustró ella misma el cuento *Arriba y abajo*. Nunca imaginó que se convertiría en escritora, ya que en la escuela tenía dificultades con la lectura.

☑ DESTREZA CLAVE

Tema Identifica los detalles importantes del cuento. Piensa en el significado de los detalles y en el mensaje sobre la vida que ofrece el cuento.

☑ GÉNERO

Un **cuento de enredos y travesuras** es un relato imaginario en el que un personaje engaña a otro. Mientras lees, busca:

- ▶ animales que actúan como personas,
- ▶ sucesos graciosos y
- ▶ una lección o moraleja sobre la vida.

ESTÁNDARES COMUNES **RL.3.2** recount stories and determine the message, lesson, or moral; **RL.3.6** distinguish own point of view from the narrator or characters' point of view; **RL.3.10** read and comprehend literature

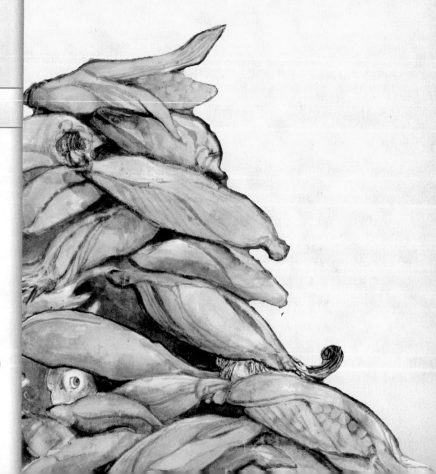

Arriba
y
abajo

adaptado e ilustrado
por Janet Stevens

PREGUNTA ESENCIAL

¿Por qué es importante
cultivar alimentos para
comer?

Había una vez un oso muy perezoso que tenía
tierras y mucho dinero. Su padre había sido un
oso muy trabajador y hábil para los negocios, y le
había dejado toda su fortuna a su hijo.

Pero a Oso solo le interesaba dormir.

No muy lejos de allí vivía una liebre. Liebre era muy inteligente, pero a veces se metía en problemas. Alguna vez él también había tenido tierras, pero ahora no le quedaba nada. Había perdido una arriesgada apuesta con una tortuga y tuvo que vender toda su tierra a Oso para pagar la deuda.

Liebre y su familia estaban pasando por muchas dificultades.

—Los niños tienen hambre, Papá Liebre. Debemos encontrar una solución —se quejó la Sra. Liebre cierto día. Entonces el Sr. y la Sra. Liebre idearon un plan.

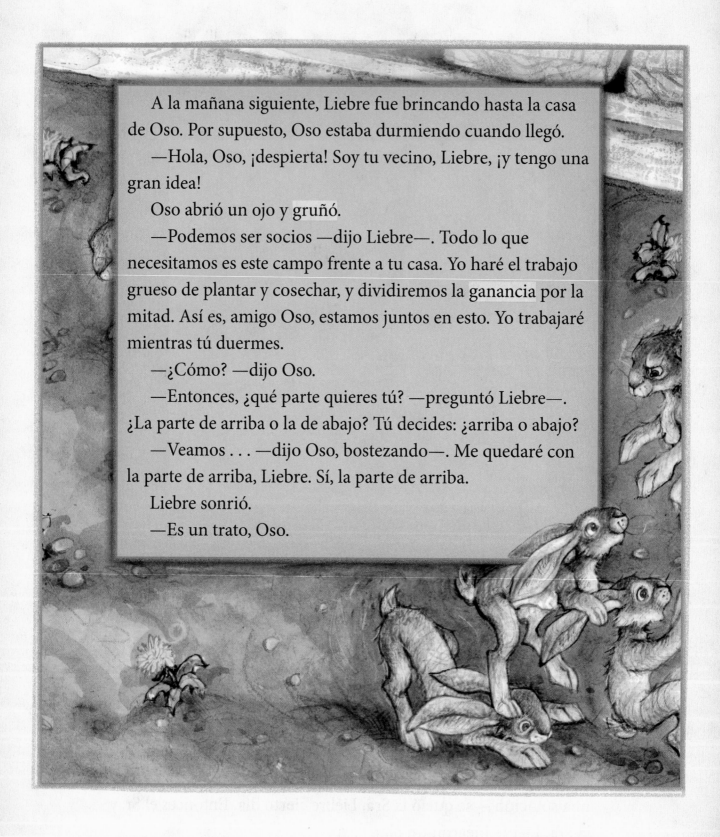

A la mañana siguiente, Liebre fue brincando hasta la casa de Oso. Por supuesto, Oso estaba durmiendo cuando llegó.

—Hola, Oso, ¡despierta! Soy tu vecino, Liebre, ¡y tengo una gran idea!

Oso abrió un ojo y gruñó.

—Podemos ser socios —dijo Liebre—. Todo lo que necesitamos es este campo frente a tu casa. Yo haré el trabajo grueso de plantar y cosechar, y dividiremos la ganancia por la mitad. Así es, amigo Oso, estamos juntos en esto. Yo trabajaré mientras tú duermes.

—¿Cómo? —dijo Oso.

—Entonces, ¿qué parte quieres tú? —preguntó Liebre—. ¿La parte de arriba o la de abajo? Tú decides: ¿arriba o abajo?

—Veamos . . . —dijo Oso, bostezando—. Me quedaré con la parte de arriba, Liebre. Sí, la parte de arriba.

Liebre sonrió.

—Es un trato, Oso.

Entonces Oso volvió a dormirse, y Liebre y su familia se pusieron a trabajar. Liebre plantaba, la Sra. Liebre regaba, y todos juntos quitaban las malezas.

Oso dormía mientras los
cultivos crecían y crecían.

Cuando llegó el momento de la cosecha,
Liebre llamó a Oso.

—¡Despierta, Oso! Tú te quedas con la
parte de arriba y yo con la de abajo.

Liebre y su familia sacaron las zanahorias, los rabanitos y las remolachas. Liebre arrancó la parte de arriba de todas las verduras y las apiló para Oso, mientras se separaba todas las partes de abajo para él.

Oso observó su pila.

—Pero, Liebre, ¡lo mejor está en tu mitad!

—Tú elegiste la parte de arriba, Oso —dijo Liebre.

—Me engañaste, Liebre. ¡Volverás a plantar este campo y esta vez me darás la parte de abajo!

Liebre estuvo de acuerdo.

—Es un trato, Oso.

ANALIZAR EL TEXTO

Punto de vista Desde el punto de vista de Oso, ¿le conviene el trato que hizo con Liebre? ¿Cuál es tu punto de vista?

Entonces, Oso volvió a dormirse y Liebre y su familia se pusieron a trabajar. Plantaron, regaron y quitaron las malezas.

Oso dormía mientras los cultivos
crecían y crecían.

Cuando llegó el momento de la cosecha, Liebre llamó a Oso.

—¡Despierta, Oso! Tú te quedas con la parte de abajo y yo con la de arriba.

Liebre y su familia cosecharon la lechuga, el brócoli y el apio. Entonces, Liebre cortó la parte de abajo de las verduras para Oso y puso la parte de arriba en su propia pila.

Oso observó su pila y frunció el ceño.

—Liebre, me engañaste de nuevo.

—Pero, Oso —dijo Liebre—, fuiste tú quien eligió la parte de abajo esta vez.

Oso gruñó.

—Vas a plantar este campo otra vez, Liebre. ¡Me engañaste dos veces y me debes una temporada de partes de arriba y partes de abajo!

—Tienes razón, Oso —suspiró Liebre—. Es justo que te quedes con las partes de arriba y de abajo esta vez. Es un trato.

Entonces Oso volvió a dormirse, y Liebre y su familia retomaron el trabajo. Plantaron, regaron y quitaron las malezas, y luego volvieron a regar y quitar malezas.

Oso dormía mientras los cultivos
crecían y crecían.

Cuando llegó el momento de la cosecha, Liebre
llamó a Oso.

—¡Despierta, Oso! Esta vez te quedas con la parte
de arriba y la de abajo.

Frente a la casa de Oso había ahora un maizal. Liebre y su familia cortaron todos los tallos. Liebre luego jaló todas las raíces de la parte de abajo, cortó las borlas de la parte de arriba y colocó todo en la pila de Oso. Luego recogió con cuidado todas las mazorcas de la parte del medio y las puso en su propia pila.

Oso no podía creer lo que veía.

—¿Ves, Oso? Aquí tienes la parte de arriba y la de abajo de la cosecha. Yo me quedo con la parte del medio. ¡Ya ves, mi querido amigo: he cumplido con mi parte del trato!

Ahora Oso ya estaba bien despierto.

—¡Se acabó, Liebre! —vociferó Oso—. ¡A partir de ahora yo mismo plantaré y cosecharé mis verduras, y me quedaré con la parte de arriba, la del medio y la de abajo!

Liebre y su familia tomaron rápidamente el maíz y huyeron saltando por el camino hasta su hogar.

Oso nunca más volvió a dormir durante la temporada de plantar y cosechar. Liebre volvió a comprar sus tierras con lo que ganó con las cosechas y la Sra. Liebre y él abrieron un puesto de verduras.

Y aunque Oso y Liebre aprendieron a convivir como buenos vecinos, ¡nunca más volvieron a ser socios!

ANALIZAR EL TEXTO

Tema ¿Cuál es el tema, o mensaje, de este cuento?

Ahora analiza

Cómo analizar el texto

Usa estas páginas para aprender acerca de Tema y Punto de vista. Luego, vuelve a leer *Arriba y abajo* para aplicar lo que has aprendido.

Tema

En un cuento como *Arriba y abajo* hay un mensaje importante para el lector. Este mensaje es el **tema** del cuento. Un tema es una lección sobre la vida. No está expresamente enunciado en el texto, pero se puede inferir de las acciones de los personajes y de lo que les sucede. Presta atención a estos detalles.

Vuelve a la página 432 de *Arriba y abajo*. ¿Qué información te dan la evidencia del texto y la ilustración sobre Oso? Con esta información y los detalles que leíste más adelante podrás descubrir el tema del cuento.

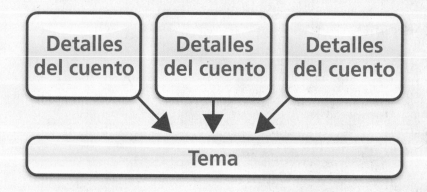

| Detalles del cuento | Detalles del cuento | Detalles del cuento |

Tema

RL.3.2 recount stories and determine the message, lesson, or moral; **RL.3.6** distinguish own point of view from the narrator or characters' point of view

Aprende en línea

Punto de vista

Los autores eligen un **punto de vista** para sus relatos. El punto de vista es el mensaje que el autor quiere dar a los lectores. Este mensaje se transmite a través de las acciones, los pensamientos, las palabras y los sentimientos del narrador o de los personajes. Los autores a veces usan el punto de vista para lograr que los lectores centren su atención en una idea, opinión o sentimiento importante dentro del cuento.

A menudo, los lectores tienen su propio punto de vista sobre lo que sucede en un relato. En *Arriba y abajo*, Oso dice que Liebre lo engañó. Liebre dice que Oso decidió él mismo lo que quería hacer. Como lector, debes decidir si estás de acuerdo con lo que piensa un personaje o si tu opinión sobre lo que sucedió es completamente diferente.

Es tu turno

REPASAR LA PREGUNTA ESENCIAL

Turnarse y comentar Repasa el cuento con un compañero y prepárate para comentar esta pregunta: *¿Por qué es importante cultivar alimentos para comer?* Mientras comentas la pregunta, túrnate con tu compañero para hablar. Explica tus propias ideas en relación con las ideas de tu compañero.

Comentar en la clase

Para continuar comentando *Arriba y abajo*, usa la evidencia del texto para explicar tus respuestas a estas preguntas:

1. ¿Qué clase de personaje es Oso? ¿Qué clase de personaje es Liebre?

2. ¿Cómo te muestra la autora que Liebre tiene la intención de engañar a Oso?

3. ¿Crees que Oso merece que lo engañen? ¿Por qué?

ESCRIBE SOBRE LO QUE LEÍSTE

Respuesta En el cuento *Arriba y abajo*, Liebre engaña a Oso. ¿Estás de acuerdo con lo que hace Liebre? Escribe un párrafo para explicar lo que piensas. Usa evidencia del texto para apoyar tu opinión.

Sugerencia para la escritura

Expresa tu opinión con claridad. Luego, da razones que la apoyen. Usa partes del texto para explicar tus razones. Finalmente, agrega una oración de conclusión que resuma tus ideas.

Aprende en línea

ESTÁNDARES COMUNES **RL.3.1** ask and answer questions to demonstrate understanding, referring to the text; **RL.3.3** describe characters and explain how their actions contribute to the sequence of events; **W.3.1a** introduce the topic, state an opinion, and create an organizational structure; **W.3.1b** provide reasons that support the opinion; **W.3.1d** provide a concluding statement or section; **W.3.10** write routinely over extended time frames or short time frames; **SL.3.1d** explain own ideas and understanding in light of the discussion

La bondad
crece en los
huertos

GÉNERO

Un **texto informativo** proporciona datos e información sobre un tema.

ENFOQUE EN EL TEXTO

Los **encabezamientos** indican de qué trata principalmente una sección del texto.

ESTÁNDARES COMUNES

RI.3.5 use text features and search tools to locate information; **RI.3.10** read and comprehend informational texts

La bondad crece en los huertos

por Tina Brigham

Los huertos comunitarios son de diferentes formas y tamaños. Se pueden encontrar en las grandes ciudades, en los suburbios y en los pueblos pequeños. Estos huertos los cultivan personas de todas las edades. Algunas personas cultivan flores hermosas, pero muchos prefieren cultivar alimentos. Existen buenas razones para tener huertos comunitarios.

Aprende
en línea

Algo bueno para ti

Ya sabes que las verduras y las frutas son buenas para tu cuerpo. Si puedes comprarlas en las tiendas, ¿por qué tomarte el trabajo de cultivarlas? En vez de quedarte sentado en tu casa a esperar que otros cultiven tu comida, puedes salir y disfrutar de la vida al aire libre. Cultivar un huerto implica mucho trabajo, ¡de manera que harás mucho ejercicio! Muchas personas piensan que es más emocionante comer cosas que ellos mismos han cultivado.

Algo bueno para las comunidades

Hay miles de huertos comunitarios en Estados Unidos, en ciudades como Boston, Massachusetts, y en pequeños pueblos como Winter Garden, Florida. Estén donde estén, los huertos comunitarios ayudan a las personas a hacer amigos y también a cultivar alimentos saludables. Los huertos ayudan a mejorar las comunidades, ya que las parcelas de tierra vacías o con malezas se transforman en algo útil y atractivo. Los niños y los adultos trabajan juntos y aprenden unos de otros. Los agricultores voluntarios entregan alimentos a quienes los necesitan.

Algo bueno para nuestro país

En la primavera del año 2009, se plantó un huerto comunitario en la Casa Blanca. La Casa Blanca es la residencia oficial del Presidente. Poco después de que Barack Obama y su familia se mudaran a la Casa Blanca, la Sra. Obama decidió cultivar un huerto. El huerto sería de todos, lo que implicaba que todos también compartirían el trabajo de cultivarlo. Hasta el Presidente tendría que ayudar.

Los jardineros de la Casa Blanca prepararon la huerta y estudiantes de la escuela primaria de Washington, D.C., ayudaron a la Sra. Obama a plantar las semillas. Plantaron zanahorias, papas, fresas, tomates y otras verduras. El huerto de la Casa Blanca ha alimentado al Presidente y su familia, a invitados especiales y también a familias sin hogar de Washington, D.C. El huerto de la Casa Blanca es un buen ejemplo para que otros se animen a hacer lo mismo.

La Sra. Obama cree que es importante que los niños ayuden a cultivar frutas y verduras frescas.

Comparar el texto

Comparar huertos Piensa en los huertos de *Arriba y abajo* y *La bondad crece en los huertos.* ¿En qué se parecen? ¿En qué se diferencian? Comenta tus ideas con un compañero. Escucha las ideas de tu compañero. Usa evidencia de los dos textos para apoyar tus argumentos.

EL TEXTO Y TÚ

Aprender una lección ¿Qué lección sobre la vida te enseña *Arriba y abajo?* ¿Cómo sabes si Oso aprendió la misma lección? Escribe un párrafo que responda a estas preguntas.

EL TEXTO Y EL MUNDO

Planear un huerto Con un compañero, repasa los textos *Arriba y abajo* y *La bondad crece en los huertos.* Usa la información de los textos para planear un huerto para tu escuela.

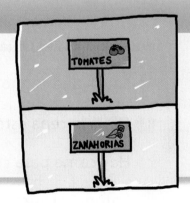

 Aprende en línea

ESTÁNDARES COMUNES **RL.3.2** recount stories and determine the message, lesson, or moral; **RI.3.9** compare and contrast important points and details in texts on the same topic

Gramática

Escribir citas textuales Las **comillas** (" ") se usan para escribir las palabras textuales, o exactas, que dice una persona. Las comillas van al principio y al final de las palabras que dice la persona. La cita textual comienza con mayúscula y termina con un punto por fuera de las comillas.

Cuando hay un verbo de habla (por ejemplo, *dijo*) antes de la cita, se colocan dos puntos antes de las comillas de apertura.

> Mi abuelo dijo: "Por favor, pásame las papas".

Cuando el verbo de habla está después de las comillas de cierre, en vez de un punto se coloca una coma después de las comillas de cierre.

> "Por favor, pásame las papas", dijo mi abuelo.

 **Copia cada oración y vuelve a escribirla correctamente. Agrega comillas, puntos, dos puntos o comas cuando sea necesario.**

1. Laura dijo Tengo hambre

2. Ojalá la cena esté lista pronto dijo Josh

3. Hay carne para cenar dijo papá

4. Entonces Laura contestó Quiero cenar verduras

También puedes hacer citas textuales de preguntas y exclamaciones. Los signos de interrogación o exclamación deben ir dentro de las comillas. El punto o la coma debe ir por fuera de las comillas.

Mamá preguntó: "¿Quieres unas papas?".

"¿Quieres unas papas?", preguntó mamá.

Josh exclamó: "¡Estas papas están muy calientes!".

"¡Estas papas están muy calientes!", exclamó Josh.

 ## Relacionar la gramática con la escritura

Mientras corriges tu párrafo de comparar y contrastar, asegúrate de usar comillas cuando cites las palabras textuales de otra persona. También comprueba que hayas usado los signos de puntuación correctamente.

W.3.2a introduce a topic and group related information/include illustrations; **W.3.2b** develop the topic with facts, definitions, and details; **W.3.2c** use linking words and phrases to connect ideas within categories of information; **W.3.2d** provide a concluding statement or section; **W.3.8** recall information from experiences or gather information from print and digital sources/take brief notes and sort evidence; **W.3.10** write routinely over extended time frames or short time frames

Escritura informativa

☑ Elección de palabras Un buen **párrafo de comparar y contrastar** comienza con una oración principal que indica qué dos cosas se comparan y contrastan en el párrafo. A continuación, el autor suele explicar en qué se parecen las dos cosas. Luego, suele explicar en qué se diferencian. El párrafo termina con una oración de conclusión.

   Ben escribió el primer borrador de un párrafo de comparar y contrastar sobre sus comidas favoritas. Luego, revisó su párrafo. Agregó detalles para mejorar su párrafo y también agregó palabras para relacionar sus ideas.

Lista de control de la escritura

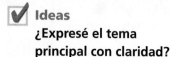

☑ **Ideas**
¿Expresé el tema principal con claridad?

☑ **Organización**
¿Expliqué en qué se parecen y se diferencian las dos cosas?

☑ **Elección de palabras**
¿Usé palabras de enlace para comparar y contrastar?

☑ **Voz**
¿Transmití mis opiniones a los lectores?

☑ **Fluidez de las oraciones**
¿Escribí oraciones completas?

☑ **Convenciones**
¿Usé los signos de puntuación correctamente?

Borrador revisado

Sin embargo, de alguna manera,
^Las dos comidas se parecen. Mi familia

cultiva las dos ^verduras en nuestro huerto.

Las dos son comidas sanas.

   Mi padre siempre dice: "El maíz y las zanahorias tienen muchos nutrientes".
^Los nutrientes permiten que nuestro

cuerpo crezca sano. Finalmente, las dos son

realmente deliciosas.

464

El maíz y las zanahorias son realmente deliciosos

por Ben Álvarez

El maíz y las zanahorias son dos de mis comidas favoritas. Son bastante diferentes entre sí, no solo porque el maíz es amarillo y las zanahorias son anaranjadas. El maíz crece sobre el suelo, mientras que las zanahorias crecen por debajo de la tierra. Además, el maíz hay que cocinarlo, pero las zanahorias pueden comerse crudas o cocidas. Sin embargo, de alguna manera, las dos comidas se parecen. Mi familia cultiva las dos verduras en nuestro huerto. Las dos son comidas sanas. Mi padre siempre dice: "El maíz y las zanahorias tienen muchos nutrientes". Los nutrientes permiten que nuestro cuerpo crezca sano. Finalmente, las dos son realmente deliciosas. Cuando comes zanahorias crudas, haces un ruido gracioso y de solo pensar en el maíz dulce, ¡se me hace agua la boca!

Leer como escritor

¿Qué detalles agregó Ben para mejorar su párrafo? ¿Qué detalles puedes agregar para mejorar tu propio párrafo?

En mi versión final, agregué detalles y palabras de enlace.

Montaña lejana: una leyenda cheroqui

El camino de lágrimas

☑ VOCABULARIO CLAVE

examinar
cumbre
afectuosamente
empinado
accidentado
niebla
hacer una pausa
rogar

Librito de vocabulario   Tarjetas de contexto

La vida diaria de los cherokees

Vocabulario en contexto

1 examinar

El excursionista examinó el árbol y vio unas marcas dejadas por los osos.

2 cumbre

Esta cabra vive cerca de la cumbre, o cima, de la montaña, que es alta y rocosa.

3 afectuosamente

Las lobas tratan afectuosamente a sus cachorros. Siempre son cariñosas.

4 empinado

El camino para subir esta montaña es empinado. ¡Cuesta mucho subirlo!

Aprende en línea

▶ Estudia cada Tarjeta de contexto.

▶ Usa dos palabras del Vocabulario en otra oración y en otro contexto.

5 accidentado

Los jinetes van despacio por el sendero accidentado para evitar caer.

6 niebla

Muchos animales disfrutan de una niebla suave, pero se refugian si llueve.

7 hacer una pausa

El búfalo hizo una pausa: paró por un momento para beber.

8 rogar

Este aguilucho hambriento rogó, o suplicó, a su madre que le diera comida.

Montaña lejana:
una leyenda cheroqui

como dijeron Robert H. Bushyhead
por Kay Thorpe Bannon
ilustrado por Kristina Rodanas

Leer y comprender

Aprende
en línea

☑ DESTREZA CLAVE

Comparar y contrastar Cuando **comparas** a los personajes de un cuento, buscas detalles que te indiquen en qué se parecen. Cuando **contrastas** a los personajes, buscas detalles que te indiquen en qué se diferencian.

Mientras lees *Montaña lejana,* presta atención a la forma en que los tres jóvenes de la historia enfrentan los desafíos. Anota la evidencia del texto sobre estos tres personajes y sus experiencias en una tabla como la siguiente.

Personaje 1	Personaje 2	Personaje 3

☑ ESTRATEGIA CLAVE

Analizar/Evaluar Cuando piensas en lo que lees, **analizas** la información. Esto te ayuda a **evaluar** a los personajes, o formar una opinión acerca de cómo son.

ESTÁNDARES
COMUNES

RL.3.3 describe characters and explain how their actions contribute to the sequence of events

Los cheroqui son indios americanos cuyos ancestros vivían en las montañas y los valles del sureste de Estados Unidos. Cada aldea estaba gobernada por un jefe. Como muchas culturas, los cheroqui tienen leyendas muy antiguas que cuentan hechos importantes.

En una leyenda cheroqui llamada *Montaña lejana*, leerás acerca de un anciano jefe que pone a prueba a tres jóvenes para decidir cuál de ellos lo reemplazará como líder de su pueblo.

TEXTO PRINCIPAL

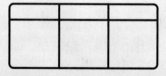

✅ DESTREZA CLAVE

Comparar y contrastar
Comenta en qué se parecen y en qué se diferencian los personajes.

✅ GÉNERO

Una **leyenda** es un cuento que se ha contado por muchos años. Los sucesos del cuento podrían ser ciertos o no. Mientras lees, busca:

▶ un personaje que realiza una hazaña importante y
▶ un entorno de hace mucho tiempo.

ESTÁNDARES COMUNES **RL.3.2** recount stories and determine the message, lesson, or moral; **RL.3.3** describe characters and explain how their actions contribute to the sequence of events; **RL.3.10** read and comprehend literature

 Aprende en línea

CONOCE AL AUTOR
Robert H. Bushyhead

Montaña lejana es un cuento que la familia Bushyhead ha transmitido de generación en generación. Robert Bushyhead creció hablando el idioma cheroqui, una lengua tan bella que una vez la comparó con el sonido de "el fluir de una cascada". Trabajó para que el idioma quedara registrado, con el fin de que las generaciones futuras pudieran disfrutar de su belleza tanto como disfruta él.

CONOCE A LA ILUSTRADORA
Kristina Rodanas

Kristina Rodanas usa acuarelas, pasteles y lápices de colores para crear sus ilustraciones. Una vez, después de leer uno de los libros de Rodanas, un estudiante le escribió una carta donde decía: "Todavía veo las imágenes en la mente mucho tiempo después de haber cerrado el libro".

Montaña lejana:
Una leyenda cheroqui

por Robert H. Bushyhead
ilustrado por Kristina Rodanas

PREGUNTA ESENCIAL

¿Por qué son importantes las historias de diferentes culturas?

471

El Jefe Cielo ya está demasiado viejo para liderar a su pueblo y está buscando a alguien para reemplazarlo. ¿Qué busca en un nuevo jefe? Descúbrelo en esta leyenda cheroqui.

*É*rase una vez, en las tierras del pueblo cheroqui, un jefe amado llamado Cielo. El Jefe Cielo había visto muchos veranos y muchos inviernos; había liderado a su pueblo durante largas temporadas de paz; había visto a sus guerreros librar grandes batallas contra los enemigos. Pero ahora sus pasos eran lentos y sus manos temblaban sobre el arco; ya no lograba divisar a los hermanos venados entre los árboles. Ya no era capaz de liderar a su pueblo.

Un día, durante la estación en que caen las hojas, el jefe convocó a tres hombres jóvenes y les dijo:

—Uno de ustedes tomará mi lugar, se convertirá en jefe y liderará a nuestro pueblo. Pero, primero, debo ponerlos a prueba.

El Jefe Cielo se volvió lentamente, mirando a lo lejos.

—¿Ven aquella montaña lejana?

Los tres jóvenes siguieron la dirección de la mirada de su jefe y vieron una gran montaña que surgía a lo lejos, de entre la niebla.

—Sí —respondieron—, vemos la montaña.

El Jefe Cielo señaló hacia la cumbre más alta:

—Quiero que vayan a la cima de la montaña. Tráiganme lo que encuentren allí.

El primer joven, llamado Oso Negro, comenzó rápidamente a subir por la ladera de la montaña. Después de que el sol había llegado a la mitad del día, Oso Negro llegó a un lugar ancho en el sendero, donde se detuvo a descansar. Apoyó la cabeza sobre una roca y los ojos se le hicieron pesados. Justo cuando se le cerraban los ojos, divisó mil luces que titilaban en el sol. Oso Negro se sentó derecho y vio piedras de gran belleza que bordeaban cada lado del sendero. Centelleaban y resplandecían bajo la luz solar. Oso Negro examinó una piedra, dándole vueltas en la mano con cuidado, una y otra vez, viendo cómo bailaba el sol sobre cada superficie.

—Si mi pueblo tuviera estas piedras, nunca más pasaría hambre —dijo—. Podríamos cambiarlas por alimentos y nuestra vida sería mejor.

Oso Negro recogió muchas piedras resplandecientes y corrió cuesta abajo por la montaña, de vuelta a la aldea. La gente lo vio llegar y se colocó al borde del sendero cuando él entró en la aldea. Los niños señalaron las piedras resplandecientes y dijeron:

—Miren las piedras bonitas que ha encontrado Oso Negro.

Oso Negro entregó las piedras al Jefe Cielo y dijo:

—Mi jefe, mira lo que he encontrado: ¡piedras bellas! Podemos cambiarlas por alimentos y nunca pasaremos hambre. Estaremos seguros durante muchos inviernos.

El jefe sonrió afectuosamente al joven y le dijo:

—Has hecho bien, hijo mío. Has hecho bien. Esperemos ahora a los demás.

El segundo joven, llamado Lobo Gris, subió la montaña y pasó el lugar de las piedras resplandecientes. Ascendió cada vez más alto, y el sendero se volvió empinado y accidentado. Finalmente llegó a un lugar abierto donde descansó. Recogió una hierba y observó atentamente sus hojas puntiagudas y sus largas raíces.

—Estas son las plantas curativas de nuestro curandero —dijo—. Si mi pueblo tuviera estas hierbas y raíces, ya no se enfermaría, ni sufriría. Nos podríamos curar con estas plantas.

Lobo Gris recogió un ejemplar de cada planta y bajó deprisa por la montaña.

La gente lo vio llegar y se paró en los bordes del sendero. Los niños lo saludaron con la mano y los mayores dijeron:

—Miren todas las hierbas que ha encontrado Lobo Gris. ¡Nunca más nos enfermaremos!

Lobo Gris corrió hasta su jefe y esparció las plantas delante de él.

—Mira, mi jefe, lo que he encontrado. Ya no tendremos que sufrir: he encontrado todo tipo de hierbas, con las que podremos curarnos.

El anciano jefe sonrió afectuosamente a Lobo Gris y le dijo:

—Has hecho bien, hijo mío. Has hecho bien. Ahora esperemos a Águila Voladora, nuestro último joven.

Esperaron. Pasaron los días y Águila Voladora no regresaba, pero la aldea lo siguió esperando. Después de seis días, la gente comenzó a murmurar:

—Algo tiene que haberle sucedido a Águila Voladora. ¿Para qué esperar más?

Pero el Jefe Cielo le dijo a su pueblo:

—Esperaremos un día más.

Y así lo hicieron.

El séptimo día, cuando el sol proyectaba su larga sombra sobre la aldea, vieron llegar a Águila Voladora. Venía tropezándose, con los pies ensangrentados. Sus ropas estaban rasgadas y desgarradas. No traía nada en las manos.

La gente guardó silencio cuando Águila Voladora cayó a los pies de su jefe. Águila Voladora le habló suavemente al Jefe Cielo:

—Fui a la cima de la montaña, mi jefe, pero no traigo nada en las manos. Pasé por un lugar donde había piedras resplandecientes, pero recordé que dijiste que fuera hasta la cima de la montaña. Pasé por un lugar donde crecía todo tipo de hierbas, pero recordé tus palabras. El sendero era accidentado y había grandes acantilados y rocas afiladas. No tengo nada en las manos para mostrarte, pero traigo una historia de la cima de la montaña.

ANALIZAR EL TEXTO

Comparar y contrastar ¿En qué se parecen los viajes de los tres jóvenes? ¿En qué se diferencian? Compara y contrasta la forma en que las acciones de cada hombre influyen en los sucesos del cuento.

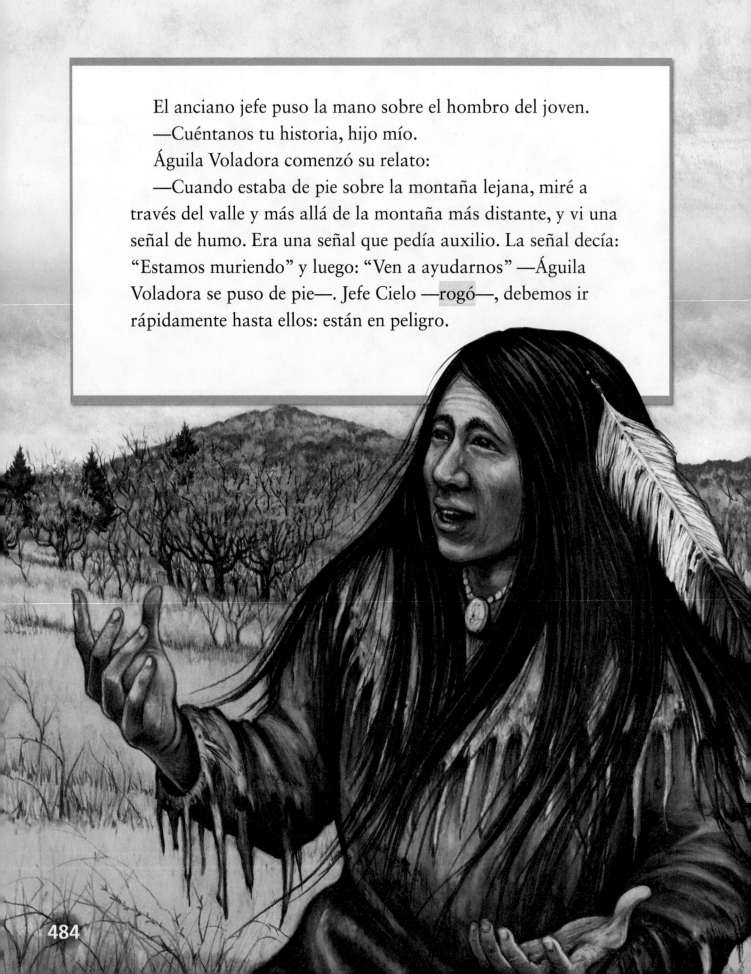

El anciano jefe puso la mano sobre el hombro del joven.

—Cuéntanos tu historia, hijo mío.

Águila Voladora comenzó su relato:

—Cuando estaba de pie sobre la montaña lejana, miré a través del valle y más allá de la montaña más distante, y vi una señal de humo. Era una señal que pedía auxilio. La señal decía: "Estamos muriendo" y luego: "Ven a ayudarnos" —Águila Voladora se puso de pie—. Jefe Cielo —rogó—, debemos ir rápidamente hasta ellos: están en peligro.

El Jefe Cielo se paró derecho ante su pueblo y delante de los tres jóvenes. Hizo una pausa durante un momento, alzó su mirada a las montañas y vio posarse la niebla sobre los picos. Luego, se volvió hacia su pueblo y habló:

—Necesitamos a un líder que haya subido hasta la cima de la montaña. Necesitamos a alguien que haya visto más allá de la montaña, hasta otros pueblos que necesitan ayuda.

La gente observó al Jefe Cielo quitarse la túnica con cuidado. Dio la vuelta para mirar de frente a Águila Voladora.

—Tú, hijo mío, vestirás la túnica del jefe —declaró el amado y anciano líder. El Jefe Cielo colocó la túnica sobre las ropas desgarradas del joven elegido—. Serás nuestro próximo jefe, Águila Voladora. Liderarás a nuestro pueblo y ayudarás a los necesitados. Sí, serás nuestro jefe y nos ayudarás a subir aquella montaña lejana.

ANALIZAR EL TEXTO

Mensaje del cuento ¿Qué mensaje quiere el autor que comprendan los lectores?

Ahora analiza

Cómo analizar el texto

Usa estas páginas para aprender acerca de Comparar y contrastar y Mensaje del cuento. Luego, vuelve a leer *Montaña lejana* para aplicar lo que has aprendido.

Comparar y contrastar

La leyenda *Montaña lejana* cuenta la historia del Jefe Cielo y tres hombres jóvenes. Las acciones de los personajes contribuyen a la secuencia de sucesos del cuento. Estos personajes y sus experiencias se pueden comparar y contrastar. Cuando **comparas,** describes en qué se parecen dos o más cosas. Cuando **contrastas,** describes en qué se diferencian.

Vuelve a leer las páginas 474 y 475 de *Montaña lejana*. En esta parte del cuento, descubres lo que el Jefe Cielo quiere que hagan los tres jóvenes. Mientras lees, busca evidencia del texto acerca de lo que cada joven encuentra en su viaje. Observa los parecidos y las diferencias en la forma en que cada personaje influye en la trama del cuento.

Personaje 1	Personaje 2	Personaje 3

RL.3.2 recount stories and determine the message, lesson, or moral; **RL.3.3** describe characters and explain how their actions contribute to the sequence of events

Mensaje del cuento

Un cuento como esta leyenda se relata una y otra vez durante muchos años porque tiene un **mensaje** importante. El mensaje es una lección de vida. No está expresado en el cuento, sino que los personajes y los sucesos ayudan a mostrar cuál es la lección. Los lectores pueden observar lo que sucede y por qué sucede para descubrir el mensaje del cuento.

Es tu turno

mi **Escritura genial**

REPASAR LA PREGUNTA ESENCIAL

Turnarse y comentar Repasa el cuento con un compañero y prepárate para comentar esta pregunta: *¿Por qué son importantes las historias de diferentes culturas?* Mientras hablan, usen evidencia de *Montaña lejana* para explicar las ideas clave de la discusión.

Comentar en la clase

Para continuar comentando *Montaña lejana*, usa evidencia del texto para explicar tus respuestas a estas preguntas:

1. ¿Por qué el Jefe Cielo siente que debe escoger a otra persona para que sea jefe? ¿Estás de acuerdo con él? ¿Por qué?

2. ¿Qué sienten los cheroquis respecto de ayudar a las personas? ¿Cómo lo sabes?

3. Si fueras el Jefe Cielo, ¿a qué joven elegirías para ser jefe? ¿Por qué?

ESCRIBE SOBRE LO QUE LEÍSTE

Respuesta ¿Qué es lo que hace que una persona sea un gran líder? Escribe un párrafo sobre este tema. Describe las cualidades que el Jefe Cielo piensa que debe tener un líder. Luego, explica las cualidades que son importantes en un líder según tu opinión. Da razones para tus ideas. Termina con una oración de conclusión.

Sugerencia para la escritura

Organiza las ideas en tu párrafo. Primero, enumera las cualidades que el Jefe Cielo piensa que son importantes para el liderazgo. Luego, compáralas o contrástalas con las cualidades que son importantes para ti.

Aprende en línea

ESTÁNDARES COMUNES **RL.3.1** ask and answer questions to demonstrate understanding, referring to the text; **RL.3.3** describe characters and explain how their actions contribute to the sequence of events; **W.3.1a** introduce the topic, state an opinion, and create an organizational structure; **W.3.1b** provide reasons that support the opinion; **W.3.1d** provide a concluding statement or section; **W.3.4** produce writing in which development and organization are appropriate to task and purpose

491

RI.3.7 use information gained from illustrations and words to demonstrate understanding; **RI.3.10** read and comprehend informational texts

Aprende en línea

El camino de lágrimas

por Samuel Winters

La tierra natal de los cheroquis

En 1830, los cheroquis vivían en el sureste de Estados Unidos. Los colonos blancos querían estas tierras: las querían para cultivar y para buscar oro en ellas. ¿Por qué? Se había descubierto oro en Georgia y la mayor parte de ese oro se hallaba en tierra cheroqui.

La mayoría de los cheroquis no quería irse al oeste, pero el ejército de Estados Unidos los examinaba de cerca durante su marcha para asegurarse de que no escapara ninguno.

La pérdida de la tierra

En 1830, el gobierno de Estados Unidos aprobó una ley: la Ley de traslado de los indios. La ley permitía al Presidente darles tierras a los indígenas, tierras que estaban al oeste del Mississippi. A cambio, los indígenas cederían sus tierras en el este. Entonces, los colonos blancos podrían tenerlas.

En 1835, un grupo pequeño de cheroquis firmó un tratado: vendieron sus tierras al gobierno de Estados Unidos y debían irse al oeste. La mayoría de los cheroquis no quería ceder sus tierras, pero el gobierno de Estados Unidos dijo que el tratado significaba que todos los cheroquis tenían que irse.

El viaje difícil

En 1838, el ejército de Estados Unidos obligó a aproximadamente dieciséis mil cheroquis a dejar sus hogares. Dejaron las granjas de las que se habían ocupado afectuosamente y se mudaron a lo que hoy es Oklahoma. Algunos fueron en bote, pero la mayoría fue caminando.

Partes del camino eran empinadas y accidentadas. Las mujeres cruzaban las cumbres de cada montaña cargando a sus bebés. Los débiles y los muy jóvenes iban a caballo. La niebla se arremolinaba a su alrededor, la lluvia y la nieve los azotaban. Los cheroquis seguían caminando, solo haciendo pausas breves para descansar. Muchas personas se enfermaron, pues tenían poca comida, y miles murieron. Los cheroquis les rogaban a los soldados que se detuvieran el tiempo suficiente para permitirles enterrar a los que habían muerto.

Un sobreviviente contó cómo fue el triste viaje:

"Los niños lloran y muchos hombres también [...]. Pasan los días y la gente se muere [...]".

Los cheroquis llegaron a Oklahoma en el invierno. Al duro viaje lo llamaron *El camino donde lloraron*.

En 1987, el gobierno de Estados Unidos creó el *Camino Histórico Nacional Camino de Lágrimas* en honor a los cheroquis. Se extiende unas 2,200 millas, a través de nueve estados.

El camino de lágrimas

Este mapa muestra la ruta por la que viajaron los cheroquis en 1838. ¿Por qué fue tan difícil el viaje?

Comparar el texto

Comparar experiencias ¿En qué se parece y en qué se diferencia el viaje de los cheroquis de *Montaña lejana* al viaje de los cheroquis sobre el que leíste en *El camino de lágrimas?* Con un compañero, compara y contrasta las razones que tenía cada grupo para irse, y comenta los desafíos a los que se enfrentaron.

EL TEXTO Y TÚ

Escribir sobre leyendas *Montaña lejana* es una leyenda que enseña una lección y también enseña sobre el pueblo cheroqui. Piensa en una oportunidad en que aprendiste una lección. Escribe un cuento sobre ella para que enseñe al lector sobre ti y sobre lo que aprendiste.

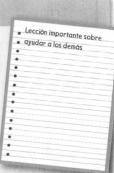

Lección importante sobre
ayudar a los demás

EL TEXTO Y EL MUNDO

Conectar con los Estudios Sociales Identifica tres detalles históricos sobre el pueblo cheroqui. Usa estos dos cuentos que leíste y tu propia investigación para hallar la información. Haz una lista para mostrarla y preséntala a la clase.

Aprende
en línea

ESTÁNDARES COMUNES

RI.3.9 compare and contrast important points and details in texts on the same topic; **W.3.8** recall information from experiences or gather information from print and digital sources/take brief notes and sort evidence; **SL.3.1a** come to discussions prepared/explicitly draw on preparation and other information about the topic

L.3.1.a explain the function of nouns, pronouns, verbs, adjectives, and adverbs; **L.3.1d** form and use regular and irregular verbs; **L.3.1f** ensure subject-verb and pronoun-antecedent agreement

Gramática

Aprende en línea

Concordancia verbal La concordancia verbal es la correspondencia que existe entre el sujeto y las formas del verbo. Los verbos terminan en *-ar, -er* o *-ir* y esas terminaciones cambian según la persona o personas que realizan la acción y el tiempo en que la realizan.

Singular	Plural
Oso Negro regresa muy rápido.	Lobo Gris y Águila Voladora regresan más tarde.
El jefe reúne a los guerreros de la tribu.	Todos se reúnen a esperar.
Águila Voladora sube hasta la cima de la montaña.	Los guerreros suben hasta la cima de la montaña.

Inténtalo **Trabaja con un compañero. Lee cada oración en voz alta. Elige la forma del verbo que complete la oración correctamente.**

1. Oso Negro (corre, corren) cuesta abajo.

2. Los guerreros (lucha, luchan) contra sus enemigos.

3. El jefe de la tribu (sonríe, sonríen) al verlos llegar.

4. Lobo Gris (encuentra, encuentran) hierbas medicinales.

5. Las piedras (resplandece, resplandecen) una a una.

Cuando escribas, presta atención a las terminaciones de los verbos. La forma que uses debe concordar con el sujeto de la oración. Asegúrate de haber escrito las terminaciones de los verbos correctamente.

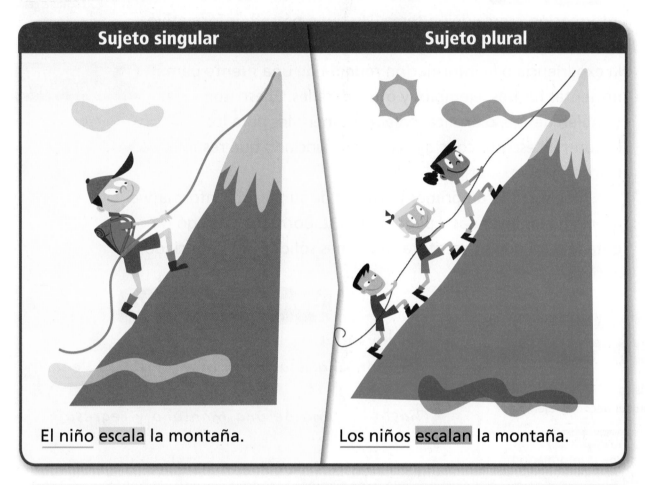

Sujeto singular	Sujeto plural
El niño <u>escala</u> la montaña.	Los niños <u>escalan</u> la montaña.

Sujeto singular: El hombre observa un águila.
El águila lleva un pez en sus garras.
Sujeto plural: Los hombres observan un águila.
Las águilas llevan peces en sus garras.

 ## Relacionar la gramática con la escritura

Mientras revisas tu párrafo informativo, comprueba la ortografía de los verbos y asegúrate de que haya concordancia entre el sujeto y las formas de los verbos.

Escritura informativa

✓ **Organización** La escritura informativa explica o da información acerca de un tema. Un buen **párrafo informativo** comienza por establecer el tema claramente. El escritor usa la experiencia o la información reunida de una fuente para presentar hechos, ejemplos y otros detalles. El escritor también define, o explica, palabras especiales para los lectores. El escritor concluye con un enunciado que resume la información.

Chloe escribió un primer borrador de su párrafo informativo acerca de las leyendas. Luego, revisó su borrador. Agregó un detalle para que su escritura fuera más sólida y un enunciado al final.

Lista de control de la escritura

✓ **Ideas**
¿Incluí hechos y ejemplos?

✓ **Organización**
¿Agrupé la información relacionada?

✓ **Elección de palabras**
¿Definí las palabras especiales?

✓ **Voz**
¿Mostré lo que el lector debe saber?

✓ **Fluidez de las oraciones**
¿Escribí oraciones completas?

✓ **Convenciones**
¿Revisé mi trabajo para que la ortografía, la gramática y la puntuación sean correctas?

Borrador revisado

Las leyendas suelen tener héroes.
∧En Montaña lejana, un hombre joven llega hasta la cima de una montaña y regresa para decir que vio una señal de humo que pedía auxilio. Este joven se convierte en el nuevo jefe. Montaña lejana nos muestra que, para los cheroquis, ayudar a los demás era importante. ∧Entonces, las leyendas no son solo historias interesantes. Nos muestran qué es importante para quienes las relatan.

Leyendas

por Chloe Williams

Algunas personas piensan que las leyendas son como los cuentos de hadas, pero no es así. Una leyenda es una historia antigua que un grupo de personas ha contado por muchos años. Algunas partes de la historia pueden haber sucedido realmente. La leyenda cheroqui de *Montaña lejana* se ha contado en la familia de Robert Bushyhead por mucho tiempo. Las leyendas suelen tener héroes. En *Montaña lejana,* un hombre joven llega hasta la cima de una montaña y regresa para decir que vio una señal de humo que pedía auxilio. Este joven se convierte en el nuevo jefe. *Montaña lejana* nos muestra que, para los cheroquis, ayudar a los demás era importante. Entonces, las leyendas no son solo historias interesantes. Nos muestran qué es importante para quienes las relatan.

Leer como escritor

Chloe agregó un detalle importante y un enunciado final para que el párrafo fuese más sólido. ¿Qué puedes añadir tú para mejorar tu párrafo informativo?

En mi párrafo final, añadí otro detalle importante acerca de las leyendas. También agregué una oración de conclusión que resume lo que son las leyendas.

☑ **VOCABULARIO CLAVE**

tendido
leal
compañero
turno
temblar
patrullar
habilidad
morder

Librito de vocabulario

Tarjetas de contexto

Perros de ayuda
por Kris Aufderhaus

ESTÁNDARES COMUNES

L.3.6 acquire and use conversational, general academic, and domain-specific words and phrases

500

Vocabulario en contexto

① tendido

Este perro está tendido. Está acostado en el piso.

② leal

Un perro es, por lo general, una mascota leal. No abandona a sus amigos humanos.

③ compañero

Muchos policías tienen compañeros que trabajan con ellos a diario.

④ turno

Un turno es el período de tiempo en que se trabaja. Puede ser de día o de noche.

Aprende en línea

▶ Estudia cada Tarjeta de contexto.

▶ Comenta una imagen. Usa una palabra del Vocabulario que no sea la de la tarjeta.

5 **temblar**

El perro tiene un gran sentido del olfato. Cuando huele, su nariz puede temblar.

6 **patrullar**

Cuando los oficiales de policía patrullan, vigilan una zona para evitar el delito.

7 **habilidad**

Una habilidad es una destreza. Los perros tienen la habilidad de correr rápido.

8 **morder**

No debes acariciar un perro extraño sin pedir permiso, pues podría morderte.

Leer y comprender

Aprende en línea

☑ DESTREZA CLAVE

Propósito de la autora Mientras lees *Aero y el policía Miguel*, piensa en el **propósito de la autora** cuando escribe. ¿Quiere informar, persuadir o entretener al lector? Busca evidencia en el texto sobre el tema y piensa en la manera en que la autora presenta sus ideas. Usa un organizador gráfico como el siguiente para enumerar claves del texto que te ayudan a identificar el propósito de la autora.

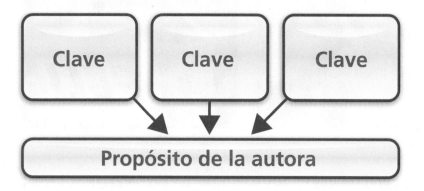

Clave   Clave   Clave

Propósito de la autora

☑ ESTRATEGIA CLAVE

Resumir Mientras lees *Aero y el policía Miguel*, presta especial atención a las ideas y sucesos principales. Luego, cuenta estas ideas de nuevo con tus propias palabras para **resumir** el texto.

ESTÁNDARES COMUNES

RI.3.1 ask and answer questions to demonstrate understanding, referring to the text; **RI.3.2** determine the main idea/recount details and explain how they support the main idea

Las personas y los animales

Los perros y los seres humanos siempre han tenido una relación especial. De hecho, probablemente los perros hayan sido las primeras mascotas de los seres humanos. Las personas de la antigüedad se dieron cuenta de que los perros podían ayudarlos y protegerlos. También descubrieron que los perros solían ser muy cariñosos con las personas.

Los perros realmente son buenos compañeros. Tienen un increíble sentido del olfato, son rápidos y son leales. Cuando están bien adiestrados, también hacen con determinación lo que los seres humanos quieren. No se rinden. En *Aero y el policía Miguel*, verás las cosas increíbles que puede hacer un perro.

Lección 14

TEXTO PRINCIPAL

Aero y el
policía Miguel
COMPAÑEROS POLICÍAS

por Joan Plummer Russell
fotografías de Kris Turner Sinnenberg

✅ DESTREZA CLAVE

Propósito de la autora

Usa información del texto para descubrir por qué la autora escribió esta selección. ¿Qué siente con respecto al tema?

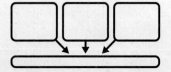

✅ GÉNERO

Un **texto informativo** da información y datos sobre un tema. Mientras lees, busca:

▶ encabezamientos que te informen sobre el contenido de las secciones,

▶ fotografías y

▶ claves que indican qué siente la autora sobre el tema.

Aprende en línea

CONOCE A LA AUTORA

Joan Plummer Russell

Como preparación para escribir este libro, Joan Plummer Russell acompañó al policía Miguel y a Aero dos veces al mes durante dos años. Como parte de la investigación, tomó notas y fotografías, y grabó muchas conversaciones. ¡Algunas de esas grabaciones están llenas de los ladridos de Aero!

AERO Y EL POLICÍA MIGUEL

COMPAÑEROS POLICÍAS

por
Joan Plummer Russell

fotografías de
Kris Turner Sinnenberg

PREGUNTA ESENCIAL

¿Cuáles son algunos de los beneficios de la interacción entre perros y seres humanos?

Es muy temprano en la mañana. En la casa, todo el mundo duerme. Hay un pastor alemán grande de pelaje negro y acanelado tendido en el piso al lado de la cama del policía Miguel. Suena el despertador y el policía extiende la mano para acariciar a Aero, su perro.

Aero es un perro policía, llamado también policía K-nino, que en inglés se conoce como "K-9". Cuando el policía Miguel se pone el uniforme, que tiene una placa de plata sobre el pecho, Aero se para en dos patas, listo para que le deslice por la cabeza su collar de cuero ancho y negro, con su propia placa de policía. Sabe que será una jornada de trabajo.

TRABAJO Y DIVERSIÓN

El policía Miguel y Aero son compañeros. Trabajan juntos, se entrenan juntos y se divierten juntos.

Gracias a su poderosa nariz, Aero puede hacer muchas cosas que el policía Miguel no puede: puede olfatear y localizar niños extraviados, y puede olfatear y encontrar objetos perdidos.

Los perros policía son muy fuertes y están bien adiestrados. Tienen que estar listos para ir a cualquier lugar donde se les necesite. Pueden ser muy feroces cuando ayudan a capturar criminales y pueden correr más rápido que ningún ser humano. Sin embargo, cuando los perros policía no están de servicio, son mascotas mansas a las que les encanta que les rasquen la barriga.

Los deberes más importantes de Aero son ayudar y proteger a su compañero, el policía Miguel. Juntos patrullan, a pesar de cómo esté el clima. Algunas semanas patrullan desde temprano en la mañana hasta la hora de la cena; otras semanas duermen de día y trabajan toda la noche.

DE GUARDIA

Aero siempre está deseoso de subirse a la parte trasera de la patrulla. La patrulla del policía Miguel es diferente a las demás patrullas: la parte de atrás no tiene asiento, el piso es plano y está cubierto con una alfombra para que Aero se acueste. También tiene una bandeja para el agua que está empotrada en el piso y un pequeño ventilador que mantiene fresco a Aero durante el verano. Las ventanas de la patrulla llevan una rejilla para que nadie pueda meter la mano para acariciarlo.

Aero no puede jugar cuando está de guardia. El policía Miguel se sienta en el puesto del conductor, pero Aero no permite que nadie se siente en la parte de adelante, a menos que el policía Miguel lo autorice.

Aero sabe que uno de sus deberes es proteger la patrulla. Cuando el policía Miguel sale del auto, puede abrir la ventana delantera para que Aero salte por ella o puede usar un control remoto para abrir la puerta de atrás si necesita la ayuda de Aero.

TIEMPO DE DESCANSO

Después de estar en la patrulla con el policía Miguel durante varias horas, Aero necesitará tomar un descanso. Para hacérselo saber a su compañero, Aero le empuja la cabeza con la suya. El policía Miguel estaciona el vehículo en cuanto puede y le dice a Aero: "¡Anda, ve a ser perro!". Aero sabe que mientras están parados también tendrá tiempo de explorar un poco por los alrededores y, quizás, de corretear detrás de una pelota de tenis.

SEÑALES Y ÓRDENES

El policía Miguel se puede comunicar con Aero de distintas maneras. Una de ellas es mediante señales con las manos y los brazos. Cuando la mano está extendida, significa "quieto"; cuando el brazo está levantado, significa "siéntate"; cuando la mano está en posición horizontal, significa "abajo".

Aero es muy leal al policía Miguel y quiere obedecerlo. Le gusta oír las palabras "¡Buen perro!". Siempre intenta complacer a su compañero. Aero entiende algunas órdenes cortas, como: "¡Encuéntralo!", "¡Detenlo!" y "¡No ladres!". Aero también entiende algunas órdenes en checo, el idioma que se habla en el país donde nació y donde comenzó su adiestramiento como perro policía.

ANALIZAR EL TEXTO

Propósito de la autora
¿Cómo ha organizado la autora la información? ¿De qué manera esta organización apoya su propósito?

ADIESTRAMIENTO DE K-NINO

El adiestramiento de Aero nunca termina. El policía Miguel y Aero entrenan con otros policías y sus compañeros K-ninos varias veces al mes. Uno de los ejercicios que hacen los perros policía es recorrer una pista con obstáculos. Los perros practican cómo pasar por encima, por debajo, alrededor y a través de obstáculos difíciles.

Aero tuvo que aprender a subir y bajar por escaleras abiertas muy inclinadas. También tuvo que aprender a caminar sobre rejillas muy grandes, como las que ves a menudo en algunas calles de las ciudades. Al principio extendía las patas para ayudarse a mantener el equilibrio; temblaba y chillaba del miedo. Tuvo que practicar una y otra vez. El policía Miguel le decía constantemente: "Buen chico, tú puedes". Aero fue valiente y confió en su compañero, pero todavía hoy no le gustan las rejillas abiertas ni las escaleras muy inclinadas.

EL SENTIDO DEL OLFATO DE AERO

Los policías K-ninos tienen narices muy desarrolladas, cientos de veces más poderosas que las de los seres humanos. Por eso, uno de los talentos más valiosos de Aero es su habilidad para localizar cosas por medio del olfato.

Cuando los niños juegan al escondite, creen que nadie puede encontrarlos, pero sus perros sí los pueden encontrar enseguida. Lo mismo ocurre cuando un niño o una niña se extravía o se aleja de su casa: Aero puede encontrar al niño usando su sentido del olfato. Cada persona tiene un olor diferente al de los demás y ni siquiera los mellizos huelen igual. Ese olor único de cada persona se debe a los alimentos que come, el jabón y el champú que usa, la ropa que se pone y el lugar donde vive.

EN EL CONSULTORIO DEL VETERINARIO

Aero visita al doctor Morse, su veterinario, para chequeos periódicos. Aero tiene que acostarse quieto sobre una mesa mientras el doctor lo examina. Una vez, Aero tuvo una infección leve en el cuello. El doctor Morse le aplicó un medicamento para sanarlo. Como los perros policía trabajan mucho y cumplen deberes tan importantes, necesitan estar saludables. Al final del chequeo, el doctor Morse baja a Aero de la mesa, lo acaricia y le dice: "Buen perro".

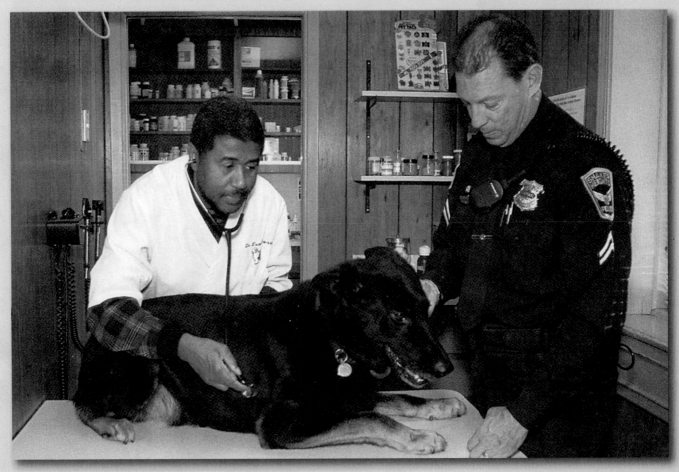

VISITAS A LA COMUNIDAD

A menudo, las enfermeras y maestras le escriben al jefe de la policía para pedirle que Aero visite a los niños en su hospital o escuela. A Aero le encantan los niños y siempre es manso con ellos. Cuando visita a un niño enfermo, es todavía más manso: se tiende en el piso y se queda muy quieto, para que el niño no le tenga miedo.

Cuando el policía Miguel lo lleva a visitar las escuelas, Aero se acuesta en el piso al lado de él. Juntos hacen una demostración de las diferentes órdenes que obedece Aero. Los niños hacen muchas preguntas: ¿Por qué lleva Aero una placa de policía en el collar? ¿Qué tan alto puede saltar? ¿Qué tan rápido puede correr?

El policía Miguel contesta las preguntas en gran detalle. La placa de Aero indica que es un perro policía que está de guardia. Es capaz de saltar una pared de ocho pies cuando persigue a un criminal. Corre muy rápido, a unas cuarenta millas por hora. El ser humano más veloz solo alcanza una velocidad máxima de veinticuatro millas por hora.

CÓMO ACARICIAR A AERO

Muchos niños quieren acariciar a Aero. El policía Miguel les explica las reglas. Nunca acaricies a un perro ajeno sin pedirle permiso al dueño. No te acerques a Aero por detrás, pues podría asustarse y morderte. Nunca jamás abraces por el cuello a un K-nino. Acércate lentamente a un perro policía por el frente, para que pueda verte. Deja que te huela la mano; acaríciale la cabeza y las orejas suavemente; háblale en voz baja.

EN LA ESTACIÓN DE POLICÍA

Al final de un turno de doce horas, siempre hay un
último trabajo por realizar en la estación de policía:
después de hablar con sus compañeros, el policía Miguel
se sienta a escribir un informe para el jefe de policía
sobre lo que ha ocurrido en la jornada. Mientras tanto,
Aero se tiende a sus pies.

COMPAÑEROS POLICIALES

Cuando el informe está listo, el policía Miguel y Aero se van juntos a casa. Cuando el policía Miguel se acuesta, Aero se tiende en el piso cerca de la cama. Descansa la cabeza sobre las patas y, con un bostezo, se queda dormido al lado de su mejor amigo. Ninguno de los dos sabe qué les espera en el patrullaje de mañana, pero están bien preparados. A los dos les encanta ser oficiales de policía.

ANALIZAR EL TEXTO

Punto de vista ¿Cuál es el punto de vista de la autora sobre los oficiales K-ninos? ¿Compartes su punto de vista? ¿Por qué?

Ahora analiza

Cómo analizar el texto

Usa estas páginas para aprender acerca de Propósito de la autora y Punto de vista. Luego, vuelve a leer *Aero y el policía Miguel* para aplicar lo que has aprendido.

Propósito de la autora

El **propósito de la autora** es la razón por la que escribe. Los autores que escriben para informar dan datos y detalles sobre un tema. Pueden usar fotografías o ilustraciones para ayudar a los lectores a comprender el tema.

El propósito de la autora no suele estar enunciado expresamente, por lo que los lectores deben buscar evidencia del texto para descubrirlo. Mientras lees, pregúntate qué es lo que la autora quiere que comprendas cuando lees. Luego, enumera las claves que te ayudan a determinar el propósito de la autora.

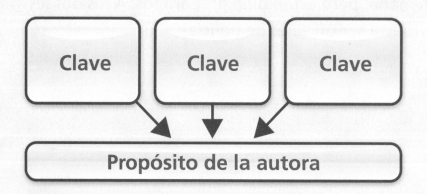

RI.3.1 ask and answer questions to demonstrate understanding, referring to the text; **RI.3.6** distinguish own point of view from that of the author

Aprende en línea

Punto de vista

Los autores suelen tener un **punto de vista** acerca del tema. El punto de vista es la forma en que el autor piensa y siente sobre un tema. Observa las palabras que usa la autora. Te pueden ayudar a identificar el punto de vista.

Repasa el segundo párrafo de la página 507. La autora dice que Aero tiene una "poderosa nariz" y "puede hacer muchas cosas que el policía Miguel no puede". Estas palabras muestran que el punto de vista de la autora en esta sección es que Aero tiene destrezas valiosas. Tu punto de vista puede ser distinto del de la autora o puede ser igual.

Es tu turno

REPASAR LA PREGUNTA ESENCIAL

Turnarse y comentar Repasa la selección con un compañero y prepárate para comentar esta pregunta: *¿Cuáles son algunos de los beneficios de la interacción entre perros y seres humanos?* Habla acerca de tu respuesta usando evidencia del texto y tus propias experiencias. Usa términos como *en mi opinión.*

Comentar en la clase

Para continuar comentando *Aero y el policía Miguel,* explica tus respuestas a estas preguntas:

1 ¿Qué beneficios piensas que obtienen el policía Miguel y Aero de su relación?

2 ¿Por qué piensas que la confianza entre un oficial de policía y un perro policía es tan importante?

3 ¿Cómo describirías a Aero a un amigo que no ha leído la selección?

ESCRIBE SOBRE LO QUE LEÍSTE

Respuesta El policía Miguel y Aero trabajan juntos arduamente y hacen un buen equipo. ¿Qué otros animales podrían ayudar a los oficiales de policía en su trabajo? ¿Cómo piensas que esos otros animales podrían ayudar a sus compañeros humanos? Escribe un párrafo para explicar tus ideas.

Sugerencia para la escritura

Presenta tu tema y apóyalo con evidencia del texto tal como datos, definiciones y detalles de la selección. Usa palabras y frases de enlace para unir tus ideas. Termina con una conclusión convincente.

ESTÁNDARES COMUNES **RI.3.1** ask and answer questions to demonstrate understanding, referring to the text; **W.3.2b** develop the topic with facts, definitions, and details; **W.3.2c** use linking words and phrases to connect ideas within categories of information; **W.3.10** write routinely over extended time frames or short time frames; **SL.3.1a** come to discussions prepared/explicitly draw on preparation and other information about the topic; **SL.3.1d** explain own ideas and understanding in light of the discussion

TEXTO INFORMATIVO

☑ GÉNERO

Un **texto informativo** da información basada en hechos sobre un tema.

☑ ENFOQUE EN EL TEXTO

Los **encabezamientos** ayudan a los lectores a ubicar información. Indican de qué se trata cada sección de texto.

RI.3.5 use text features and search tools to locate information; **RI.3.10** read and comprehend informational texts

Los niños y los animales

BOLETÍN INFORMATIVO SOBRE LA NATURALEZA

¿Qué es el club 4-H?

El 4-H es un programa para niños y niñas de entre ocho y dieciocho años de edad. En un club 4-H, harás amigos nuevos y encontrarás intereses nuevos. Podrías cuidar animales, trabajar con compañeros para plantar un huerto comunitario o patrullar un parque para recoger la basura. Aprenderás el lema del club 4-H: "Hacer que lo bueno sea aun mejor". Los cincuenta estados tienen programas 4-H. Busca un club cerca de donde vives.

BOLETÍN INFORMATIVO SOBRE LA NATURALEZA

Hazte conejero

Los niños y las niñas del 4-H del condado Bell, en Texas, son conejeros desde siempre. Cada año exhiben sus conejos en las ferias 4-H.

Para cuidar un conejo no se necesita de ninguna destreza ni habilidad especial. Simplemente dale a tu mascota mucho amor, alimento, agua y un lugar limpio y cómodo para vivir. ¡A tu conejo le temblará la nariz de placer!

Así es como se debe colocar un conejo para exhibirlo ante un juez.

Un paseo por la ciudad al aire libre

Hay mucho que ver en un paseo por la ciudad al aire libre. Tu líder 4-H puede supervisar el paseo. Hay que estar atento a lo que puedas ver: podrías ver el nido de un pájaro, algunas ardillas, ¡o incluso un coyote!

BOLETÍN INFORMATIVO SOBRE LA NATURALEZA

¡Usa lo que aprendes!

En el club 4-H, usas lo que aprendes para ayudar a tu comunidad. Tal vez puedas usar lo que aprendes sobre animales para trabajar durante un turno en un refugio local para animales.

Los animales del refugio no pueden pasarse todo el día tendidos en sus jaulas, pues necesitan ejercicio y atención. Al sacar a pasear a los perros o hacer caricias a los gatos, un buen voluntario puede hacer una gran diferencia. Con tu ayuda, ¡un animal que antes era tímido con los extraños puede volverse un amistoso meneador de rabo!

Feria de verano

10 de agosto a la 1:00 p. m., Parque Juniper

¡No te pierdas este emocionante evento de verano!

- Cepilla a tu mascota.
- Exhibe tu tomate más grande.
- Elige algo que hayas hecho.
- ¡Exhibe el producto de tu trabajo!

Primeros premios en estas categorías:

Animales

Vegetales

Artesanía

Comparar el texto

Comparar relaciones Piensa en las personas y los animales de *Aero y el policía Miguel* y *Los niños y los animales.* Comenta con un compañero los parecidos entre Aero y los animales del programa 4-H. Luego, comenten las diferencias. ¿Qué animales serían buenas mascotas? Explica tus razones.

DE TEXTO A TEXTO

Escribir una carta Imagina que quieres ser un oficial de policía que trabaja con un K-nino como Aero. Escribe una carta a 4-H para pedir unirte al club. Usa evidencia del texto de las dos selecciones para explicar de qué manera el club 4-H te ayudará a prepararte para este trabajo.

EL TEXTO Y EL MUNDO

Conectar con los Estudios Sociales Con un grupo pequeño, investiga algunas maneras en que los animales trabajan para ayudar a las personas. Usen libros, Internet o entrevisten a alguien. Hagan un cartel que muestre a los animales y su trabajo.

Aprende
en línea

ESTÁNDARES
COMUNES

RI.3.1 ask and answer questions to demonstrate understanding, referring to the text; **RI.3.9** compare and contrast important points and details in texts on the same topic; **W.3.7** conduct short research projects that build knowledge about a topic

Gramática

Concordancia del pronombre y el verbo Ya sabes que un **pronombre** puede ser el **sujeto** de una oración. Recuerda que los **verbos** tienen diferentes terminaciones. La forma correcta del verbo que hay que usar depende del pronombre del sujeto. El pronombre y el verbo deben concordar.

Sujeto	Terminación en presente
yo, tú, él/ella Yo llevo a mi perro al veterinario. Tú me acompañas y me comprendes. Él examina a mi perro y mi perro lo reconoce.	-o, -as/-es, -a/-e
nosotros, ustedes, ellos/ellas Nosotros estamos ahí: vemos cómo lo examina y oímos cómo le habla. Ustedes saben que los veterinarios curan a los perros. Ellos los adoran.	-amos/-emos/-imos, -en/-an

Inténtalo **Trabaja con un compañero. Lee cada oración en voz alta. Elige la forma del verbo que complete la oración correctamente.**

1. Ellos (entrena, entrenan) a los perros policía.

2. Ella (observa, observan) el entrenamiento.

3. Nosotros (obedece, obedecemos) a los oficiales de policía.

4. Ellos (protege, protegen) a las personas.

530

Ten cuidado de no repetir sustantivos muchas veces. Recuerda que puedes reemplazarlos por pronombres y que puedes combinar oraciones breves con la conjunción *y*. Recuerda también que los pronombres a veces se pueden omitir pues la forma del verbo indica quién realiza la acción.

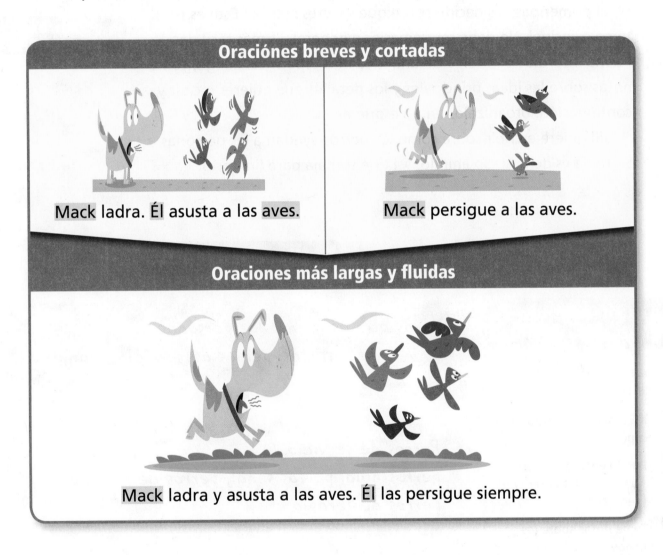

Oraciónes breves y cortadas

Mack ladra. Él asusta a las aves.

Mack persigue a las aves.

Oraciones más largas y fluidas

Mack ladra y asusta a las aves. Él las persigue siempre.

 ## Relacionar la gramática con la escritura

Mientras revisas tu ensayo explicativo la semana próxima, identifica oraciones breves en las que se repitan sustantivos. Reemplaza algunos por pronombres y combina las oraciones. Comprueba la concordancia del verbo y el pronombre.

W.3.2a introduce a topic and group related information/include illustrations; **W.3.2b** develop the topic with facts, definitions, and details; **W.3.5** develop and strengthen writing by planning, revising, and editing; **W.3.8** recall information from experiences or gather information from print and digital sources/take brief notes and sort evidence

Escritura informativa

Taller de lectoescritura: Preparación para la escritura

Un **ensayo explicativo** da ideas y detalles, junto con hechos, para explicar con claridad un tema a los lectores.

El primer paso es decidir sobre qué quieres escribir. Este es tu **tema principal**. No debe ser demasiado general. Es más fácil dar buena información acerca de una idea más específica. Luego, toma notas sobre las ideas principales y los detalles que quieres incluir y, a continuación, organízalos en un esquema.

Jill quiere escribir sobre cómo los perros ayudan a las personas. Su tema es demasiado amplio, así que trabaja para limitarlo.

Explorar un tema

Perros que ayudan a las personas
K-ninos, rescatistas, perros de servicio, granjeros

⬇

Perros de servicio
perros guía, perros señal, perros de movilidad, perros de terapia

⬇

Perros de movilidad
para personas que tienen problemas para caminar

Lista de control del proceso de escritura

▶ **Preparación para la escritura**

☑ ¿Mi tema es demasiado amplio?

☑ ¿Puedo enfocarme en una idea para limitar el tema?

☑ ¿Tomé notas sobre los hechos y detalles que hallé sobre mi tema?

☑ ¿Organicé mis notas en un esquema?

Hacer un borrador

Revisar

Corregir

Publicar y compartir

Un ayudante sorprendente

por Jill F. Baugh

I. Perros de servicio

    A.   ¿Qué son los perros de servicio?

    B.   Un perro guía es un perro de servicio.

II. Perros de movilidad

    A.   ¿Qué son los perros de movilidad?

    B.   ¿Qué pueden hacer?

III. Los perros de movilidad y las personas

    A.   ¿Qué adiestramiento necesitan?

    B.   ¿Cómo se asignan a las personas?

IV. Conclusión

Leer como escritor

¿Cómo puedes precisar tu tema principal y organizar tus ideas para hacer un ensayo explicativo?

Al principio, tenía demasiadas clases de perros que trabajan para ayudar a las personas. Luego, me enfoqué en los perros de servicio. Finalmente, escogí una clase de perro de servicio.

UN DOMINGO
SÚPER ESPECIAL
por Beverly Cleary
ilustrado por Sam Valentino

Imagina
una receta

✓ VOCABULARIO CLAVE

elegante
ingrediente
grado
recomendar
nervioso
desagradable
comentar
tenso

Librito de vocabulario

Tarjetas de contexto

La ciencia en la cocina

elegante
Todos se sintieron felices y alegres en la elegante cena de cumpleaños.

ESTÁNDARES COMUNES

L.3.6 acquire and use conversational, general academic, and domain-specific words and phrases

Vocabulario en **contexto**

1 elegante
Todos se sintieron felices y alegres en la elegante cena de cumpleaños.

2 ingrediente
Los ingredientes de esta ensalada incluyen tomates, lechuga y pepinos.

3 grado
Esta merienda se cocinó a alta temperatura. Fue a 350 grados.

4 recomendar
En la receta se recomendaba que se dejara enfriar la pizza antes de comer.

Aprende en línea

▶ Estudia cada Tarjeta de contexto.

▶ Usa dos palabras del Vocabulario para contar alguna experiencia que hayas tenido.

5 nervioso

El niño estaba nervioso cuando medía el azúcar. Tenía miedo de cometer un error.

6 desagradable

Para algunos niños, el brócoli es un alimento desagradable.

7 comentar

El huésped comentó, o dijo, que la comida era deliciosa.

8 tenso

Relájate mientras bañas una torta. Si te sientes tensa, te temblará la mano y se arruinará el trabajo.

UN DOMINGO
SÚPER ESPECIAL

por Beverly Cleary
Ilustrado por Sam Valentino

Leer y comprender

Aprende en línea

☑ DESTREZA CLAVE

Comprender a los personajes Mientras lees *Un domingo súper especial*, observa los pensamientos, las acciones y las palabras de los personajes. Son claves que te dan pistas sobre las **características de los personajes,** o su forma de ser, y sus **motivaciones,** o las razones de sus acciones. Usa un organizador gráfico como el siguiente como ayuda para enumerar detalles acerca de un personaje. Luego, puedes usar la evidencia del texto para describir sus características, motivaciones y sentimientos.

Características	Motivaciones	Sentimientos

☑ ESTRATEGIA CLAVE

Inferir/Predecir Usa lo que sabes acerca de los personajes para pensar, o **inferir,** por qué piensan, hablan y actúan como lo hacen. Usa evidencia del texto para **predecir,** o imaginar, lo que los personajes van a hacer a continuación.

UN VISTAZO AL TEMA PRINCIPAL

Cocinar

Para hacer una comida buena y saludable, los cocineros tienen que saber muchas cosas. Por ejemplo, tienen que almacenar, preparar y cocinar diferentes alimentos de modo que sea seguro comerlos y sean sabrosos. Los buenos cocineros también saben cómo usar con cuidado los utensilios y equipo de cocina, como cocinas, hornos, batidoras, cuchillos y ralladores. Todo esto hace que preparar y cocinar buenas comidas sea un trabajo arduo. En *Un domingo súper especial*, dos hermanas aprenden lo difícil que puede ser preparar una buena comida.

TEXTO PRINCIPAL

UN DOMINGO
SÚPER ESPECIAL

por Beverly Cleary
Ilustrado por Sam Valentino

✓ DESTREZA CLAVE

Comprender a los personajes

Describe a los personajes del cuento y explica por qué actúan del modo en que lo hacen.

✓ GÉNERO

Una **ficción humorística** es un cuento gracioso e imaginativo. Mientras lees, busca:

▶ sucesos de la historia que pretenden ser graciosos,

▶ personajes que actúan de formas sorprendentes, y

▶ una trama con comienzo, desarrollo y final.

RL.3.3 describe characters and explain how their actions contribute to the sequence of events; **L.3.3b** recognize and observe differences between conventions of spoken and written standard language

CONOCE A LA AUTORA

Beverly Cleary

Un día, mientras trabajaba en uno de sus primeros cuentos sobre la calle Klickitat, Beverly Cleary no lograba pensar en ningún nombre para el personaje de la fastidiosa hermana menor. "Justo cuando necesitaba un nombre", dice Cleary, "una vecina gritó '¡Ramona!', así que simplemente la bauticé Ramona".

CONOCE AL ILUSTRADOR

Sam Valentino

Sam Valentino es ilustrador y papá. Sus tres niños están aprendiendo a cocinar, así que las escenas que dibujó Sam para *Un domingo súper especial* ¡le son muy familiares!

Aprende
en línea

UN DOMINGO SÚPER ESPECIAL

por **Beverly Cleary**

selección ilustrada por **Sam Valentino**

539

Después de que Beezus y Ramona se negaran a comer lengua para la cena, el Sr. Quimby propone que las chicas preparen la cena la noche siguiente. ¿Lograrán Beezus y Ramona que sus padres olviden esta solicitud, portándose como nunca?

El domingo por la mañana, Ramona y Beezus seguían con la intención de portarse perfectamente hasta la hora de cenar: se levantaron de la cama sin que las llamaran; no se pelearon sobre quién leería primero en el periódico los consejos sobre el amor; dijeron a su madre que las tostadas estaban buenísimas y se marcharon a su clase de religión limpias, peinadas y sonriendo valientemente, a pesar de que estaba lloviznando.

Al volver, ordenaron sus habitaciones sin que se lo pidieran. A la hora del almuerzo comieron los sándwiches sin rechistar, a pesar de que sabían que estaban hechos de lengua picada. El pepinillo que le había puesto su madre no las engañó, aunque sí mejoró el sabor. Secaron los platos, procurando no mirar hacia el refrigerador para evitar que su madre recordara que tenían que preparar la cena.

El Sr. y la Sra. Quimby estaban de buen humor. La verdad es que el ambiente era tan falsamente alegre que Ramona casi quería que alguien dijera algo desagradable. A principios de la tarde, la pregunta seguía en el aire: ¿Realmente tendrían que preparar la cena?

"¿Por qué no dicen algo?", pensó Ramona, harta de portarse bien.

—Bueno, me voy a poner con lo del pie otra vez —dijo el Sr. Quimby, mientras se instalaba una vez más en el sofá con el cuaderno de dibujo y el lápiz, y se quitaba el zapato y el calcetín.

Por fin dejó de llover. Ramona miraba a ver si había zonas secas en la acera, pensando en los patines que estaban en el armario. Fue al cuarto de Beezus y vio que su hermana estaba leyendo. El día transcurría lentamente.

Al ver que las zonas secas en el asfalto frente a la casa ya eran tantas que solo quedaba humedad en las hendiduras, Ramona sacó los patines del armario. Su padre tenía en la mano un dibujo de su pie que estudiaba de lejos, con el brazo estirado. Ella le dijo:

—Bueno, creo que saldré a patinar.

—¿No se te olvida algo? —preguntó él.

—¿Qué? —preguntó Ramona, sabiendo muy bien lo que era.

—La cena —dijo él.

La pregunta que había estado en el aire toda la tarde tenía respuesta: ya no había dudas.

—Estamos condenadas —dijo Ramona a Beezus—. Ya podemos dejar de portarnos tan bien.

Las hermanas entraron a la cocina, cerraron la puerta y abrieron el refrigerador.

—Un paquete de muslos de pollo —dijo Beezus, soltando un quejido—. Y una caja de guisantes congelados. Y un envase de yogur natural y otro de plátano. Seguro que el yogur estaba en oferta. —Cerró el refrigerador y tomó un libro de cocina.

—Yo podría hacer unas tarjetas para señalar nuestros puestos en la mesa —dijo Ramona, mientras Beezus pasaba las hojas frenéticamente.

—No podemos comer tarjetas —dijo Beezus—. Además, tu trabajo es hacer el pan de maíz, porque tú fuiste la que sacó el tema. —Ambas hablaban en voz baja: ¿para qué permitir que sus padres, los malos de sus padres, se enteraran de lo que estaba pasando en la cocina?

En el fichero de recetas de su madre, Ramona encontró una ficha que explicaba cómo se hace el pan de maíz, escrita en la letra temblorosa de la abuela del Sr. Quimby. A Ramona le costaba leerla.

—No encuentro una receta para cocinar muslos de pollo —dijo Beezus—. Solo hay una para preparar un pollo entero. Lo único que sé es que mamá lo hace siempre en la fuente plana, con no sé qué salsa por encima.

—Ella le echa sopa de champiñón mezclada con algo, y le agrega un polvo de algo—. Ramona recordaba eso de haber visto a su madre cocinando.

Beezus abrió el armario donde estaban las latas.

—Pero no hay sopa de champiñón —dijo—. ¿Qué haremos?

—Mezcla algo líquido —sugirió Ramona—. Si está malo, mejor, porque se lo merecen.

—¿Y si preparamos algo que esté malísimo? —preguntó Beezus—. Así sabrán cómo nos sentimos nosotras cuando tenemos que comer lengua.

—¿Qué tiene un sabor realmente malísimo? —Ramona estaba feliz de apoyar la sugerencia, unida a su hermana contra el enemigo, que en este caso eran sus padres.

Beezus, siempre tan práctica, cambió de idea:

—No, no funcionaría. Nosotras también tenemos que comer y, además, con lo antipáticos que son probablemente nos pondrán a fregar los platos. Como sea, se podría decir que está en juego nuestro honor, porque ellos creen que no somos capaces de cocinar algo que esté bueno.

Ramona estaba lista con otra solución:

—Ponlo todo junto en una sola fuente.

Beezus abrió el paquete de muslos de pollo y lo miró con cara de asco.

—Me horroriza tocar la carne cruda —dijo, tomando un muslo con dos tenedores.

—¿Tenemos que comernos la piel? —preguntó Ramona—. Tiene unos bultitos asquerosos.

Beezus encontró unas pinzas de cocina, e intentó sujetar el muslo de pollo con el tenedor y quitarle la piel con las pinzas.

—Déjame agarrarlo —dijo Ramona, a quien no le daba asco tocar cosas como los gusanos y la carne cruda. Sujetó el muslo con fuerza mientras Beezus tomaba la piel con las pinzas. Cada una tiró hacia su lado y lograron separar la piel. Jugaron tira y afloja así con cada muslo, dejando sobre la mesa un triste montón de trozos de piel, y los muslos de pollo en la fuente de vidrio.

—¿No recuerdas cuál es ese polvo que le pone mamá? —preguntó Beezus. Ramona no recordaba. Las dos se pusieron a estudiar el estante de las especias, abriendo botes y oliendo. ¿Nuez moscada? No. ¿Clavo? Horrible. ¿Canela? Ni hablar. ¿Chile molido? Bueno…. Sí, eso debe ser, pues Ramona recordaba que el polvo era de color rojo. Beezus mezcló media cucharadita del polvo rojo oscuro con el yogur, y luego lo echó encima del pollo. Metió la fuente en el horno y lo puso a 350 grados, la temperatura que recomendaba el libro de cocina para preparar el pollo.

ANALIZAR EL TEXTO

Lenguaje formal e informal ¿Qué partes del cuento suenan informales? ¿Por qué otras palabras o frases suenan más formales?

Desde el salón les llegaba el ruido de la conversación de sus padres, unas veces seria y otras interrumpida por carcajadas. "Y nosotras aquí, matándonos", pensó Ramona, mientras se subía a la mesa para alcanzar la caja de harina de maíz. Al bajarse se dio cuenta de que se tenía que volver a subir para buscar el polvo de hornear y el bicarbonato. Terminó arrodillada en la mesa para ahorrar tiempo, y pidió a Beezus que le pasara un huevo.

—Si te viera mamá ahí arriba —comentó Beezus, al pasarle un huevo.

—¿Cómo voy a tomar las cosas, si no llego? —dijo Ramona, que partió el huevo con éxito y tiró la cáscara sobre la mesa—. Ahora necesito suero de leche.

Beezus le dio la noticia: no había suero de leche en el refrigerador.

—¿Qué hago? —susurró Ramona, desesperada.

—Toma: usa esto —dijo Beezus, lanzando a su hermana el envase de yogur de plátano—. El yogur es un poco agrio, así que podría servir.

La puerta de la cocina se abrió un poco.

—¿Qué está pasando ahí dentro? —preguntó el Sr. Quimby. Beezus se lanzó contra la puerta.

—¡Tú, afuera! —ordenó—. ¡La cena va a ser… una sorpresa!

Por un momento, Ramona pensó que Beezus iba a decir que la cena iba a ser "un desastre". Mezcló el huevo con el yogur, midió la harina, tirando parte al suelo, y entonces descubrió que necesitaba más harina de maíz. Más desesperación.

—Mi profesora de cocina dice que siempre hay que asegurarse de que se tengan todos los ingredientes antes de ponerse a cocinar —dijo Beezus.

—Ah, cállate. —Ramona tomó un paquete de cereal del desayuno, porque tiene una contextura parecida a la harina de maíz. Solo tiró un poco al suelo.

ANALIZAR EL TEXTO

....

Comprender a los personajes Cuando el Sr. Quimby pregunta qué está pasando, ¿Beezus dice la verdad? ¿Por qué Beezus se empecina en no dejarlo entrar a la cocina?

Hacía falta algo más para servir con el pollo y la salsa
que tenía el polvo rojo. ¡Arroz! El cereal que había en el suelo
crujía bajo los pies de Beezus mientras medía el arroz y hervía
el agua, siguiendo las instrucciones del paquete. Después
de poner el arroz al fuego, se fue calladamente al comedor
a poner la mesa, y entonces cayó en la cuenta de que se les
había olvidado la ensalada. ¡Ensalada! Lo más rápido serían
unas tiras de zanahoria. Beezus se puso a pelar zanahorias en
el fregadero.

—¡Ay! —gritó Ramona desde la mesa—. ¡El arroz!

La tapa de la olla estaba temblando. Beezus tomó otra olla
más grande del armario, y puso ahí el arroz.

—¿Necesitan ayuda? —preguntó la Sra. Quimby desde el salón.

—¡No! —contestaron las niñas.

Otra calamidad: el pan de maíz tenía que cocinarse a 400 grados, una temperatura más alta que la del pollo. ¿Qué podría hacer Ramona?

—Métalo en el horno de todas maneras —dijo Beezus, con la cara roja.

El pan de maíz fue a parar junto al pollo.

—¡El postre! —susurró Beezus. Lo único que encontró fue una aburrida lata de peras. De vuelta al libro de cocina.

—Calentar con un poco de mantequilla y servir cada mitad con gelatina —leyó. Gelatina. Se tendrían que conformar con medio bote de mermelada de albaricoque. Las peras y la mantequilla, a la sartén. Ni caso hicieron del almíbar que se había derramado en el suelo.

—¡Beezus! —Ramona sostenía la caja de guisantes.

Beezus soltó un quejido. Sacó el pollo a medio hacer mientras mezclaba los guisantes todavía congelados con el yogur, y volvió a meter la fuente en el horno.

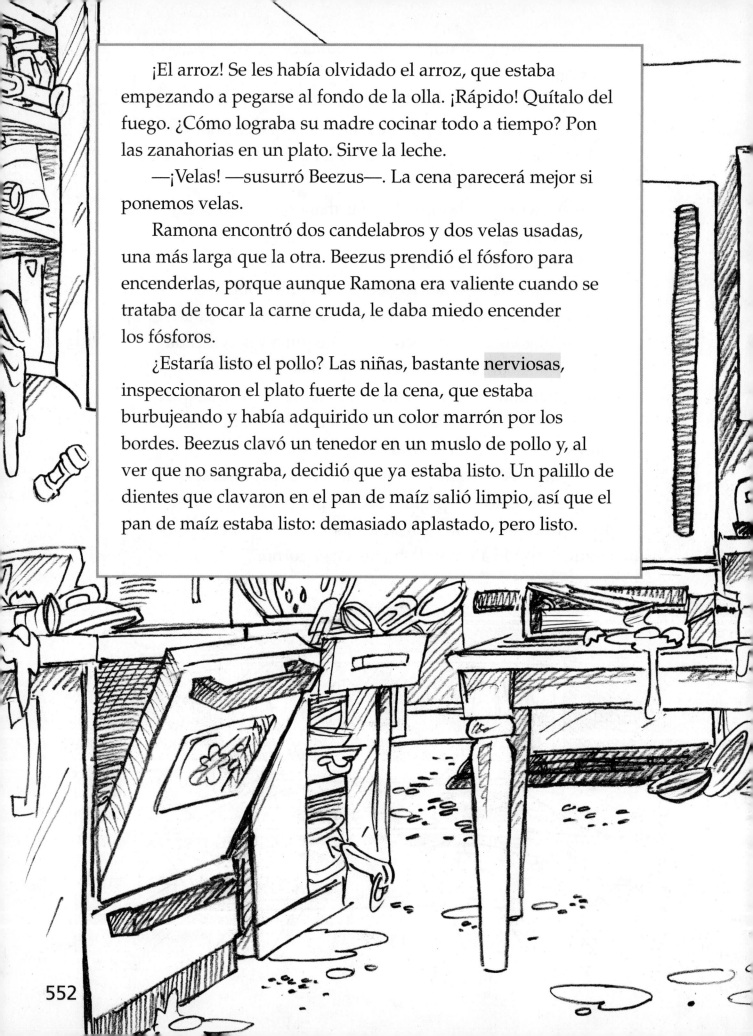

¡El arroz! Se les había olvidado el arroz, que estaba empezando a pegarse al fondo de la olla. ¡Rápido! Quítalo del fuego. ¿Cómo lograba su madre cocinar todo a tiempo? Pon las zanahorias en un plato. Sirve la leche.

—¡Velas! —susurró Beezus—. La cena parecerá mejor si ponemos velas.

Ramona encontró dos candelabros y dos velas usadas, una más larga que la otra. Beezus prendió el fósforo para encenderlas, porque aunque Ramona era valiente cuando se trataba de tocar la carne cruda, le daba miedo encender los fósforos.

¿Estaría listo el pollo? Las niñas, bastante nerviosas, inspeccionaron el plato fuerte de la cena, que estaba burbujeando y había adquirido un color marrón por los bordes. Beezus clavó un tenedor en un muslo de pollo y, al ver que no sangraba, decidió que ya estaba listo. Un palillo de dientes que clavaron en el pan de maíz salió limpio, así que el pan de maíz estaba listo: demasiado aplastado, pero listo.

Crac, crac, crac, hacían los pies de las niñas al caminar. Era increíble que unos pocos copos de cereal hicieran crujir todo el piso de la cocina. Por fin, sirvieron la comida con las luces del comedor apagadas, y anunciaron que la cena estaba lista. Y entonces las cocineras, con su nerviosismo oculto a la luz de las velas, se dejaron caer en sus sillas mientras se sentaban sus padres. ¿Será que la comida se podría comer?

—¡Velas! —exclamó la Sra. Quimby—. ¡Qué cena tan elegante!

Las niñas estaban tensas , y observaron a su padre mientras tomaba su primer bocado de pollo. Masticó pensativo y dijo, con más asombro del necesario:

—¡Pero, si esto está bueno!

—Es verdad —dijo la Sra. Quimby, probando un trozo de pan de maíz—. Está muy bueno, Ramona —añadió.

El Sr. Quimby probó un trozo de pan de maíz.

—Justo como lo hacía mi abuela —decidió.

Las niñas se miraron, intercambiando sonrisas que intentaban que no se vieran. No se sentía el yogur de plátano, y a la luz de las velas nadie se daba cuenta de que el pan de maíz estaba un poco pálido. El pollo, decidió Ramona, no estaba tan bueno como creían sus padres (o como fingían creer), pero se podía comer sin que a uno le dieran arcadas.

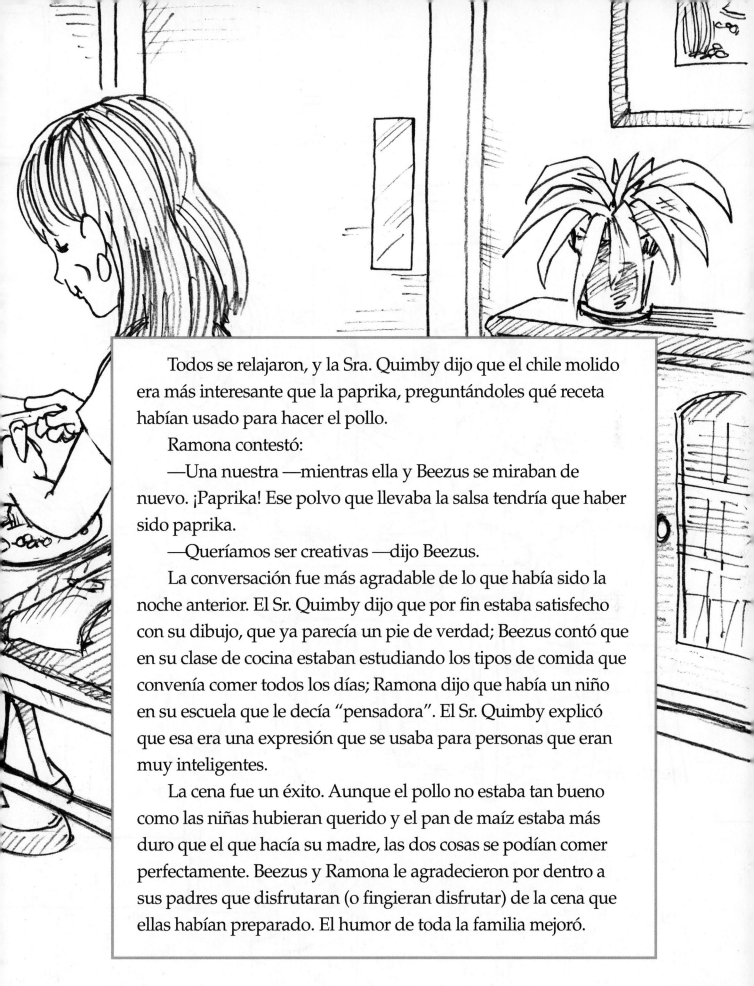

Todos se relajaron, y la Sra. Quimby dijo que el chile molido era más interesante que la paprika, preguntándoles qué receta habían usado para hacer el pollo.

Ramona contestó:

—Una nuestra —mientras ella y Beezus se miraban de nuevo. ¡Paprika! Ese polvo que llevaba la salsa tendría que haber sido paprika.

—Queríamos ser creativas —dijo Beezus.

La conversación fue más agradable de lo que había sido la noche anterior. El Sr. Quimby dijo que por fin estaba satisfecho con su dibujo, que ya parecía un pie de verdad; Beezus contó que en su clase de cocina estaban estudiando los tipos de comida que convenía comer todos los días; Ramona dijo que había un niño en su escuela que le decía "pensadora". El Sr. Quimby explicó que esa era una expresión que se usaba para personas que eran muy inteligentes.

La cena fue un éxito. Aunque el pollo no estaba tan bueno como las niñas hubieran querido y el pan de maíz estaba más duro que el que hacía su madre, las dos cosas se podían comer perfectamente. Beezus y Ramona le agradecieron por dentro a sus padres que disfrutaran (o fingieran disfrutar) de la cena que ellas habían preparado. El humor de toda la familia mejoró.

Al terminar las peras con mermelada de albaricoque, Ramona sonrió tímidamente a su madre. La Sra. Quimby le devolvió la sonrisa y le dio una palmadita en la mano. Ramona se sintió mucho mejor.

—Como las cocineras han trabajado tanto —dijo el Sr. Quimby— yo me voy a encargar de lavar los platos. Incluso termino de recoger la mesa.

—Yo te ayudo —se ofreció la Sra. Quimby.

Las niñas intercambiaron una sonrisita, pidieron permiso para retirarse y se fueron a sus habitaciones, antes de que sus padres descubrieran las pieles de pollo y la cáscara de huevo sobre la mesa de la cocina, los restos de zanahoria en el fregadero y el cereal, la harina y el almíbar de pera que había en el piso.

Ahora analiza

Cómo analizar el texto

Usa estas páginas para aprender acerca de Comprender a los personajes y Lenguaje formal e informal. Luego, vuelve a leer *Un domingo súper especial* para aplicar lo que has aprendido.

Comprender a los personajes

En los cuentos de ficción como *Un domingo súper especial,* los **personajes** actúan como personas reales. Tienen **características,** o cualidades, como la bondad, que muestran qué tipo de personas son. Sus **motivaciones,** o las razones de sus acciones, son como las de las personas reales. Los personajes también tienen **sentimientos,** como la felicidad. Los lectores pueden identificar estas características, motivaciones y sentimientos por medio de las acciones, palabras y pensamientos de un personaje, y usarlos para describir al personaje.

Lee la página 545 de *Un domingo súper especial.* Beezus sugiere a Ramona preparar una cena malísima. Su motivación es que están disgustadas con sus padres. La autora dice que Beezus es práctica. ¿De qué forma esta característica influye en la decisión de las niñas?

Características	Motivaciones	Sentimientos

 RL.3.3 describe characters and explain how their actions contribute to the sequence of events; **L.3.3b** recognize and observe differences between conventions of spoken and written standard language

Lenguaje formal e informal

A menudo, el lenguaje escrito y el lenguaje oral suenan diferente. El lenguaje escrito puede ser **formal.** Los escritores deciden lo que quieren decir y luego escogen las palabras con cuidado para crear oraciones. El lenguaje oral suele ser más relajado, o **informal.** Las personas no hablan con tanto cuidado, sobre todo cuando hablan con amigos.

Piensa en ejemplos de lenguaje formal e informal en *Un domingo súper especial.* ¿Cuál de los dos usa la autora cuando dice lo que los personajes hacen? ¿Cuál usa cuando muestra lo que los personajes dicen?

Es tu turno

REPASAR LA PREGUNTA ESENCIAL

Turnarse y comentar

Repasa el cuento con un compañero y prepárate para comentar esta pregunta: *¿Por qué son importantes las reglas de seguridad?* Mientras comentas la pregunta, túrnate con tu compañero para hablar, escuchar con atención y hacerse preguntas. Usa evidencia del texto para apoyar tus ideas y aportar a lo que dice tu compañero.

Comentar en la clase

Para continuar comentando *Un domingo súper especial*, explica tus respuestas a estas preguntas:

1. ¿Qué reglas de seguridad piensas que Ramona y Beezus no obedecieron en *Un domingo súper especial*?

2. ¿Cómo piensas que reaccionarán el Sr. y la Sra. Quimby cuando vean la cocina después de la cena?

3. ¿Comerías algo que cocinaron Ramona y Beezus?

Respuesta El Sr. y la Sra. Quimby hicieron cocinar a Beezus y Ramona porque ellas se quejaban de lo que tenían que comer. ¿Crees que fue una buena idea? Escribe un párrafo en el que des tu opinión. Da razones para tu opinión usando evidencia del texto y lo que ves en las ilustraciones.

Sugerencia para la escritura

Plantea tu opinión al principio de tu respuesta. Da razones para tu opinión y ejemplos del cuento que la apoyen. Termina tu párrafo con una oración de conclusión convincente.

Aprende en línea

Imagina una receta

por Cameron Hart

Ser chef se parece mucho a ser artista. Los materiales del chef son los alimentos que hay en la cocina. Para ser chef, debes expresarte de muchas maneras diferentes. Los chefs combinan sabores deliciosos. Presentan comidas que huelen bien y que también se ven bien.

A veces, los chefs usan su imaginación para inventar la receta de un plato nuevo. Otras veces, comienzan con una receta que ya existe desde hace muchos años. Luego, cambian algunos ingredientes o la cocinan de otra forma.

☑ GÉNERO

Un **texto informativo** brinda datos e información sobre un tema. Puede incluir instrucciones para hacer algo.

☑ ENFOQUE EN EL TEXTO

Los **pasos de un procedimiento** se escriben en orden temporal. Esto ayuda a los lectores a comprender cómo funciona un proceso.

ESTÁNDARES COMUNES

RI.3.3 describe the relationship between a series of historical events/scientific ideas/steps in technical procedures

562

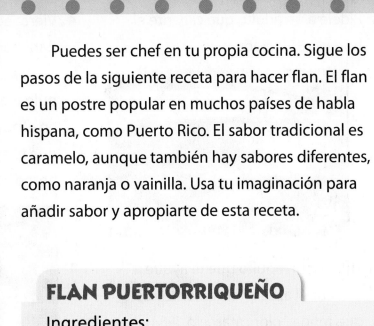

Puedes ser chef en tu propia cocina. Sigue los pasos de la siguiente receta para hacer flan. El flan es un postre popular en muchos países de habla hispana, como Puerto Rico. El sabor tradicional es caramelo, aunque también hay sabores diferentes, como naranja o vainilla. Usa tu imaginación para añadir sabor y apropiarte de esta receta.

FLAN PUERTORRIQUEÑO

Ingredientes:

1 tz de azúcar

4 huevos

1 lata (14 oz) de leche condensada

1 y 3/4 tz de agua

1/4 cdta. de sal

1 cdta. de vainilla u otro aromatizante

1. Pídele a un adulto que caliente el horno a 350 grados.

2. Pídele a un adulto que te ayude a derretir el azúcar lentamente hasta que tenga color caramelo. Revuelve el azúcar derretido en un molde para que quede en los bordes. Luego, coloca el molde sobre una rejilla.

3. Mezcla los otros ingredientes en un tazón. Pasa la mezcla por un colador para que no tenga grumos. Luego, viértela en el molde.

4. Vierte agua caliente en una fuente para hornear grande, hasta que el agua alcance aproximadamente una pulgada de altura. Coloca el molde en el agua caliente. Pídele a un adulto que te ayude a meter todo en el horno. Hornea por una hora.

5. Pídele a un adulto que te ayude a sacar el molde del horno. Déjalo enfriar y luego mételo en el refrigerador. Cuando el flan esté frío, colócalo con cuidado en un plato y sírvelo en trozos.

Comparar el texto

DE TEXTO A TEXTO

Comparar recetas de cocina Piensa en cómo Beezus y Ramona crearon su receta. Compara y contrasta sus métodos con los del chef de *Imagina una receta.* Usa evidencia del texto para enumerar tres parecidos y tres diferencias entre los métodos. Explica tus ideas a un compañero.

EL TEXTO Y TÚ

Representar una escena Representa una escena corta que muestre lo que sucedió cuando preparaste algo en la cocina. Indica cómo combinaste los ingredientes y cómo quedó la comida.

EL TEXTO Y EL MUNDO

Usar recursos digitales Busca en Internet la receta de una comida de otro país. Copia los ingredientes y las instrucciones. Imprime una ilustración para acompañar la receta. Incluye la receta en un libro de cocina de la clase.

Aprende en línea

ESTÁNDARES COMUNES

RI.3.3 describe the relationship between a series of historical events/scientific ideas/steps in technical procedures; **RI.3.9** compare and contrast important points and details in texts on the same topic; **W.3.8** recall information from experiences or gather information from print and digital sources/take brief notes and sort evidence

Gramática

Aprende en línea

Tiempos verbales El tiempo de un verbo indica cuándo se realiza la acción. El **presente** indica que la acción sucede ahora.

Para hablar del pasado, se usan dos tiempos verbales diferentes. Para describir algo que sucedió en un momento específico, se usa el **pretérito perfecto simple.** Para describir algo que sucedía durante un período de tiempo, sin especificar el principio ni el final, se usa el **pretérito imperfecto.**

El **futuro** indica una acción que va a suceder.

La forma de los verbos cambia según el tiempo verbal y según la persona que realiza la acción.

	Presente	Pretérito imperfecto	Pretérito perfecto simple	Futuro
yo	llamo	llamaba	llamé	llamaré
tú	llamas	llamabas	llamaste	llamarás
él/ella	llama	llamaba	llamó	llamará
nosotros/ nosotras	llamamos	llamábamos	llamamos	llamaremos
ustedes	llaman	llamaban	llamaron	llamarán
ellos/ellas	llaman	llamaban	llamaron	llamarán

Trabaja con un compañero. Elige el tiempo verbal correcto en cada oración.

1 Su mamá siempre (cocina, cocinaba) algo especial para la cena. (pretérito imperfecto)

2 Ella y su hermana (hacen, harán) sus tareas después de cenar. (futuro)

3 Mi papá (preparará, preparó) el desayuno esta mañana. (pretérito perfecto simple)

4 Mi mamá no (canta, cantaba) muy bien. (presente)

Un tiempo verbal incorrecto puede confundir a los lectores. Piensa en una acción sobre la que quieres escribir. Luego, decide cuándo debe suceder y si narra algo que sucede con frecuencia o un hecho específico. Verifica que hayas usado el tiempo correcto: presente, pretérito imperfecto, pretérito perfecto simple o futuro.

Futuro	Presente

Greg *revolverá* la mezcla para pan.	Greg *revuelve* la mezcla para pan durante tres minutos.
Pretérito imperfecto	**Pretérito perfecto simple**

Como Greg *revolvía* la mezcla muy bien, su mamá lo felicitó.	Greg está contento porque *revolvió* la mezcla muy bien.

Relacionar la gramática con la escritura

Mientras revisas tu ensayo explicativo, observa con atención los verbos que usas. Corrige los errores que descubras. Usar los tiempos verbales correctamente es una parte importante de escribir bien.

W.3.2a introduce a topic and group related information/include illustration; **W.3.2b** develop the topic with facts, definitions, and details; **W.3.2d** provide a concluding statement or section; **W.3.5** develop and strengthen writing by planning, revising, and editing

Escritura informativa

Taller de lectoescritura: Revisar

✓ Ideas En un **ensayo explicativo,** los buenos escritores se enfocan en dar información para explicar un tema. Brindan datos, definiciones y detalles que indican lo que los lectores deben saber y comprender. Mientras revisas tu ensayo explicativo, verifica que hayas planteado los datos, definiciones y detalles con claridad.

Jill escribió un primer borrador de su ensayo explicativo acerca de los perros de movilidad. Cuando revisó su borrador, agregó un dato y reforzó su definición de perro de movilidad.

Lista de control del proceso de escritura

Preparación para la escritura

Hacer un borrador

▶ **Revisar**

✓ ¿Desarrollé mi tema con datos, definiciones y detalles?

✓ ¿Usé palabras de enlace para unir mis ideas?

✓ ¿Proporcioné un enunciado de cierre?

Corregir

Publicar y compartir

Borrador revisado

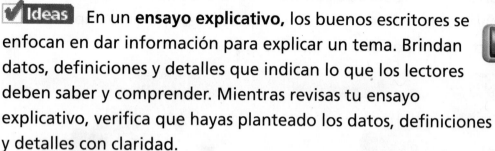

Un perro de movilidad es un perro de "Movilidad" es la capacidad de trasladarse. servicio.∧Algunas personas que tienen una

discapacidad física están en sillas de ruedas.

Otras no pueden hacer cosas como cambiarse

de ropa o levantar objetos. Los perros de

movilidad ayudan a hacer estas cosas.

Los perros de movilidad están bien

abrir puertas,
adiestrados. Pueden∧encender y apagar las

luces, presionar los botones del elevador,

y más.

Un ayudante sorprendente

por Jill F. Baugh

¿Alguna vez viste un perro guía ayudar a una persona a cruzar la calle? El perro guía es la clase de perro de servicio más conocida. Ayuda a las personas con pérdida de visión. Otros perros de servicio hacen cosas diferentes para ayudar a las personas.

Un perro de movilidad es un perro de servicio. "Movilidad" es la capacidad de trasladarse. Algunas personas que tienen una discapacidad física están en sillas de ruedas. Otras no pueden hacer cosas como cambiarse de ropa o levantar objetos. Los perros de movilidad ayudan a hacer estas cosas.

Los perros de movilidad están bien adiestrados. Pueden abrir puertas, encender y apagar las luces, presionar los botones del elevador, y más. También ayudan a las personas a caminar sin caerse y a sentarse y levantarse de la silla de ruedas.

Cada perro de movilidad se asigna a una persona discapacitada. El perro está adiestrado para hacer lo que esa persona necesita. Eso significa que las destrezas de cada perro son diferentes.

Los perros de movilidad no son mascotas, pero las personas los adoran como si lo fueran.

Leer como escritor

En su versión final, Jill agregó datos y detalles, y reforzó una definición. ¿Qué podrías hacer en tu ensayo para desarrollar tu tema?

En mi ensayo final, añadí datos y detalles. Reforcé las definiciones. Agregué palabras de enlace para unir mis ideas.

Lee los artículos "¡Los niños inventan!" y "La historia de la televisión". Mientras lees, detente y responde cada pregunta con evidencia del texto.

Niños científicos

Volumen 7, Número 6

¡Los niños inventan!

por Roberto Gutiérrez

Matthew tenía el mismo problema que muchas otras personas. A veces, al tomar sopa u otros alimentos, derramaba unas gotas por su barbilla. Se limpiaba la boca con la manga de la ropa, pero esto no les gustaba a sus padres. Decían que era de mala educación. Además, se ensuciaba la manga.

Entonces Matthew inventó, o se le ocurrió, un nuevo tipo de camiseta. Esta camiseta tenía una servilleta de papel en una manga. Eso resolvió el problema de Matthew. Después de la comida, Matthew solo tenía que tirar la servilleta.

Esto puede parecer un ejemplo absurdo, pero a muchos inventores se les ocurren las ideas del mismo modo que a Matthew. Tienen problemas que necesitan resolver. Piensan en ideas para resolver sus problemas o para mejorar algo.

> **1** ¿Cuál es el punto de vista del autor sobre el ejemplo que usó? Indica si estás de acuerdo o no, y por qué.

RI.3.1 ask and answer questions to demonstrate understanding, referring to the text; **RI.3.5** use text features and search tools to locate information; **RI.3.6** distinguish own point of view from that of the author; **RI.3.9** compare and contrast important points and details in texts on the same topic

La maestra de educación física de la escuela de Jessica les enseñó a los estudiantes algunos juegos de saltar la cuerda. Para cada juego se necesitaban cuerdas de distintos tamaños. Cuando los niños cambiaban de juego, tenían que cambiar de cuerda. Jessica decidió inventar un tipo de cuerda de saltar que podía cambiar de tamaño. Pensó que también se podría usar como cinturón.

El primer cinturón de cuerda de Jessica no funcionó, pero ella no se dio por vencida. Solo hizo algunos cambios. Primero, hizo un modelo de su cinturón de cuerda para una muñeca. El modelo funcionó, así que Jessica se hizo un cinturón de cuerda nuevo para ella. Los inventores casi siempre tienen que probar varias veces antes de tener éxito.

> **Sé inventor**
>
> 1. Haz una lista de problemas.
>
> 2. Enumera posibles soluciones.
>
> 3. Escoge una idea que podría convertirse en un invento.
>
> 4. Haz un dibujo que muestre cómo funcionaría tu invento y rotúlalo.
>
> 5. Construye un modelo.
>
> 6. Prueba el modelo y haz cambios.

 ¿En qué parte de este artículo puedes hallar información sobre cómo convertirse en inventor? Indica por qué la información está de esta forma.

Larry es otro inventor que mejoró algo. Cuando Larry regaba los árboles del jardín, notaba que se desperdiciaba mucha agua. Entonces, Larry inventó un nuevo tipo de aspersor. El aspersor es circular y tiene agujeros en las partes superior e inferior. Se coloca alrededor de la base del árbol. Como el agua sale de la parte superior y de la parte inferior, el agua penetra mejor en el suelo y llega hasta las raíces del árbol. Miles de personas han comprado el aspersor de Larry.

La historia de la televisión

¿Sabías que hace cien años la televisión aún no se había inventado? En la actualidad, hay pocas casas que no tengan al menos un televisor. Adivina cómo se inventó la televisión.

¿Adivinaste que la televisión fue inventada por un niño al que se le ocurrió la idea cuando tenía catorce años? El niño, Philo T. Farnsworth, hizo un dibujo de la idea para su maestro de ciencias. Su dibujo no mostraba lo que ves cuando miras la televisión. Mostraba cómo se podían enviar imágenes por medio de la electricidad, a través del aire y hasta las casas de las personas. Nadie había logrado descubrir cómo hacerlo hasta ese entonces.

 3 ¿Por qué fue importante el dibujo de Philo? Usa evidencia del artículo en tu respuesta.

Cuando Philo tenía veinte años, construyó un tubo de vidrio que brillaba con la luz. Un año después, el 7 de septiembre de 1927, envió la primera imagen de televisión por el aire. Luego, creó la televisión como la conocemos hoy en día.

Philo T. Farnsworth recibió muchos honores a lo largo del tiempo. Está en el Salón de la Fama de los Inventores Nacionales (*National Inventors Hall of Fame*). El gobierno de Estados Unidos puso su imagen en una estampilla postal. En Washington, D. C., hay una estatua de Farnsworth con una leyenda que dice: "Philo Taylor Farnsworth: Inventor de la televisión".

 4 ¿En qué se parecen y en qué se diferencian los puntos y detalles importantes de los dos artículos?

Glosario

En este glosario puedes encontrar el significado de las palabras clave del libro. Los significados están dados según el uso de la palabra en las selecciones.

A

abalanzarse *verbo*. Lanzarse o arrojarse en dirección a alguien o algo: *El águila* **se abalanzó** *para atrapar un pez en el lago.*

abarcar *verbo*. Contener, encerrar en sí: *El bosque* **abarcaba** *toda la montaña. La piscina* **abarca** *todo el jardín.*

accidentado *adjetivo*. Referido a un terreno, montañoso o con desniveles e irregularidades: *Para subir la montaña hay que caminar por un camino* **accidentado.**

acurrucarse *verbo*. Hacerse un ovillo, abrazarse: *La gata se* **acurrucaba** *con sus gatitos.*

afectuosamente *adverbio*. Con cariño o afecto: *Me siento muy bien cuando mi abuela me mira* **afectuosamente.**

aferrarse *verbo*. Tomar o agarrar con mucha fuerza: *Los trabajadores* **se aferran** *al puente para no caerse.*

aficionado *sustantivo*. Persona que siente afición, gusto o interés por una actividad: *Los* **aficionados** *llenaron el estadio para alentar al equipo.*

agitación *sustantivo*. Inquietud producida por impresiones, ideas o sentimientos intensos: *A medida que se acercaba el día decisivo, crecía la* **agitación** *del público.*

alzarse *verbo*. Elevarse; levantarse: *La voz de su madre* **se alzó** *sobre la de los demás para agradecer el trabajo de la maestra.*

anotar *verbo*. Marcar tantos en un deporte: *Nuestro equipo pudo* **anotar** *al final del juego.*

anunciar *verbo*. Avisar o publicar: *El alcalde* **anunció** *la fecha del desfile. El noticiero* **anunciaba** *lluvias para los próximos días.*

aplauso *sustantivo*. Señal de aprobación o de alegría, que consiste en juntar repetidamente las palmas de las manos para que resuenen: *El cantante fue recibido con fuertes* **aplausos.** *El* **aplauso** *del público duró mucho tiempo.*

arrancar *verbo*. Quitar algo con rapidez: *Lucas* **arrancó** *la maleza de su jardín de flores.*

arriesgado *adjetivo*. Que incluye una probabilidad de peligro: *Es* **arriesgado** *andar en patineta sin usar casco.*

accidentado

artefacto *sustantivo.* Máquina o aparato: *El hombre encontró el* **artefacto** *que buscaba en la tienda.*

atleta *sustantivo.* Una persona que realiza ejercicios físicos, o que participa en juegos o deportes: *El sueño de muchos* **atletas** *es poder participar en los Juegos Olímpicos.*

avergonzado *adjetivo.* Que siente vergüenza o pena: *Él estaba* **avergonzado,** *pues no logró clasificar.*

atleta

Atleta viene del griego *athletes,* "concursante en los juegos", y de *athlon,* "premio".

B

barrio *sustantivo.* Vecindario o parte de un pueblo: *Los vecinos están planeando una fiesta en el* **barrio.**

boceto *sustantivo.* Dibujo previo que se hace de una obra artística: *El artista hizo varios* **bocetos** *antes de hacer la obra final.*

borroso *adjetivo.* Que no se distingue con claridad y resulta impreciso: *Si no usara mis anteojos, vería todo* **borroso.**

bosquejo *sustantivo.* Primer dibujo simple que se hace, no definitivo: *Los* **bosquejos** *no muestran muy bien si el gato tiene patas o botas.*

C

chillido *sustantivo.* Sonido corto y agudo como el que hace un ratón: *La puerta hizo un* **chillido** *cuando la cerré.*

ciertamente *adverbio.* De verdad; sin duda: **Ciertamente,** *él es un profesor importante.*

cliente *sustantivo.* Persona que compra en un establecimiento: *Ella necesitaba que vinieran más* **clientes** *a la tienda.*

comentar *verbo.* Expresar opiniones u observaciones sobre algo: *La maestra* **comentó** *que la tarea estaba muy bien hecha.*

compañero *sustantivo.* Persona o animal que acompaña mucho a otra, que realiza su misma actividad o que está en su mismo grupo: *Mi vecino y yo somos* **compañeros** *de estudios.*

competir *verbo.* Participar en una carrera, en un concurso o en un juego contra otra persona: *Ana* **competirá** *en el concurso de ortografía de la escuela.*

consejo *sustantivo.* Una sugerencia o idea sobre cómo resolver algún problema: *Siempre que necesito un buen* **consejo** *recurro a mi abuela.*

contactar *verbo.* Establecer contacto o comunicación con alguien: *Los turistas* **contactaron** *a un guía. La vecina* **contacta** *a su amiga por la tarde, para salir a jugar.*

contribuir *verbo*. Participar en el esfuerzo de un grupo: *Los estudiantes **contribuyeron** con su talento en el proyecto del grupo.*

convencido *adjetivo*. Estar seguro de algo, o que ha sido persuadido de algo: *Ellas estaban **convencidas** de que el hombre era inocente. Ella estaba **convencida** de que no llegaría a tiempo.*

cosecha *sustantivo*. Conjunto de los productos que se recogen de la tierra cuando están maduros: *La **cosecha** de maíz de este año ha sido escasa.*

costear *verbo*. Pagar por algo: *Ella pudo **costear** el gasto mayor. Algunos centros de caridad recolectan fondos para los alimentos de las personas que no pueden **costearlos**.*

culpable *adjetivo*. Responsable de haber cometido un delito: *El jurado decidió que era **culpable** de robo.*

cultivo *sustantivo*. Producto que crece en una granja y se cosecha, generalmente para usar como alimento: *Los **cultivos** de tomates y melones crecieron bien este verano.*

cumbre *sustantivo*. Cima de una montaña: *La vista desde la **cumbre** de la montaña es muy hermosa. Vieron las **cumbres** a gran distancia.*

D

desagradable *adjetivo*. Que fastidia o disgusta: *Él le dijo algo muy **desagradable**, y a ella no le gustó.*

desaparecer *verbo*. Ocultarse o dejar de ser visto: *El barco **desaparece** en la niebla de la mañana.*

descortés *adjetivo*. Que no tiene atención, respeto o afecto hacia otro: *Ellas fueron **descorteses** con la maestra. Fuiste **descortés** al no acompañarlo hasta la salida.*

deslizarse *verbo*. Arrastrarse con suavidad: *A los niños les encanta **deslizarse** por el tobogán.*

desocupado *adjetivo*. Vacío; no ocupado: *El apartamento estuvo **desocupado** durante meses. Estaban **desocupadas** desde las doce hasta la una.*

destartalado *adjetivo*. Descompuesto o mal cuidado: *El autobús estaba **destartalado**. La casa estaba abandonada y **destartalada**.*

detalle *sustantivo*. Parte pequeña de información: *John notó un **detalle** poco común de las puertas nuevas.*

director *sustantivo*. Persona a cargo de una empresa o institución: *El **director** era muy puntual en su horario de llegada.*

desaparecer

Desaparecer lleva el prefijo *des-*, que significa *no* o *lo opuesto de* la palabra que modifica (en este caso, *aparecer*). El prefijo *in-* también significa *no* o *lo opuesto de*, como en *inesperado*.

dormitar *verbo.* Estar o quedarse medio dormido: *El abuelo **dormita** en el sillón mientras miramos el partido de fútbol americano.*

E

eco *sustantivo.* Repetición de un sonido, que regresa por ondas sonoras: *Cuando gritamos en la habitación vacía, escuchamos el **eco**.*

eléctrico

eléctrico *adjetivo.* Que tiene o transmite la electricidad: *La corriente **eléctrica** pasa por los cables.*

elegante *adjetivo.* Refinado y de buen gusto: *La sala estaba decorada de modo **elegante** para la fiesta.*

empinado *adjetivo.* Que tiene una cuesta o pendiente muy pronunciada: *Subimos hasta la plaza por un camino muy **empinado**. Las vías hacia la cumbre eran **empinadas**.*

en serio *frase adverbial.* Sin engaño o burla: *Hablo **en serio** cuando te digo que debes estudiar más.*

entrecortado *adjetivo.* Con interrupciones en el sonido o en las imágenes: *Las imágenes se veían **entrecortadas** porque el proyector era malo. Por el ruido, oía todo **entrecortado**.*

equipo *sustantivo.* Grupo de personas organizadas para realizar una actividad determinada: *Un **equipo** grande construyó el puente.* Colección de utensilios, instrumentos y aparatos especiales para un fin determinado: *Los socorristas llevaron el **equipo** de salvamento necesario.*

estilo *sustantivo.* Elegancia o manera especial que tiene una persona: *Ese jugador tiene gran **estilo** cuando juega.*

estrado *sustantivo.* Lugar del tribunal donde se coloca el testigo o el acusado en un juicio: *El testigo subió al **estrado** para testificar.*

estrellarse *verbo.* Chocar violentamente: *Mi vecino se **estrelló** contra un árbol al buscar la pelota. Mi hermana se **estrellaba** contra un muro todos los días.*

examinar *verbo.* Revisar cuidadosamente; inspeccionar: *El policía **examinó** la escena del crimen. El soldado **examinaba** todo el campamento para estar seguro de que nadie se hubiera escapado.*

experimento *sustantivo.* Operación hecha para descubrir, comprobar o demostrar algo: *El hombre hizo otra vez el **experimento**, variando el orden en que mezclaba los ingredientes.*

extenderse *verbo.* Ocupar una cantidad de espacio o de terreno: *El puente se extenderá de un extremo de la bahía al otro. La propiedad se extiende hasta la montaña.*

F

familiar *adjetivo.* Que es muy conocido: *Para él las calles son familiares. Estamos cerca, esta zona me es familiar.*

flexible *adjetivo.* Que se puede doblar fácilmente: *Para correr, elige zapatos que tengan una suela flexible.*

fracción *sustantivo.* Parte de un entero: *Aprender cosas nuevas ocupa una gran fracción del día escolar.*

fruncir el ceño *verbo.* Arrugar la frente en señal de enojo: *Liam frunció el ceño cuando vio que el parque de juegos estaba cerrado.*

G

ganancia *sustantivo.* Dinero que se recibe por vender algo: *Tanesha obtuvo una ganancia por vender magdalenas.*

ganar *verbo.* Ingresar dinero a cambio de un servicio prestado: *La tienda necesita ganar más dinero para sobrevivir. Cuando las personas trabajan, ganan dinero como intercambio.*

genio *sustantivo.* Persona con gran capacidad mental para crear o inventar cosas nuevas y admirables: *Él inventó tantas cosas que no hay duda de que fue un genio.*

grado *sustantivo.* Una de las unidades en las que se divide un instrumento de medición, como un termómetro: *El agua hierve a una temperatura de 212 grados Fahrenheit.*

gruñir *verbo.* Hacer un sonido corto y profundo con la voz: *Max gruñó cuando trató de levantar un tronco que era muy pesado.*

H

habilidad *sustantivo.* Capacidad que se tiene para algo: *El mago tiene habilidad para presentar sus trucos y sorprender al público.*

hacer equilibrio *verbo.* Mantenerse sin caer a pesar de casi no tener de donde agarrarse: *Él hace equilibrio en la parte alta del puente. Los trabajadores hacen equilibrio cuando caminan por el techo.*

hacer una pausa *verbo.* Parar brevemente: *El jugador hizo una pausa para descansar. Haciendo pausas periódicas lograron llegar hasta su destino.*

I

ilustrar *verbo*. Adornar una historia con dibujos o láminas: *A él le gusta ilustrar historias. Me gustan los libros de cuentos, e ilustrarlos es un trabajo muy interesante.*

imaginar *verbo*. Crear o inventar algo en la imaginación: *Él se imagina al personaje como un gigante. ¿Te imaginas un caballo azul con una melena amarilla?*

ingrediente *sustantivo*. Cosa que se mezcla con otras en una bebida, comida, remedio u otro compuesto: *Una receta nos dice los ingredientes que hacen falta e indica cómo preparar el plato o la bebida.*

instrumento *sustantivo*. Aquello de que nos servimos para hacer algo: *Algunos artistas usan el lápiz y la pluma como instrumentos para pintar.*

invento *sustantivo*. Algo nuevo que se ha creado, generalmente por ingenio: *El invento de la rueda fue muy importante.*

investigar *verbo*. Estudiar cuidadosamente un tema o problema: *Los escritores tienen que investigar el tema de sus libros. El médico investigó hasta lograr la vacuna que salvó muchas vidas.*

J

jalar *verbo*. Tirar de algo con fuerza: *El jardinero jaló de las raíces del arbusto muerto.*

juicio *sustantivo*. Estudio y decisión de un caso en una corte ante un juez: *En el juicio decidieron que el acusado era inocente.*

jurado *sustantivo*. Grupo de ciudadanos escogidos especialmente, cuya función es decidir la inocencia o culpabilidad del acusado en un juicio: *El jurado oyó todos los argumentos de las partes antes de decidir.*

L

laboratorio *sustantivo*. Lugar equipado con lo necesario para llevar a cabo una investigación científica o un trabajo técnico: *En el laboratorio tenía todos los instrumentos necesarios.*

leal *adjetivo*. Referido a una persona, que es fiel y digna de confianza al actuar; referido a un animal, que es fiel a una persona y le da reconocimiento y amor: *Mi abuelo es un amigo leal.*

liga *sustantivo*. Grupo de equipos deportivos que compiten entre ellos: *El equipo quedó en primer lugar en la **liga** de béisbol. En Texas hay equipos en las **ligas** profesionales de béisbol, fútbol y básquetbol, entre otros.*

lindero *sustantivo*. Límite de un terreno o pueblo: *Para ir tuvo que cruzar los **linderos** de varias granjas.*

lustrar *verbo*. Dar brillo a algo: *Mi papá está **lustrando** sus zapatos. El entrenador quiso **lustrar** los trofeos que tenían exhibidos.*

M

magnífico *adjetivo*. Excelente, o con grandes cualidades: *Su respuesta fue **magnífica**. Mi hermana lee un libro **magnífico**.*

marea *sustantivo*. Movimiento regular de subida y bajada de las aguas del mar, causado por la atracción del Sol y de la Luna: *Salió de pesca con la **marea** alta. Toma en cuenta las **mareas** para salir.*

mejorar *verbo*. Hacer algo de una manera mejor: *Cuanto más practiques, más rápido **mejorarás** tu destreza.*

menear *verbo*. Hacer un movimiento rápido de un lado a otro: *¿Alguna vez has visto cómo **menea** la nariz un conejo cuando huele el aire?*

morder *verbo*. Clavar los dientes en algo: *Hay que tener cuidado de no **morderse** la lengua. Un perro puede **morder** si está asustado.*

murmullo *sustantivo*. Ruido que se hace hablando, especialmente cuando no se entiende lo que se dice: *Hubo un **murmullo** en la sala. El testigo habló en **murmullos** y tuvo que repetir lo que dijo.*

N

neblina *sustantivo*. Niebla poco espesa y baja: *La **neblina** causó muchos problemas en la carretera.*

nervioso *adjetivo*. Inquieto e incapaz de permanecer en reposo: *Están **nerviosas** por la visita. El estar **nerviosos** no nos ayudó en el examen.*

niebla *sustantivo*. Nube muy baja que dificulta la visión: *Los faros advierten a los barcos que están cerca de la costa y ayudan a guiarlos a través de la **niebla**.*

O

ocasional *adjetivo*. Que no es regular ni habitual, sino que pasa de vez en cuando: *Solo van al cine de manera **ocasional**.*

ocurrir *verbo*. Idea que se viene a la mente de repente: *Mi hermana se ponía feliz cuando se le **ocurría** una travesura. Cuéntanos todas las ideas que se te **ocurran**.*

marea

orgulloso *adjetivo*. Que siente una satisfacción grande por algo propio que considera muy bueno: *Yo estaba **orgulloso** de haber recibido una felicitación del entrenador.*

P

palabra *sustantivo*. Promesa de que lo que se dice es cierto; aquello que se dice: *Me dio su **palabra** de que vendría.*

papel de calco *sustantivo*. Papel transparente para copiar lo que está debajo: *Se acabó ayer el **papel de calco**.*

parcela *sustantivo*. Porción pequeña en que se divide un terreno: *Ella sembrará tomates en la **parcela** de su tío.*

patrullar *verbo*. Recorrer un lugar para vigilarlo o realizar una misión: *Los policías **patrullan** la zona para evitar delitos. Los perros policía tienen que **patrullar** con su amo.*

pedir prestado *verbo*. Solicitar algo a alguien para devolverlo más tarde: *Mi vecina me **pidió prestado** el balón por el fin de semana. Voy a **pedirte prestada** la bicicleta.*

potencia *sustantivo*. Fuerza o capacidad de hacer algo: *Usé toda la **potencia** del motor para salir del lodo.*

preocupado *adjetivo*. Intranquilo, angustiado o inquieto: *Estoy **preocupado** por el examen de la semana que viene. Las personas están **preocupadas** por el huracán.*

proceso *sustantivo*. Serie de pasos que hay que seguir para hacer algo: *Le estoy enseñando a mi hermanito el **proceso** de atarse los cordones de los zapatos.*

pronunciar *verbo*. Emitir y articular sonidos para hablar: *Debo practicar para **pronunciar** correctamente el inglés. Mis amigos no **pronunciaban** bien mi apellido.*

R

recaudar *verbo*. Recolectar dinero para una causa: *Trataron de **recaudar** suficiente dinero. Las enfermeras **recaudan** fondos para ampliar el hospital.*

recomendar *verbo*. Aconsejar algo a alguien para bien suyo: *Mi abuela me **recomendaba** que me lavara los dientes antes de acostarme. El libro **recomienda** comer alimentos saludables.*

recorrer *verbo*. Atravesar un espacio en toda su extensión: *El policía **recorría** todo el vecindario para evitar delitos.*

retumbar *verbo*. Resonar algo mucho, o hacer mucho ruido: *El suelo de mi cuarto **retumbó** con el ruido de la sirena. El sonido de los tambores **retumbaba** en la selva.*

rogar *verbo.* Pedir algo con súplicas: *Él **rogó** que no le cerraran el banco. Los niños **rogaban** a la maestra que no les pusiera tarea.*

S

señal *sustantivo.* Imagen de algo, o algo que lo representa: *Envió una **señal** a su superior para que supiera que estaba despierto. El ojo recibe la **señal** de lo que está viendo y la envía al cerebro.*

señalar *verbo.* Designar a alguien o algo con el dedo, la mano o de otra forma, para llamar la atención a él: *El hombre **señaló** al acusado. Los niños **señalaron** el oso.*

separar *verbo.* Dividir en grupos cosas que estaban juntas: *Mi mamá **separa** la ropa blanca de la ropa de colores cuando va a lavar. Vamos a **separar** las manzanas sanas de las que están podridas.*

T

temblar *verbo.* Agitarse con sacudidas breves, rápidas y frecuentes: *El perro **temblaba** de miedo. Si hace frío, **temblará** toda la mañana.*

tendido *adjetivo.* Echado a lo largo: *El niño está **tendido** en la cama. Los excursionistas están **tendidos**.*

tenso *adjetivo.* Ansioso o intranquilo: *Ellas estaban **tensas** porque no sabían si la cena iba a salir bien. Todos se pusieron **tensos** antes del examen.*

textura *sustantivo.* Estructura de un material, la manera en que está dispuesto o la sensación que produce al tacto: *Los artistas experimentan con diferentes **texturas** cuando crean sus obras.*

tribuna *sustantivo.* Localidad elevada en un campo deportivo, donde se colocan los espectadores: *El público mira el partido desde la **tribuna**. Las **tribunas** estaban llenas de público.*

turno *sustantivo.* Período de tiempo en que se trabaja en un día: *Muchas veces los vigilantes tienen que trabajar en el **turno** de la noche.*

V

vociferar *verbo.* Hablar muy fuerte, gritar: *—¡Vuelve aquí! —**vociferó** mi hermano.*

señalar

Acknowledgments

Main Literature Selections

Aero and Officer Mike: Police Partners by Joan Plummer Russell, photographs by Kris Turner Sinnenberg. (Caroline House, an imprint of Boyds Mills Press, Inc. 2001) Text © 2001 by Joan Plummer Russell. Photographs © 2001 by Kris Turner Sinnenberg. Reprinted by permission of Boyds Mills Press, Inc.

"A Bat Is Born" from *The Bat-Poet* by Randall Jarrell. Text copyright © 1964 by Randall Jarrell. Reprinted by permission of The Estate of Randall Jarrell.

"The Ball Game Is Over" from *Good Sports: Rhymes About Running, Jumping, Throwing, and More* by Jack Prelutsky and Chris Raschka. Copyright © 2007 Jack Prelutsky. Reprinted by permission of Alfred A. Knopf, an imprint of Random House Children's Books, a division of Random House, Inc.

Excerpt from *Bat Loves the Night* by Nicola Davies, illustrated by Sarah Fox-Davies. Text copyright © 2001 by Nicola Davies. Illustrations copyright © 2001 by Sarah Fox-Davies. Reprinted by permission of Candlewick Press.

Destiny's Gift by Natasha Anastasia Tarpley, illustrated by Adjoa J. Burrowes. Text copyright © 2004 by Natasha Anastasia Tarpley. Illustrations copyright © 2004 by Adjoa J. Burrowes. Reprinted by permission of Lee & Low Books Inc., New York, NY 10016.

"The Extra-good Sunday" from *Ramona Quimby, Age 8* by Beverly Cleary. Copyright © 1981 by Beverly Cleary. All rights reserved. Reprinted by permission of HarperCollins Children's Books, a division of HarperCollins Publishers.

A Fine, Fine School by Sharon Creech, illustrated by Harry Bliss. Text copyright © 2001 by Sharon Creech. Illustrations copyright © 2001 by Harry Bliss. All rights reserved. Reprinted by permission of Johanna Cotler Books, an imprint of HarperCollins Publishers.

The Harvest Birds/Los pájaros del la cosecha by Blanca López de Mariscal. English translation copyright © 1995 by Children's Book Press. Reprinted by permission of Children's Book Press, San Francisco, CA, www.childrensbookpress.org

"Homer" from *A Pocketful of Poems* by Nikki Grimes. Copyright © 2001 by Nikki Grimes. Reprinted by permission of Houghton Mifflin Harcourt Publishing Company.

Kamishibai Man written and illustrated by Allen Say. Copyright © 2005 by Allen Say. All rights reserved. Reprinted by permission of Houghton Mifflin Harcourt Publishing Company.

Pop's Bridge by Eve Bunting, illustrated by C.F. Payne. Text copyright © 2006 by Eve Bunting. Illustrations copyright © 2006 by C. F. Payne. Reprinted by permission of Houghton Mifflin Harcourt Publishing Company.

Roberto Clemente, Pride of the Pittsburgh Pirates by Jonah Winter, illustrated by Raúl Colón. Text copyright © 2005 by Jonah Winter. Illustrations copyright © 2005 by Raúl Colón. Reprinted by permission of Atheneum Books for Young Readers, an imprint of Simon & Schuster Children's Publishing Division. All rights reserved.

The Treasure by Uri Shulevitz. Copyright © 1978. Reprinted by permission of Farrar, Straus and Giroux.

The Trial of Cardigan Jones written and illustrated by Tim Egan. Copyright © 2004 by Tim Egan. All rights reserved. Reprinted by permission of Houghton Mifflin Harcourt Publishing Company.

Tops and Bottoms by Janet Stevens. Copyright © 1995 by Janet Stevens. Reprinted by permission of Houghton Mifflin Harcourt Publishing Company.

What Do Illustrators Do? written and illustrated by Eileen Christelow. Text and illustrations copyright © 1999 by Eileen Christelow. All rights reserved. Reprinted by permission of Houghton Mifflin Harcourt Publishing Company.

Yonder Mountain: A Cherokee Legend as told by Robert H. Bushyhead, written by Kay Thorpe Bannon, illustrated by Kristina Rodanas. Copyright © 2002 by Kay Thorpe Bannon. Illustrations copyright © 2002 by Kristina Rodanas. All rights reserved. Reprinted by permission of Marshall Cavendish Corporation.

Young Thomas Edison written and illustrated by Michael Dooling. Copyright © 2005 by Michael Dooling. All rights reserved. Adapted by permission of Holiday House, New York.

Credits